Herrschen bis der Frühling kommt

Die Deutsche Nationalbibliothek – CIP-Einheitsaufnahme.
Die Deutsche Nationalbibliothek verzeichnet dieses Buch
in der Deutschen Nationalbibliografie;
detaillierte bibliografische Daten sind im Internet über
http://dnb.d-nb.de abrufbar.

Erste Auflage 2014
© Größenwahn Verlag Frankfurt am Main Sewastos Sampsounis, Frankfurt 2014
www.groessenwahn-verlag.de
Alle Rechte vorbehalten.
ISBN: 978-3-942223-94-2
eISBN: 978-3-942223-95-9

Muriel Mirak-Weißbach

Herrschen bis der Frühling kommt

Profil der Machthaber
in Tunesien, Ägypten, Jemen, Libyen und Syrien

Aus dem Englischen
von Ortrun Cramer

IMPRESSUM

Herrschen bis der Frühling kommt

Autorin
Muriel Mirak-Weißbach

Erschienen 2012 bei
Ithaca Press, Reading (GB)
Originalausgabe:
›Madmen at the Helm - Pathology and Politics in the Arab Spring‹
© Copyright: Muriel Mirak-Weissbach
Der Text wurde für die deutsche Fassung von der Autorin aktualisiert.

Übersetzerin
Ortrun Cramer

Seitengestaltung
Größenwahn Verlag Frankfurt am Main

Schriften
Constantia und *Lucida Calligraphy*

Covergestaltung
Liza Panteliadou

Lektorat
Alexandra von Streit

Druck und Bindung
Print Group Sp. z. o. o. Szczecin (Stettin)

Größenwahn Verlag Frankfurt am Main
September 2014
ISBN: 978-3-942223-94-2
eISBN: 978-3-942223-95-9

INHALT

Gaddafi: »*Wenn wir es mit einem Verrückten wie [dem jordanischen König] zu tun haben, der sein eigenes Volk umbringen will, dann müssen wir jemanden losschicken, der ihn einkassiert und ins Irrenhaus befördert.*«

König Feisal: »*Sie sollten einen arabischen König nicht als Verrückten bezeichnen, der ins Irrenhaus gehört.*«

Gaddafi: »*Aber seine gesamte Familie ist verrückt. Das ist belegt.*«

König Feisal: »*Na, vielleicht sind wir ja alle verrückt.*«

Nasser: »*Wenn man manchmal sieht, was in der arabischen Welt so vor sich geht, kann sich dieser Eindruck wohl aufdrängen. Ich schlage vor: Wir beauftragen einen Arzt, uns regelmäßig zu untersuchen und herauszufinden, wer verrückt ist.*«

König Feisal: »*Dann sollte er vielleicht mit mir beginnen, denn wenn ich mich so umschaue, bezweifele ich, ob ich meinen Verstand noch lange wahren kann.*«

Kairo-Konferenz, September 1970[1]

---

[1] Mohamed Heikal, *The Road to Ramadan*, William Collins Sons & Co. Ltd., London, 1975, S.100.

VORWORT FÜR DIE DEUTSCHE AUSGABE

Seit dieses Buch im englischen Original und in arabischer Übersetzung erschien, hat sich die revolutionäre Dynamik, die in der arabischen Welt ihren Ausgang nahm, nicht nur dort, sondern auch in anderen Ländern in Form und Ausrichtung verändert. 2011 erschien zunächst die arabische Fassung bei All-Prints Distributors & Publishers, Beirut, später auch das englische Original *Madmen at the Helm: Pathology and Politics in the Arab Spring* bei Garnet Publishing Ltd. Der Hardcover-Ausgabe von 2012 folgte 2013 eine aktualisierte und überarbeitete Fassung im Taschenbuch-Format. Für diese erste deutsche Auflage wurde der Text erneut vollständig überarbeitet und auf den neuesten Stand gebracht. Insbesondere das Syrien-Kapitel enthält viel neues Material; die Einführung wurde neu geschrieben. Dabei konnten auch Bücher über die Arabellion einbezogen werden, die seit der ersten Ausgabe von *Herrschen bis der Frühling kommt* in deutscher (und englischer Sprache) erschienen sind.

EINFÜHRUNG

Fast zwei Jahre nach Ausbruch der Unruhen in Tunesien ein Buch über die arabische Revolution zu schreiben, das ist ungefähr so, als würde man versuchen, das Wesen eines Flusses zu erfassen, indem man die Hand hineinsteckt und in der hohlen Hand etwas Wasser herausschöpft. Die nassen Hände bestätigen einem, dass man es versucht hat, aber der Fluss fließt unbeirrt weiter. Die Realität im Jahr 2014, so wie sie in dem Konflikt im gesamten Nahen und Mittleren Osten – der sich jederzeit zu einen weltweiten Konflikt ausweiten kann – zum Ausdruck kommt, ist völlig anders als 2011. Doch so unterschiedlich die Lage damals und heute auch erscheint, es gibt Verbindungen zwischen beiden, die einer umfassenden Analyse unterzogen werden können.

Der junge Tunesier Mohammad Bouazizi, der sich selbst verbrannte und damit jenes Feuer entzündete, das dann auf ganz Nordafrika bis in den Nahen Osten übergriff, reagierte mit diesem extremen Schritt auf seine unerträgliche Lage. Er hatte trotz Abitur keine andere Möglichkeit gefunden, für seine verwitwete Mutter und sieben Geschwister zu sorgen, als auf der Straße Gemüse zu verkaufen. Eines Tages kontrollierte eine Polizistin seine Papiere und erklärte, er habe keine »Lizenz«. Sie ohrfeigte ihn, beleidigte seinen verstorbenen Vater und untersagte ihm den weiteren Verkauf. Die Darstellung des Streits mit der Polizistin wird angezweifelt, unbestritten ist aber, dass Bouazizi einige Tage später im Büro des Gouverneurs vorsprach, um Schadensersatz zu verlangen, dort jedoch schroff abgewiesen wurde. Daraufhin übergoss er sich mit Benzin und zündete sich an. 18 Tage später erlag er seinen schweren Verbrennungen. Was fälschlich als Geste eines verzweifelten Individuums hätte ausgelegt werden können, war in Wahrheit ein tragisches Geschehen, in dem die Misere eines ganzen Volks zum Ausdruck kam. Es war die Tat eines Mannes, der beschlossen hatte, sich selbst zu opfern und damit den Machthabern zu demonstrieren, er sei, um seine Würde als Mensch zu wahren, eher zu sterben bereit als solch eine Erniedrigung zu erdulden. Bei einer Analyse aus psychologischer Sicht zeigt sich der Zwischenfall zwischen Bouazizi und der Polizistin als narzisstischer Affront gegen seine Menschenwürde, den die Menschen im Land als Beleidigung für sie alle, nicht nur für den Betroffenen, auffassten.[2] Präsident Ben Ali besuchte den Mann sogar im Krankenhaus, doch keine noch so väterliche Geste konnte die Wut in der Bevölkerung mehr eindämmen.[3]

Bouazizis hoch symbolische Tat verkörperte das wirtschaftliche und soziale Elend großer Schichten der arabischen Bevölkerung: Hohe Arbeitslosigkeit, vor allem unter der Jugend, die in diesen Ländern die Mehrheit der Bevölkerung stellt, und außerdem die sich immer weiter öffnende Schere zwischen den sehr Reichen – die vorher zumeist von der Korruption der regierenden Despoten und Mafia-ähnlichen Wirtschaftsstrukturen profitiert hatten – und den sehr Armen, die beispielsweise in Ägypten oft genug von nicht

---

[2] Benslama, Fethi, *Soudain la révolution! De la Tunisie au monde arabe: la signification d'un soulèvement*, Editions Denoël, Paris, 2011, zitiert von Silvia Marsans-Sakly, »The Making and Meaning of an Event«, MESA conference, ebenda.

[3] Bouazizi war nicht der erste Tunesier, der zum Zeichen des Protests Selbstmord beging, doch durch die Reaktion der Öffentlichkeit wurde sein Tod zum Auslöser der nachfolgenden Ereignisse. Mitglieder der Lehrergewerkschaft brachten ihn ins Krankenhaus und benachrichtigten seine Familie. Die UGTT-Gewerkschaften bezeichneten den Selbstmord als »politischen Mord«, sie bildeten Ausschüsse, die den Protest in Gang setzten. Angrist, Michèle Penner, »Old Grievances and New Opportunities; Understanding the Tunesian Revolution«, Middle East Studies Association (MESA) conference, Washington, D.C., 3. Dezember 2011.

einmal zwei Dollar am Tag leben müssen. Schließlich die jahrzehntelange Diktatur mit Notstandsgesetzen, willkürlichen Festnahmen, langjährigen Haftstrafen ohne Anklage und der Folterung politischer Häftlinge, Schätzungen zufolge Zehntausende an der Zahl.[4]

Doch es war nicht die wirtschaftliche Misere an sich, die arabische Jugendliche zunächst in Tunesien, später auch in Ägypten auf die Straße brachte, sondern es war die soziale und psychische Erniedrigung, die ihre Generation erlitten hatte. Mohammed Seyyed Selim, ein befreundeter ägyptischer Professor und bekannter Intellektueller, erklärte mir schon am ersten Tag der Demonstrationen, die Jugendlichen könnten »Entbehrungen ertragen, aber keine Erniedrigung«. Schon am 23. Januar hatte er in einem Artikel in der Zeitung *Al Arabi* vorhergesagt, Ägypten werde denselben Weg gehen wie Tunesien, da in beiden Ländern vergleichbare Bedingungen herrschten.

Die Proteste gegen diese Erniedrigung und die Forderung nach Würde signalisierten eine Veränderung in Sicht und Selbstverständnis einer Bevölkerung, besonders einer Jugend, die bis dahin deprimiert gewesen war und sich passiv verhalten hatte. Wer wie ich in den vergangenen zwanzig Jahren Kairo besucht hat, erinnert sich an die Bilder voller Demoralisierung und Verzweiflung. Vor jedem Laden, vor jedem öffentlichen Gebäude saß ein alter Mann in einem zerschlissenen Kaftan, der an seinem Tee nippte und sich mit der »Bewachung« des Gebäudes die paar ägyptische Pfund verdiente, die er zum Leben brauchte. Den Tee brachte ihm ein kleiner Junge, der eigentlich in die Schule gehört hätte, stattdessen

---

[4] Javaher-Haghighi, Peyman, Hassan Azad und Hamid Reza Noshadi, Arabellion: Die arabische Revolution für Freiheit und Brot von Kairo bis Damaskus, UNRAST-Verlag, Münster, 2013, S. 24 ff. Die Autoren beziffern die Anzahl der Menschen in Ägypten, die unter der Armutsgrenze leben, auf 44 Prozent der Bevölkerung.

aber für einen erbärmlichen Lohn als Straßenkellner arbeitete. Vor Banken, Hotels und anderen großen Gebäuden waren Militärs und Polizisten mit ihren Dienstfahrzeugen postiert. Ob beim Gebäude des staatlichen Fernsehens, der Zentrale der Arabischen Liga oder eines Ministeriums, überall traf man auf Polizisten und Soldaten, deren Präsenz einschüchternd wirkte. In der Hoffnung auf ein ansehnliches Trinkgeld benahm sich das Hotelpersonal den Gästen gegenüber oft genug regelrecht unterwürfig. Händler auf der Straße und im Basar stürzten sich wie die Geier auf die ausländischen Besucher, um einen kleinen Gewinn zu ergattern, räudige Katzen prügelten sich um die Krümel, die von den Tischen der Touristen fielen.

Mehr oder weniger dasselbe trübselige Bild bot sich dem Reisenden in Tunesien. Bei einem Besuch im Jahr 1994 war ich schockiert über die vielen Polizisten und Sicherheitsleute in jedem Häuserblock, es schien mehr davon zu geben als Cafés in einer italienischen Stadt. Die unverhältnismäßig hohe Zahl von Polizisten war für die surrealistisch anmutende Einschüchterung der Bevölkerung verantwortlich. Eine Freundin, die ich damals besuchte – sie war Journalistin und Menschenrechtsaktivistin –, hatte sich dermaßen an die ständige Überwachung durch die allgegenwärtigen Sicherheitsleute gewöhnt, dass sie das Verdeck ihres Autos öffnete und alle Fenster herunterließ, bevor sie mir im Vertrauen beschrieb, welch tyrannisches Polizeistaats-Regime in ihrem Land herrschte. Ihr Name war Sihem Bensedrine, sie wurde später zu einer Inspiration für die Revolution.

Die meisten Regierungen, die sich auf die Einschätzungen ihrer Geheimdienste und Denkfabriken verließen, wurden von den Entwicklungen überrascht, doch die Saat für den Aufstand war schon mindestens zehn Jahre zuvor gelegt worden. Die Widerstandsbewegung in Tunesien, Ägypten und anderen Ländern war zwar mit großer Brutalität unterdrückt worden, hatte aber überdauert und es trotz Polizeistaatsbedingungen geschafft, den Kontakt unter den in losen Netzwerken organisierten Gleichgesinnten aufrecht zu erhalten. In Tunesien waren aktive zivilgesellschaftliche Organisationen entstanden, die sich Ben Alis PR-Kampagne zunutze gemacht hatten, mit der er den Westen von der politischen Liberalisierung in seinem Land hatte überzeugen wollen. Tunesien hatte den Vorteil einer in den 1920er Jahren gegründeten Gewerkschaftsbewegung und der Tunesischen Liga für Menschenrechte (TLHR), die in den 1970er Jahren entstanden war. Beide gehören zu den ältesten derartigen Körperschaften in der arabischen Welt.[5] Sie verfügten zwar über keinerlei politische Macht, verschafften den Bürgern aber die Gelegenheit, sich in einem gesellschaftlichen Netzwerk zusammenzuschließen, das nun zur Triebfeder der Revolution wurde.

Die Revolution in Ägypten, die im Januar 2011 begann, wurde durch die Ereignisse in Tunesien ausgelöst, aber die Opposition im Lande hatte sich bereits seit dem Jahr 2000 formiert. Von 2000 bis 2004, während der zweiten Intifada in Palästina und des Irakkriegs, hatten Studenten der Kairoer Universität wiederholt zu Demonstrationen aufgerufen. Bei den Parlamentswahlen ein Jahr später hatte es massiven Wahlbetrug gegeben. Die Kifaya-Bewegung entstand nach dem Besuch des ehemaligen malaysischen Ministerpräsidenten Mahatir Mohammed, der bei einer Pressekonferenz in Kairo erklärt hatte, er sei zurückgetreten, denn »22 Jahre sind genug». »Genug« – auf Arabisch Kifaya – wurde zum Namen einer energischen Widerstandsbewegung gegen Mubarak. 2006-2007 kam es zu Streiks gegen die vom Internationalen Währungsfonds verordneten Privatisierungen, 2006 erklärten Demonstranten ihre

---

[5] Noueihed, Lin und Alex Warren, *The Battle for the Arab Spring: Revolution, Counter-Revolution and the Making of a New Era*, Yale University Press, New Haven and London, 2013, S. 68.

Solidarität mit dem Libanon und 2008 mit der Bevölkerung von Gaza gegen das harte Vorgehen Israels. 2008 formierte sich die Jugendbewegung des 6. April als Streikunterstützungskomitee für Arbeiter, die sich der geplanten Privatisierung von Staatsbetrieben widersetzten. 2010, als die Frage der Präsidentschaftswahlen auf die Tagesordnung kam, entstand zusammen mit der Bewegung »El Baradei for President« auch eine Organisation »Wir sind alle Khaled Said« unter der Führung von Wael Ghonim. Khaled Said war ein ägyptischer Blogger, der im Juni 2010 von ägyptischen Sicherheitskräften brutal gefoltert und anschließend ermordet worden war. Zur gleichen Zeit fanden sogenannte Parlamentswahlen statt, deren Ergebnis in einem solchen Ausmaß gefälscht war, dass sich die Reihen der wenigen symbolischen Oppositionsmitglieder, die im Parlament geduldet wurden, lichteten. Nun bedurfte es nur noch eines Zündfunkens, um den schwelenden gesellschaftlich-wirtschaftlich-politischen Konflikt zum Ausbruch zu bringen.[6] Und dieser Funke war Tunesien.

Bouazizis Selbstverbrennung war der Anstoß, durch den das im Untergrund gärende Ferment in offene politische Aktion umschlug. Seine Tat überwand die Passivität, von der besonders die Jugend jahrzehntelang gelähmt war. Die Anführer der ersten Massenproteste hatten ihre Angst überwunden, jene Angst, die repressive Regimes als Mittel gesellschaftlicher Kontrolle aufgebaut hatten. Die Stärke der Demonstranten beruhte auf ihrer Bereitschaft,

---

[6] Mirak-Weißbach, Muriel, »The Birth of the New Egyptians«, *Global Research*, 15. Februar 2011, unter www.globalresearch.ca/index.php?context=va&aid=23231, Amin, Galal, *Egypt in the Era of Hosni Mubarak 1981-2011*, The American University in Cairo Press, Kairo, New York, April 2011, Al Aswany, Allah, *On the State of Egypt: What Made the Revolution Inevitable*, translation by Jonathan Wright, Vintage Books, Random House, New York, April 2011, Jahvaher-Haghighi, Peyman, Hassan Azad und Hamid Reza Noshadi, a.a.O., S. 40 ff. Siehe auch Albrecht, Holger und Thomas Demmelhuber (Hrsg.), *Revolution und Regimewandel in Ägypten*, Nomos Verlagsgesellschaft, Baden-Baden, 2013.

das Leben für ihr Anliegen einzusetzen. Fernsehzuschauern in aller Welt erklärten sie über Satelliten-Stationen, mal militant, mal ganz ruhig: Wir bleiben hier und demonstrieren bis zum Sieg. Wenn es sein muss, bleiben wir hier, bis wir sterben. Ein junger Mann sagte direkt in die Kamera: »Es ist eine Frage von Freiheit oder Tod«. Er hatte wahrscheinlich Patrick Henrys berühmten Ausspruch: »Gebt mir die Freiheit oder gebt mir den Tod« nie gehört, vermittelte aber genau dieselbe Botschaft. Auch Martin Luther King war überzeugt, dass jeder, der erfahren wolle, was es heißt, ein Mensch zu sein, bereit sein müsse, für eine Sache sein Leben zu opfern. »Ein Mensch, der nichts gefunden hat, für das er sterben würde, dessen Leben ist nutzlos.« In der arabischen Revolution entdeckten die jungen Demonstranten, was es bedeutet, ein Mensch zu sein.

Es ist eine durchgreifende Revolution des Denkens. In der Geschichte – sei es in der amerikanischen Bürgerrechtsbewegung der 1960er Jahre oder in der friedlichen Revolution in Ostdeutschland 1989 – hat sich immer wieder gezeigt: Wenn Menschen bereit sind, für eine Sache zu sterben, gibt es kein Mittel, sie zu bekämpfen – Massenmord ausgenommen.

In beiden Fällen, in denen der Aufruhr der Massen in kürzester Zeit Diktaturen zum Einsturz brachte, gab das Festhalten an gewaltfreiem Protest und Widerstand den Ausschlag.[7] Als das Mubarak-Regime mit Polizei-Übergriffen auf die Demonstrationen reagierte und die ersten Opfer gemeldet wurden, wahrte die Bewegung ihre moralische Überlegenheit: Sie antwortete nicht mit Gewalt, sondern mit einer Ausweitung der Mobilisierung. Der ehemalige deutsche Diplomat Dr. Gerhard Fulda, der sich zu Beginn der Revolution zufällig in Kairo aufhielt, war auf dem Tahrir-Platz, als

---

[7] »Special report: *Inside the Egyptian revolution*«, 13. April 2011, Nonviolent Action Network, http://nonviolentaction.net/?p=4186, Sharp Gene, *From Dictatorship to Democracy: A Conceptual Framework for Liberation*, The Albert Einstein Institution, Fourth U.S. Edition, Boston, 2010.

die Polizei in die Menschenmenge feuerte. Er begreife sich nicht mehr als religiösen Menschen, versicherte er am 26. Februar 2011 bei einem Treffen der Deutsch-Arabischen Gesellschaft in Berlin, und sei seit Jahren nicht in der Kirche gewesen, aber in dem Moment habe er ein stilles Gebet zum Himmel geschickt. Es habe in etwa so gelautet: »Lieber Gott lass' sie nicht mit Gewalt antworten«. Gottseidank hätten die Demonstranten tatsächlich nicht mit Gewalt reagiert; dies habe den Ausgang der Revolution maßgeblich bestimmt.

Die Zahl der Opfer war horrende. In Ägypten starben in der ersten Phase bis zu Mubaraks Sturz mehr als 800 Menschen, trotzdem wichen die Demonstranten nicht. Weitere Hunderte verschwanden während der Mursi-Diktatur und nach dessen vom Militär unterstützten Sturz und der anschließenden Unterdrückung der Moslembruderschaft. Die Zahlen aus Libyen und Syrien sind bisher noch gar nicht bekannt. Aber wie ein junger Araber gesagt hatte: »Sie können uns ja schließlich nicht alle umbringen«. Als umgekehrt die Opposition die Strategie des zivilen Ungehorsams aufgab und sich (aus welchen Gründen auch immer) für bewaffneten Widerstand entschied, wie in Libyen und Syrien geschehen, verlor sie nicht nur den moralischen Vorteil, sondern wurde zunehmend zum Spielball geopolitischer Manipulation, wie wir später noch sehen werden.[8] Auch wenn sie weitgehend unbeachtet bleiben, es gibt in Syrien Gruppen, die nach wie vor, auch in den Wirren des Krieges, ihren Protest gewaltlos zum Ausdruck bringen.[9]

---

[8] Ich erinnere mich an die hitzigen Debatten in Deutschland, als Vertreter der syrischen Opposition bei Veranstaltungen der Deutsch-Arabischen Gesellschaft sprachen und um finanzielle und logistische Unterstützung für einen bewaffneten Widerstand baten.

[9] Das sind u.a. die Syrian Revolution General Commission (SRGC), Local Coordination Committees in Syria (LCC), Syrian Revolution Coordinators Union (Union). Armbruster, Jörg: *Brennpunkt Nahost: Die Zerstörung Syriens und das Versagen des Westens*, Westend Verlag GmbH, Frankfurt/Main, 2013, S. 58.

Ein zweiter Faktor war das Militär. Die Demonstranten bewiesen erhebliche politische Reife, als sie die Streitkräfte aufriefen, sich auf ihre Seite zu schlagen und sie vor Angriffen der Polizei-Sondereinheiten zu schützen. Demonstranten rechneten damit, dass Soldaten, die zum Wehrdienst eingezogen worden waren, keinen Befehl befolgen würden, ihre eigenen Brüder zu töten. Tunesiens republikanische Armee ist in der Verfassung von 1959 verankert (und in der neuen Verfassung von 2014 bestätigt worden). Die ägyptischen Streitkräfte waren eine institutionelle Säule der ägyptischen Republik, sie stellten alle Präsidenten seit Nasser.[10] Gaddafi, dem die Gefahren, die das Prinzip einer republikanischen Armee barg, offenbar bewusst war, hatte seinen Sondereinheiten längst privilegierte Posten in der regulären Armee eingeräumt und später zur Absicherung seiner Diktatur Söldner rekrutiert. In Syrien hatte die Assad-Dynastie eine Symbiose aus Armee, Ba'ath-Partei und Sicherheitsapparat geformt, die nicht zögerte, das Feuer auf die Demonstranten auf der Straße zu eröffnen. (Obwohl der Tag kommen sollte, an dem Soldaten und Offiziere den Dienst quittierten und die Freie Syrische Armee bildeten.) In Tunesien und Ägypten gab schon allein die Zahl der Demonstranten den Ausschlag. Wie viele Menschen das Regime auch aufmarschieren ließ, wie viele Killer es auch einsetzte – es gab am Ende buchstäblich mehr Demonstranten als Regierungskräfte. In der zweiten revolutionären Welle gegen Mohammed Mursi gingen schät-

---

Armbruster liefert einen Überblick über alle oppositionellen Gruppen (S. 60). Siehe auch Gehrcke, Wolfang und Christiane Reyman (Hg.), Syrien: *Wie man einen säkularen Staat zerstört und eine Gesellschaft islamisiert*, PayRossa Verlag, Köln, 2014, S. 161 ff.

[10] Noueihed, Lin und Alex Warren, a.a.O., S. 99. Albrecht, Holger, »Revolution oder Coup d'État? Die Rolle des Militärs in der ägyptischen Politik«, in Holger und Thomas Demmelhuber, a.a.O. S. 63 ff.

zungsweise 33 Millionen Ägypter auf die Straße, und das bei einer Gesamtbevölkerung von 80 Millionen.

Bedeutsam für den Erfolg der Bewegung in Tunesien war, dass nicht offen von außen interveniert wurde; in Ägypten hingegen war es die ausländische Unterstützung für die Demonstranten, die das Militär unter Druck setzte, Mubarak zu stürzen.

Die Revolution beschränkte sich nicht darauf, verhasste Diktatoren zu stürzen, auch wenn das natürlich die Vorbedingung war. Sie weckte auch ein neues Selbstverständnis von Menschen, die die »neuen Araber«[11] genannt wurden. Fernsehinterviews mit den jungen Aktivisten zeigen sie beseelt von einer neuen politischen, moralischen und historischen Identität. Einer erklärte vor den Kameras von *CNN* und anderen Satellitensendern: »Ich habe jahrzehntelang in Angst und Schrecken gelebt. Jetzt ist es vorbei, jetzt weiß ich endlich, dass ich ein Mensch bin, mit Rechten und mit Würde.« Einer der immer wieder skandierten Slogans nach Mubaraks Rücktritt am 11. Februar lautete: »Irfa rasak, anta misri! – Trage den Kopf hoch, Du bist ein Ägypter!« (Dieser Ausspruch blieb symbolhaft, obwohl Mursis Schocktruppen später versuchten, ihn in ihrem Sinne zu verdrehen: »Trage den Kopf hoch, Du bist ein Moslem«.)

Es war eine moralische Wasserscheide, die eine Veränderung in den sozialen Beziehungen zur Folge hatte. In Bengasi erlebten

---

[11] Revolutionen »sind zugleich ein Aufstand gegen die bishin herrschende Kultur, gegen Angst und Selbstzensur... Sie stellen bisherige Sozialisierungsprozesse und soziale Beziehungen ... infrage. Deshalb bedeuten Revolutionen nicht nur einen politischen, sondern auch einen kulturellen und politisch-kulturellen Erdrutsch mit enormen Auswirkungen.« Javaher-Haghighi, Peyman, Hassan Azad und Hamid Reza Noshadi, a.a.O. S. 216. »Für viele Ägypter liegen die wichtigsten Veränderungen ... in der Gesellschaft selbst ... Mehr Ägypter glauben, ihr Land verändern zu können, auch wenn es Jahrzehnte dauert. Das ist die wirkliche Revolution in Ägypten«. Noueihed, Lin und Alex Warren, a.a.O., S. 132 f.

Bürger einen »Boom der politischen Streitkultur«, es fanden »wöchentlich mehr als vierzig Veranstaltungen statt, bei denen über politische Themen diskutiert wurde.«[12] Dabei ging es auch um die Beziehung zwischen den Geschlechtern.[13] In Bengasi setzten sich Freiwillige über tradierte gesellschaftliche Tabus hinweg, wonach Männer und Frauen zwar gemeinsame Aufgaben übernehmen, aber nicht zusammen arbeiten sollten. Jetzt krempelten junge Leute beiderlei Geschlechts die Ärmel hoch und wirkten Seite an Seite. Frauen übernahmen die Verantwortung für die Bereitstellung der Verpflegung, die dann von den Männern an die Front gebracht wurde; junge Männer boten den weiblichen Freiwilligen Unterstützung durch weibliche Familienangehörige an. Gaddafis seltsame Vorstellung über die untergeordnete Rolle der Frau wurde über den Haufen geworfen, und zum ersten Mal erlebten Frauen und Männer in Libyen Gleichberechtigung. Frauen spielten eine führende Rolle, angefangen von den ersten Demonstrationen in Daraa in Syrien. Nie wurde dabei die Verpflichtung zum gewaltfreien Protest aufgegeben.[14] Im Jemen, einer sehr traditionsbewussten Gesellschaft, traten Frauen ebenfalls als Protagonistinnen der Bewegung auf. Eine von ihnen, Tawakul Karman, wurde für ihre Arbeit mit dem Friedensnobelpreis ausgezeichnet.

---

[12] Javaher-Haghighi, Peyman, Hassan Azad und Hamid Reza Noshadi, Ebenda. S. 200.
[13] Ebenda, S. 50. Dieses Buch gibt einen nützlichen Überblick über die Frauenbewegungen in der arabischen Geschichte.
[14] Ghanem, Mouna, »Der Schmetterlingseffekt: Syrerinnen für den Frieden«, in Gehrcke ,Wolfgang und Christiane Reymann (Hg.), a.a.O., S. 154 ff.

DIE JUGEND FORDERT DIE ÜBERALTERTE DEKADENTE ORDNUNGSMACHT HERAUS.

Das war die gesunde Seite des Prozesses.

Die bedrängten Regimes kämpften ums nackte Überleben. Ben Ali und später Mubarak, dann Salih, Gaddafi und Assad hielten stur an der Macht fest. Sie wollten einfach nicht wahrhaben, dass die gesamte Welt sie mittlerweile abgeschrieben hatte. Brüsk lehnten sie es ab, zum Wohl ihres Volkes und ihres Landes zurückzutreten, oder der Forderung der Demonstranten nach echten Reformen und Machtteilung nachzukommen.

Es gibt viele Gemeinsamkeiten zwischen den Männern, die sich als »Präsidenten auf Lebenszeit« sahen, und gegen die sich das eigene Volk erhob.[15] Sie (oder ihre jeweilige Dynastie) waren seit Jahrzehnten an der Macht (vier von ihnen seit über dreißig Jahren), hatten repressive diktatorische Regimes mit Sondereinheiten, Polizeiapparat und Geheimdienst aufgebaut. Sie regierten mit Notstandsgesetzen, wonach Oppositionelle bei der leisesten kritischen Äußerung ins Gefängnis geworfen und gefoltert werden konnten. Von Zeit zu Zeit wurden »Wahlen« veranstaltet, bei denen die Zustimmung für die herrschende Elite zwischen 95 und 98 Prozent schwankte – Ergebnisse, bei denen selbst ein Erich Honecker aus der Ex-DDR vor Neid erblasst wäre. Mit diesem Machtmonopol hatten sie ihr politisches Gewicht dazu genutzt, sich durch Korruption, Abzweigen von ausländischen Hilfsgeldern oder Anteilen an staatlich kontrollierten Wirtschaftsunternehmen riesige Privatvermögen zu verschaffen. Die so angeeigneten Milliarden landeten auf verschiedenen ausländischen Bankkonten (und wur-

---

[15] Owen, Roger, *The Rise and Fall of Arab Presidents for Life,* Harvard University Press, Cambridge, Massachusetts, Mai 2012.

den glücklicherweise inzwischen von den betreffenden Ländern eingefroren).

Trotz jahrzehntelanger Polizeistaatsherrschaft hatten die Menschen ihre Würde nicht aufgegeben und wurden aktiv, als sich nun die Gelegenheit bot. Dabei kam ihnen auch ein Generationswechsel zugute. Junge Menschen von 25 bis 30 Jahren, die buchstäblich in ihrem Leben nichts anderes kennengelernt hatten als den *Status Quo* – d.h. Präsidenten auf Lebenszeit – wussten, dass das, was sie täglich erlebten, nicht überall die Regel war. Viele waren in Europa gewesen, sie hatten dort studiert oder hatten Freunde, die ins Ausland gereist waren. Auf jeden Fall aber bot ihnen das Internet Zugang zu Informationen aus der ganzen Welt.[16] Diese Generation junger Menschen führte den Aufstand gegen das senile, antiquierte System. Es war die Revolte einer gesunden, zukunftsorientierten Jugend gegen eine sterbende diktatorische Ordnung.

Der Kontrast hätte dramatischer nicht sein können: Auf der einen Seite anfangs Tausende, später Zehntausende und schließlich Millionen Bürger aller gesellschaftlichen Schichten, die ins Stadtzentrum von Tunis, Kairo oder Sanaa strömten und dort friedlich ihre Rechte einforderten – nicht nur als Bürger des jeweiligen Landes, sondern als Menschen, die mit unveräußerlichen Rechten ausgestattet sind. Bürger umarmten Soldaten, die die Seiten gewechselt und sich den Demonstranten angeschlossen hatten. Fernsehzuschauer in aller Welt sahen Bilder junger Männer, die voller Stolz ihre kleinen Kinder hochhielten, die sie zu den Demonstrationen mitgebracht hatten, damit sie an dem – wie sie wussten – historischen Prozess teilnehmen konnten. Junge Mädchen mit

---

[16] Elektronische Geräte und soziale Medien wie Facebook erleichterten zwar die Kommunikation zwischen den Organisationen der Protestbewegung, sie waren aber Werkzeuge, nicht Ursache des Ferments.

Kopftüchern saßen auf dem Rücksitz von Mopeds, sie strahlten voller Hoffnung und reckten die Finger zum Victory-Zeichen.

Auf der anderen Seite die versteinerten Mienen der alten Machthaber, Ben Ali, Mubarak oder Salih, der wild dreinblickende Oberst Gaddafi und der deutlich jüngere Assad. In geradezu klinischer Leugnung jener Realität, mit der sie ihr eigenes Volk konfrontierte, versuchten sie zunächst, die Massen dadurch ruhigzustellen, dass sie mit großem Pathos »Reformen« versprachen. Später drohten sie mit schlimmen Konsequenzen bis hin zum Bürgerkrieg, falls die Proteste weitergingen, und zuletzt schworen sie, die eigene bankrotte Position bis zum bitteren Ende zu verteidigen. »Nach uns die Sintflut« lautete ihr Motto, wobei Gaddafi sogar so weit ging zu drohen, wenn er aus dem Amt gejagt würde, werde es sein Volk zu spüren bekommen, er werde so viele wie nur möglich mit ins Grab nehmen. Und er hielt tatsächlich Wort: Mit Gewalt ging er gegen sein eigenes Volk vor, aus dem Konflikt wurde ein blutiger Bürgerkrieg mit Zehntausenden Toten. Syrien erlebte ein ähnliches Schicksal

Doch sie alle ereilte ihr bitteres Ende – die einen eher, die anderen später.

Bei dem Aufstand in den verschiedenen Ländern kamen zwei zwar diametral entgegengesetzte, sich aber dennoch wechselseitig verstärkende soziopsychologische Tendenzen zum Ausdruck: Je mehr die Führung Zuflucht zu autoritärer Herrschaft nahm und die Sicherheitskräfte auf die Menge schießen ließ, desto entschlossener mobilisierten die Demonstranten, deren Zahl von Tag zu Tag wuchs. Je intensiver die Rebellen den Widerstand organisierten, desto unnachgiebiger wurden die Herrscher und drohten mit weiterer Repression, was nur zur Stärkung der Aufständischen führte. Die politische Führung antwortete erneut mit Gewalt und beharrte stur auf ihrer angeblich legitimen Macht. Dabei büßte sie zunächst ihre Legitimität und schließlich auch ihre Macht ein.

GEOPOLITIK KOMMT INS SPIEL

Zu diesen zwei soziologischen Prozessen kam eine dritte Dynamik geopolitischer Natur. Es war, als spielten opponierende Kräfte auf einer Bühne ihre jeweilige, aber mit den anderen verflochtenen Geschichte, als ließe sich ein Eindringling auf dem Stuhl des Regisseurs nieder, zerrisse das Regiebuch und diktiere die Bewegungen nach seinem eigenen Skript. Die Hinzukommenden wurden plötzlich immer mehr und übernahmen die Rolle von Protagonisten. Ihr Eingreifen bedeutete den Übergang von einer politischen Konfrontation zum militärischen Konflikt.

2012 war es in liberalen Kreisen der USA Mode geworden, die gesamte arabische Revolution als geopolitische Verschwörung abzutun, aber die Materie ist viel komplizierter. Weder Bouazizi noch die jungen Leute in Ägypten befolgten Befehle eines westlichen Geheimdiensts. Doch als die ursprünglich organischen Protestbewegungen ihrem Ziel näher kamen, griffen ausländische Kräfte ein, um ihre eigenen Vertreter zu unterstützen und den gesamten Prozess zu kidnappen. So erhielt das von den USA unterstützte ägyptische Militär besondere Vollmachten und einigte sich mit der Moslembruderschaft auf eine Teilung der Macht. Und so inszenierten die USA mit der Hilfe des Gulf Cooperation Council den Abgang des jemenitischen Präsidenten von der politischen Bühne.[17]

Besonders krasse und blutige Momente geopolitischer Manipulation gab es in Libyen und Syrien. Die Resolution des Weltsicherheitsrats, die den Weg freimachte für den Krieg der NATO gegen Libyen, war nicht nur von fragwürdiger Legitimität, sondern be-

---

[17] Javaher-Haghighi, Peyman, Hassan Azad und Hamid Reza Noshadi, a.a.O. S. 220 f. Eine detaillierte Darstellung der Rolle ausländischer Kräfte in Libyen in: Chorin, Ethan, *Exit the Colonel: The Hidden History of the Libyan Revolution*, Public Affairs, London, 2012.

deutete auch eine Kampfansage an Russland und China, deren Regierungen bei den späteren Konflikten von ihrem Vetorecht Gebrauch machten. In Syrien wurde der Bürgerkrieg zu einem vollen geostrategischen Konflikt, einem Stellvertreterkrieg zwischen dem Westen und seinen regionalen Verbündeten Saudi-Arabien, Katar und Türkei auf der einen Seite und Russland und China plus Syriens regionalen Verbündeten Hisbollah, Iran und schiitischen Gruppierungen im Irak sowie anderen Ländern auf der Gegenseite.

Von geopolitischen Interessen motivierte Kreise, die die Ereignisse zu steuern versuchten, bewahrten seit Jahrzehnten detaillierte Pläne für die Neuordnung der gesamten Nah-Mittelost-Region in der Schublade. Kaum waren die Proteste ausgebrochen, wurden sie zur Umsetzung herausgeholt. Einige Szenarien für einen Regimewechsel in der Region stammen noch aus der Endphase des Kalten Krieges, als Neokonservative in den USA eine neue strategische Doktrin formulierten, mit der die USA als einzig verbleibende Supermacht etabliert werden sollten. Zu diesen Dokumenten gehörte ein Entwurf aus dem Jahr 1996 für die Konsolidierung der Atommacht Israel als regionale Hegemonialmacht und die Ablösung von Regimes, die als Bedrohung für diesen Plan galten – vom Irak über Syrien bis zum Libanon und Iran. Der Irakkrieg von 2003, die Destabilisierung des Libanon und Syriens von 2005-2006 oder Israels Krieg gegen Gaza von 2008 entsprachen diesem Projekt.[18]

Gleichzeitig »änderte« die Regierung Bush 2007 ihre Politik gegenüber der Region: Sie arbeitete jetzt mit Saudi-Arabien und extremistischen sunnitischen Gruppierungen zusammen, um den Iran zu schwächen. Zu diesen Gruppen gehörten nicht nur Mitglieder

---

[18] »A Clean Break: A New Strategy for Securing the Realm«, www.iasps.org/strat1/htm. Die Autoren waren Dick Cheneys Assistent David Wurmser und dessen Frau Mayrav sowie Richard Perle, James Colbert, Charles Fairbank Jr., Douglas Feith, Robert Loewenberg, Jonathan Torop und andere.

der Moslembruderschaft und Salafisten, sondern auch bewaffnete Kämpfer aus dem Dunstkreis der al-Qaida. Die feindliche Haltung gegen die Islamische Republik Iran bezog Operationen mit ein, durch die Syrien und die Hisbollah geschwächt werden sollten.[19] Dieser neue Vorstoß der Bush-Regierung wurde an seinen Nachfolger weitergegeben; und als die Aufstände in Nordafrika begannen, hielten Kreise des außenpolitischen Establishments der USA die Unterstützung für sunnitische Extremisten aufrecht, darunter auch Gruppen, die später in Syrien zu den Waffen griffen. Auch wenn die Proteste nicht durch Washington in Gang gesetzt wurden, so gerieten die USA auf diese Weise doch in eine enge Beziehung zu den politischen und später auch militärischen Protagonisten des Aufstands.

Anstelle eines geordneten Überganges zu repräsentativen Regierungen befindet sich die gesamte Region im Jahr 2014 im Strudel eines sich ausweitenden Krieges. Indem sie blind ihrem vermeintlichen Selbstinteresse folgten, ohne sich um die gerechtfertigten Erwartungen und die Forderung der Bürger nach einer besseren Zukunft zu kümmern, stärkten prowestliche regionale Parteien (Saudi-Arabien, Katar, Kuwait, die Türkei und andere) mit ihrer Unterstützung für Terroreinheiten, die in das Kriegsgebiet strömten, am Ende ein Frankenstein-Monster mit vielen Tentakeln – al-Qaida, al-Nusra oder Islamischer Staat in Irak und Syrien (ISIS). Berichten zufolge fachte das Assad-Regime den islamistischen Aufstand durch die Freilassung von Extremisten aus dem Gefäng-

---

[19] Hersh, Seymour M., »The Redirection: Is the Administration's new policy befitting our enemies in the war on terrorism?« The New Yorker, 5. März 2007. Über verdeckte US-amerikanische Unterstützung für Oppositionsgruppen in Iran und Syrien in Bushs zweiter Amtszeit siehe Javaher-Haghighi, Peyman, Hassan Azad und Hamid Reza Noshadi, a.a.O. S. 128.

nis selbst an.[20] Die Folgen sind so paradox wie bitter: Die Türkei, die ihre Grenzen und Geldtaschen für bekannte Terroristen öffnete, wurde Opfer von Angriffen der ISIS;[21] Saudi-Arabien musste sich gegen heimkehrende Kämpfer zur Wehr setzen, die das Königreich bedrohten; Kämpfe zwischen terroristischen Gruppen spalteten den Golfkooperationsrat und die Arabische Liga. Die USA, die die Aufständischen in Syrien offen und verdeckt unterstützt hatten, sahen ihr Irak-Projekt durch die ISIS bedroht – eine Bedrohung, mit der nur der Iran und schiitische Milizen innerhalb des Irak umgehen konnten.

Wer oder welche Kombination von Kräften wird, wenn überhaupt, in der Lage sein, die Flammen des terroristischen Ansturms zu löschen und was wird übrig bleiben, wenn sich der Rauch verzieht? Zum Zeitpunkt der Drucklegung dieses Buchs ist das noch nicht absehbar. Jüngste Schätzungen von Experten rechnen mit einem jahre-, wenn nicht jahrzehntelangen Konflikt.[22] Lakhdar

---

[20] Helberg, Kristin, *Brennpunkt Syrien: Einblick in ein verschlossenes Land*, Verlag Herder GmbH, Freiburg im Breisgau, 2014, S. 86 f. Eine Beschreibung, wie das Assad-Regime zumindest seit 2003 Extremisten, insbesondere Salafisten, manipuliert hatte, findet sich in Neumann, Peter, »Suspects into Collaborators«, London Review of Books, Bd. 36, Nr. 7, 3. April 2014, S. 19 ff.
[21] Die Türkei spielte eine besonders hinterhältige Rolle. Dort wurde im August 2011 der Syrische Nationalrat gegründet, und im Mai 2012 bewaffnete die Türkei die Nationale Koalition. Jahaver-Haghighi, Peyman, Hassan Azad und Hamid Reza Noshadi, a.a.O., S. 151, 155; Armbruster, Jörg, a.a.O., S. 140. Ebenfalls in der Türkei gründeten die ersten desertierten Offiziere die Freie Syrische Armee. Ausländische Dschihadisten vor allem aus Europa sowie Waffen für den Kampf gelangten über die Türkei nach Syrien. Zur Rolle der Türkei, auch in der Geschichte, siehe Muriel Mirak-Weissbach und Jamal Wakim, *Al Siyasa al harjiya al turkiya*, (Türkische Außenpolitik), All-Prints Distributors & Publishers, Beirut, Dezember 2013. Helberg, Kristin, *Brennpunkt Syrien, Einblicke in ein verschlossenes Land*, a.a.O., S. 86 f.
[22] Ein Beispiel: Rainer Hermann, der die Entwicklungen für die *Frankfurter Allgemeine Zeitung* genau verfolgt, schrieb Ende 2013: »Die Begeisterung im Jahr eins der Arabellion ist der Frustration des Jahres drei gewichen. Wie die arabische Welt in ein oder zwei Jahrzehnten aussehen wird, kann niemand sagen.

Brahimi, der im Juni 2014 sein Amt als Sondergesandter der Vereinten Nationen für Syrien niederlegte, erklärte im *Spiegel*, was er erwartete: »Auf lange Sicht wird die ganze Region explodieren, wenn keine Lösung gefunden wird. Dieser Konflikt bleibt nicht auf Syrien beschränkt, er destabilisiert bereits den Libanon«, und zwar durch ISIS. Auf die Frage: »Und was wird aus Syrien?« antwortete er: »Ein zweites Somalia. Es wird nicht zu einer Teilung kommen, wie viele vorhersagen, es wird ein ›failed state‹, beherrscht von Warlords.«[23]

Eines ist unbestritten: Die Region wird nie wieder sein wie zuvor. Eine Rückkehr zum *Status quo ante* wird es nicht geben. Genauso klar ist, dass die Leidtragenden (unter den Überlebenden) die Millionen Flüchtlinge sein werden, die ihre Häuser und Wohnungen verlassen und sich in Sicherheit bringen mussten. In ihrem *Global Trends* Jahresbericht, der am Weltflüchtlingstag, dem 20. Juni 2014, vorgestellt wurde, meldete die UN-Flüchtlingskommission die höchste Zahl von Flüchtlingen (50 Millionen) seit Ende des Zweiten Weltkriegs. Der Anstieg um sechs Millionen am Ende des Jahres 2013 wurde hauptsächlich auf den Krieg in Syrien zurückgeführt, wo 2,5 Millionen Menschen als Flüchtlinge das Land verließen und weitere 6,5 Millionen im Land selbst auf der Flucht waren.[24] Die Zahl der Syrer, die in den Nachbarländern Jordanien, Libanon, Irak und Türkei Zuflucht suchten, wird offiziell auf 250.000 bis eine Million geschätzt, doch wie mir im Juni 2014

Gewiss ist nur, dass die kommenden Jahre (und Jahrzehnte) noch viel Instabilität bringen werden.« *FAZ*, 21. Dezember 2013. Im März 2014 spekulierte er über die Möglichkeit, dass der Iran eine hilfreiche Rolle spielen könnte, wenn es die USA zuließen, und Mitte Juni schrieb er: »Der Vormarsch des ›Islamischen Staats‹ bedroht nicht allein den Irak, sondern den ganzen Nahen Osten, weil er Öls ins Feuer des schwelenden Konflikts zwischen Sunniten und Schiiten gießt.« *FAZ*, 13. Juni 2014.
[23] »Keiner kann gewinnen«, *Der Spiegel*, Nr. 24, 7. Juni 2014, S. 92.
[24] UNHCR-Jahresbericht Global Trends, http://www.unhcr.org/5399a14f9.html

arabische diplomatische Quellen in Berlin versicherten, haben Libanon und Jordanien - Länder mit einer relativ kleinen Bevölkerung - jeweils mehr als eine Million aufgenommen. Sie sind in einer deutlich schwierigeren Lage als die Türkei, die – bei einer größeren Bevölkerung und mehr verfügbaren wirtschaftlichen Mitteln – Zeltstädte für Flüchtlinge errichtet hat.

Was wird die Zukunft für jene Länder bringen, denen die Verwüstungen eines vollen Krieges bisher erspart blieben? Das ist genauso unvorhersehbar wie Aufstände in anderen Teilen der Welt in früheren Zeiten, von der Amerikanischen und Französischen Revolution im 18. Jahrhundert bis zur Russischen Revolution, der friedlichen Revolution von 1989 in Ostdeutschland und anschließend bei den Umwälzungen im ehemaligen sowjetischen Machtbereich. Keine von ihnen verlief gradlinig, in keinem Fall wurden die erklärten Ziele der Revolutionäre sofort oder vollständig erreicht, auch nicht Jahrzehnte (oder gar Jahrhunderte) später. Niemand kann vorhersehen, wie sich die Prozesse, die in Nordafrika und im Nahen Osten in Gang gesetzt wurden, langfristig auswirken werden. Selbst erfahrene deutsche Experten und Kenner der Region haben ihre Einschätzung wiederholt revidiert und fast keiner wollte sich auf konkrete Vorhersagen einlassen. Marwan Muasher, Ex-Außenminister von Jordanien, betont die Notwendigkeit einer »dritten Kraft« zwischen der »belagerten, nicht zurechnungsfähigen Elite auf der einen Seite und Islamisten auf der anderen«. Diese dritte Kraft müsse sich der Herausforderung stellen, wirklich pluralistische Systeme zu entwickeln, einschließlich »einer politischen Kultur, die zur Vielfalt einlädt« und »einem Bildungssystem, das sie unterrichtet ...«. Muasher sieht diese dritte Kraft, zumindest konzeptionell, in der jungen Generation in Ägypten, Tunesien und

Libyen.[25] Dieser Punkt scheint von zentraler Bedeutung, um die tiefe Feindseligkeit zu überkommen, die die postrevolutionäre arabische Politik polarisiert, nicht nur zwischen wieder erstarkten autoritären Kräften und Islamisten, wie in Ägypten, sondern auch zwischen gesellschaftlichen Gruppen, die entlang Stammesgrenzen, ethnischen und/oder religiösen Linien gespalten sind, wie in Syrien, im Libanon oder Irak.

Solcherart ist die komplizierte geopolitische Dimension des Aufstands in der arabischen Welt, die die anfängliche Hoffnung in eine Katastrophe verwandelte. Verschiedene neue Studien gehen dieser Dimension auf den Grund. Dieses Buch hingegen konzentriert sich auf den individualpsychologischen Aspekt des Prozesses.

POLITIK UND PATHOLOGIE

Das Verhalten der arabischen politischen Führer, die sich so unvermittelt mit der Forderung nach sozialer und politischer Veränderung konfrontiert sahen, ist ohne eine klinische Untersuchung der jeweiligen Persönlichkeitsstörung gar nicht zu verstehen. Mubarak, Gaddafi und andere sind nicht nur eigenständige Persönlichkeiten, sondern sie repräsentieren eine »Typologie«, die in der einschlägigen psychoanalytischen Literatur abgehandelt werden.[26] Im Falle der Führung der von Revolutionen erschütterten arabischen Länder haben wir es wohl mit verschiedenen Typen von Persönlichkeitsstörungen zu tun – von der narzisstischen bis zur paranoiden.

---

[25] Muasher, Marwan, *The Second Arab Awakening and the Battle for Pluralism*; Yale University Press, New Haven und London, 2014, S. 3, 37. Siehe auch El Difraoui, *Ein neues Ägyten? Reise durch ein Land im Aufruhr*, Edition Körber-Stiftung, Hamburg, 2013.
[26] Siehe Literaturangaben.

Seit der bahnbrechenden Arbeit Sigmund Freuds sind zahlreiche wichtige Studien erschienen, in denen verschiedene Aspekte dieser komplizierten Sachlage untersucht werden. Psychoanalytiker haben ihre klinische Erfahrung mit Narzissmus, Paranoia, Hysterie und Psychopathie dokumentiert. Alle die genannten Störungen sind für die Politiker, die hier zur Debatte stehen, relevante Phänomene. Einige Forscher widmen sich direkt der Untersuchung solcher psychischen Störungen im Bereich der Politik. Dieser Forschungsbereich, der als »psychohistorische Forschung« oder »angewandte Psychoanalyse« bezeichnet wird, versucht, das Verständnis pathologischer Persönlichkeitsstrukturen auf besondere Fälle politischer Führungspersönlichkeiten anzuwenden.[27]

In diesem Buch möchte ich die Ergebnisse solcher Studien und insbesondere auch deren analytische Herangehensweise nutzen, um das Verhalten der einzelnen Staatschefs der arabischen Welt während des Revolutionsprozesses zu untersuchen. Die vorliegende Untersuchung beruht auf der Chronik der Ereignisse, sie konzentriert sich auf Handlungen, Reden und öffentliche Erklärungen der Protagonisten im Verlauf der dramatischen Ereignisse. Hintergrundmaterial über die einzelnen Politiker – besonders über ihren familiären Hintergrund, ihre Kindheitserfahrungen, Schule und Ausbildung – ist von größter Bedeutung, wenn man verstehen will, wie sich in einer Machtposition pathologische Züge entwickeln.

Ich konzentriere mich auf die Anfangsphase, in der die Staatschefs Tunesiens, Ägyptens, des Jemen und Libyens abgesetzt wurden. Später zeigen sich bei den neu eingesetzten Führungspersönlichkeiten erneut dieselben Symptome. Man könnte von einem »Farm-der-Tiere«-Reflex sprechen: Wie in Orwells berühmtem

---

[27] Zu den geschichtlichen Figuren, die von diesem Standpunkt untersucht wurden, zählen viele römische Kaiser, allen voran Caligula und Nero, sowie Napoleon, Mussolini, Stalin usw.

Buch übernehmen die Tiere, die ihre bäuerlichen Unterdrücker erfolgreich vertrieben haben, schon bald das Verhalten und die Politik ihrer früheren Gegner. Relevante Beispiele sind hier Mohammed Mursi und vielleicht General Abdel-Fattah al-Sisi.[28]

Außerdem haben wir es nicht nur mit einzelnen Persönlichkeiten, ihrer individuellen Geschichte und Karriere zu tun. Sie alle sind in eine kulturelle Matrix eingebunden, die erlebt hat, wie die Wirklichkeit durch die Einmischung fremder Kräfte bestimmt wurde. Dabei haben es die Araber, vorsichtig formuliert, nicht gerade leicht gehabt. Die viel beschworene »arabische Einheit« ist und bleibt eine Schimäre, in erster Linie deshalb, weil die Großmächte – Großbritannien, die USA und Frankreich – entschlossen waren und sind, sie zu zerschlagen.

Nach vier Jahrhunderten unter osmanischer Herrschaft kämpften die Araber in der Zeit des Ersten Weltkriegs für ihre Unabhängigkeit, wurden dabei jedoch von europäischen Mächten manipuliert, die vordergründig den Aufstand unterstützten. Tatsächlich unterzeichneten Frankreich und England das Sykes-Picot-Abkommen, eine geheime Übereinkunft zur Aufteilung des Gebiets mit seinen reichen Ölvorkommen. Russland machte das Abkommen publik, dennoch bestimmte diese Übereinkunft die Weltordnung nach dem Ersten Weltkrieg. Die meisten der Führer der neu entstandenen arabischen Länder waren von den genannten europäischen Mächten ausgesucht worden, die Länder selbst waren kaum mehr als Marionettenstaaten. Selbst dort, wo sich unter der Führung von Männern, die wie Helden verehrt wurden, antikolonialistische nationalistische Bewegungen entwickelten, ergriffen

---

[28] Mirak-Weißbach, Muriel, »Mubarak, Morsi, and then?«, http://www.mirak-weissbach.de/Publications/archive/files/80443f357ddcbeb786c350582e9b0a61-71.html

diese neuen Führungsfiguren schon bald Maßnahmen, ihre Völker und Länder rundum unter Kontrolle zu halten.[29]

Genauer heißt das: Meistens wurde diese neue Führungsschicht von den westlichen Mächten unterstützt. So spielte Italien bei Gaddafis Putsch von 1969 ebenso eine Schlüsselrolle wie 1987 bei der Machtübernahme Ben Alis. Nasser bildet in dieser Hinsicht eine Ausnahme, doch sein Nachfolger Anwar Sadat wurde durch den in Camp David ausgehandelten Frieden mit Israel zum wichtigen Alliierten der Vereinigten Staaten. Seit jener Zeit ist Ägypten von amerikanischem Geld und Unterstützung abhängig. Jemen wurde im Kampf gegen den Terrorismus vom Ausland unterstützt, die Assad-Dynastie erfreute sich als Bollwerk der Stabilität im historisch instabilen Nahen Osten zeitweise der Unterstützung des Westens.[30]

Die Anregung zu der vorliegenden Studie lieferte die arabische Rebellion von 2010-2011, doch Analysen und Schlussfolgerungen sind weder auf diese arabische Erfahrung noch auf die arabische Region beschränkt. Deshalb ist als Nachtrag eine kurze Betrachtung zweier Fälle massiver narzisstischer Entgleisung in der amerikanischen Gegenwartspolitik eingefügt: Zunächst George W. Bush, dessen achtjährige Herrschaft eindeutige Merkmale einer schweren

---

[29] Siehe Muasher, Marwan, a.a.O., S. 15 f.: »Hierin lag der fatale Fehler der arabischen Regierung nach der Unabhängigkeit. Alle Regimes, seien sie monarchistisch oder ›republikanisch‹, reich oder arm, hatten eines gemeinsam: Keines von ihnen kümmerte sich darum, ein pluralistisches Regierungssystem aufzubauen, eine ausgeglichene Exekutive oder die reiche Vielfalt ihrer jeweiligen Bevölkerung zu fördern. Stattdessen verhärtete sich die während des Unabhängigkeitskampfes gewonnene Legitimität zu diversen Formen autokratischer Herrschaft.«

[30] Der deutsche Journalist und Nahostexperte Jürgen Todenhöfer schrieb am 12. Dezember 2011 aus Damaskus einen Beitrag für die *Frankfurter Allgemeine Zeitung*, in dem er vor internationaler Einmischung warnte:»Der Versuch, Arabien durch eine Serie gesteuerter Bürgerkriege und Interventionen umzugestalten, ist die gefährlichste aller Lösungen. Für den Nahen Osten und für uns.«

Persönlichkeitsstörung erkennen lässt. Wie Dr. Justin Frank[31] in einer klinischen Studie detailreich dokumentiert, war Bush als emotional gestörte Persönlichkeit nicht in der Lage, ein solch hohes Amt zu bekleiden. Dr. Frank, Psychiater und Professor an der George Washington University, stützte seine Arbeit auf die Analyse der öffentlichen Erklärungen George Bushs, betrachtet vor dem Hintergrund von dessen traumatischen Kindheitserfahrungen.

Ähnliche krankhafte Züge zeigen sich bei bestimmten amerikanischen politischen Sekten und Persönlichkeitskulten, die sich als politische Organisationen tarnen, oder auch in dem relativ neuen Phänomen der Tea-Party-Bewegung, deren führende Vertreterin Sarah Palin den Stoff für eine weitere klinische Fallstudie liefert.

Zum Schluss gibt es als positiven Kontrapunkt ein kurzes Kapitel aus al-Fārābīs Schrift *Der Musterstaat*, worin er ein Konzept des »gerechten Herrschers« präsentiert. Es ist ein wunderbares Werk, das meisterlich das arabische Erbe in der Theorie der politischen Wissenschaft darstellt.[32]

---

[31] Justin Frank, *Bush auf der Couch: Wie denkt und fühlt George W. Bush?*, Psychosozial-Verlag, Gießen, 2004
[32] *Der Musterstaat von Al Fārābi*, aus dem Arabischen übertragen von Dr. Friedrich Dieterici, Professor an der Universität Berlin, E.J. Brill, Leiden, 1900.

NARZISS AUF DEM THRON

Um das Verhalten der Führer der hier behandelten fünf Länder – Tunesien, Ägypten, Jemen, Libyen und Syrien – wirklich zu verstehen, muss man sie vom klinischen Standpunkt untersuchen. Politische Analysten von Denkfabriken, erfahrene Auslandskorrespondenten und Geheimdienst-Spezialisten aus aller Welt werden jeweils ihre eigene Interpretation dafür liefern, weshalb Ägyptens Präsident Hosni Mubarak sich erst an das Volk wandte, als die Massendemonstrationen auf das ganze Land übergegriffen hatten, oder dass der tunesische Präsident Zine el Abidine Ben Ali in lokalem Dialekt statt in klassischem Hocharabisch vor seinen Landsleuten sprach. Mubarak habe, so werden sie sagen, wohl auf Zeit gespielt, und Ben Ali habe die Sprache des Volkes einfach nur gewählt, um die Kluft zwischen den einfachen Menschen und dem Präsidenten zu überbrücken. Beides war letztendlich erfolglos. Aber darum geht es gar nicht.

Solche Erklärungen sind bestenfalls naiv. Um das ungewöhnliche und bisweilen empörende Verhalten dieser in die Enge getriebenen Führer zu ergründen, müssen wir die gewohnten Pfade journalistischer Klischees verlassen und uns der klinischen Psychologie, genauer gesagt der angewandten Psychoanalyse, zuwenden. Jenseits der politischen Überlegungen, die das Handeln der politischen Führer im Einzelfall zu bestimmen scheinen, stoßen wir auf tief verwurzelte psychologische Faktoren, die Worte und Taten weit besser erklären.

In den meisten der hier behandelten Fälle haben wir es mit einer – in der Terminologie der klinischen psychoanalytischen Literatur – *narzisstischen Persönlichkeit* zu tun. Erstmals von Sigmund Freud analysiert, stellt der Narzissmus nicht nur eine pathologische Manifestation dar, die bei unterschiedlichen Persönlichkeitstypen auftreten kann, sondern er ist besonders häufig unter hochrangigen Politikern anzutreffen.[33] Wie wir sehen werden, sind Narzissmus und Macht sehr eng gekoppelt: Einerseits strebt die narzisstische Persönlichkeit nach Macht, um den pathologischen Drang nach Bewunderung, Anerkennung und Liebe zu befriedigen, andererseits kann selbst ein »normaler« Mensch, der in eine Machtposition gelangt, narzisstische Züge entwickeln – als quasi »natürlichen» Ausdruck seiner politischen Funktion.

Woher stammt der Begriff? Die antike griechische Sage erzählt von dem 16-jährigen Narziss, dessen ungewöhnliche Schönheit andere Jugendliche geradezu überwältigte, ihn selbst aber nicht minder. Eines Tages, auf der Jagd, suchte Narziss nach Wasser, um seinen Durst zu stillen, und fand schließlich eine Quelle. Als er niederkniete, erblickte er im Wasser sein Bild, in das er sich sofort verliebte. Vergebens versuchte er, das Bild zu küssen; er musste erkennen, dass es sein eigenes Spiegelbild war. Narziss verzehrte sich vor Liebe, bis er schließlich starb. An dem Ort, von wo er verschwand, wuchs eine Blume, die seinen Namen trägt.[34]

Wie unterschiedlich die Spielarten dieses Mythos' auch aussehen mögen, das Wesen des Narzissmus ist Selbstliebe, die von bestimmten Merkmalen geprägt ist. Charakteristischerweise überschätzt der Narzisst sich selbst und seine Fähigkeiten; sein »gran-

---

[33] Sigmund Freud, »Zur Einführung des Narzissmus«, in *Gesammelte Werke*, Zehnter Band, Werke aus den Jahren 1913-1917, Imago Publishing Co., Ltd., London, 1949, S. 137 ff.
[34] Spaas, Lieve (Hrsg.), *Echoes of Narcissus*, Berghahn Books, New York, Oxford, 2000, S. 1 f.

dioses Selbst«[35] braucht die Bewunderung anderer, die ihm seine Großartigkeit bestätigen.

Otto F. Kernberg beschreibt die narzisstische Persönlichkeit als »charakterisiert durch eine abnorme extreme Idealisierung des Selbst, die so weit geht, dass ideale Anteile anderer inkorporiert werden«. Diese »Selbst-Idealisierung« gestattet es dem Individuum, ein Gefühl von Selbstständigkeit und Unabhängigkeit zu entwickeln. Wird dieses Bild infrage gestellt, so kann sein »übertriebenes Maß an Grandiosität und Selbstzentriertheit« einem Minderwertigkeitsgefühl weichen. Im Allgemeinen zeigt sich »das pathologisch grandiose Selbst dieser Patienten – Ausdruck einer abnormen Selbstidealisierung – ... in Exhibitionismus, Anspruchsdenken, Rücksichtslosigkeit, ... der chronischen Neigung zur Entwertung anderer, ausbeuterischem und parasitärem Verhalten ...«. Der Narziss muss stets im Zentrum der Aufmerksamkeit stehen, wo er sich der Bewunderung der Zuschauer erfreut.[36]

Für politische Führungspersönlichkeiten bedeutet das: Sie müssen sich mit »Ja-Sagern«, Bewunderern und Schmeichlern umgeben, die ihnen pausenlos bestätigen, dass sie immer recht haben. Sie brauchen das Gefühl, geliebt und gefürchtet zu werden; Kritik wird nicht geduldet. Wer eine unabhängige Einschätzung an den Tag legt, wird verstoßen. Jeder, der es wagt, den narzisstischen Führer zu kritisieren oder seine Autorität infrage zu stellen, wird massivem sozialem Druck ausgesetzt. In der psychischen Grup-

---

[35] Kohut, H., *The Analysis of the Self: A Systematic Approach to the Psychoanalytic Treatment of Narcissistic Personality Disorders*, International Universities Press, Inc., New York, 1971, passim.

[36] Kernberg, Otto F., »Sanctioned Social Violence«, in *International Journal of Psychoanalysis 84* (2003), S. 683 ff, zitiert von Wirth, Hans-Jürgen, *Narzissmus und Macht, Zur Psychoanalyse seelischer Störungen in der Politik*, Psychosozial-Verlag, Gießen, 2002, 2009, S. 73 f. Siehe auch Kernberg, *Aggression in Personality Disorders and Perversions*, Yale University Press, New Haven and London, 1992

pendynamik schart sich eine »innere Gruppe« begeisterter Anhänger um den Führer und schützt ihn vor Kritikern, die als »äußere Gruppe« betrachtet werden.[37]

Solche psychologischen Einsichten erklären, warum narzisstische Führer auf totaler Kontrolle über die öffentliche Meinung bestehen, insbesondere durch die Mittel der Massen-Kommunikation. Nicht nur die Presse ist allgemein einer scharfen Zensur unterworfen, sondern Journalisten riskieren unter Umständen ihr Leben, wenn sie den Führer oder seine Politik kritisieren. Voraussetzung für ein diktatorisches Regime dieses psychologischen Typs sind eine starke, rücksichtslose Polizei, die im Verein mit einem flächendeckenden Sicherheitsapparat das Verhalten der Bürger überwacht – und große, mit Folterkammern ausgestattete Gefängnisse.

Aber die Menschen sollen den Führer nicht nur fürchten, sondern ihn gleichzeitig auch regelrecht anbeten. Zu diesem Zweck schafft und nährt er einen Persönlichkeitskult. Öffentlich zur Schau gestellte Bilder des Führers sollen den Eindruck seiner vermeintlichen Überlegenheit festigen. In wie vielen Hauptstädten von diktatorisch beherrschten Staaten sind die Prachtstraßen gesäumt von überlebensgroßen Portraits der Führer oder pharaonischen Statuen in geschmacklosem neo-stalinistischem Stil? Andere Insignien sind Paläste als präsidialer Wohnsitz, riesige Ferienvillen, kilometerlange Autokorsos durch die gesamte Stadt, wann immer der Führer auftaucht, und ständige öffentliche Veranstaltungen mit Tausenden eigens dafür angekarrter jubelnder Unterstützer, die den Führer und seine Leistungen feiern. Unverzichtbar sind dabei die allgegenwärtigen Sicherheitskräfte, um die angebliche Gefährdung markant zu unterstreichen.

---

[37] Ebenda., S. 297 ff, 77.

Rund um die Uhr erwartet der narzisstische Führer eine Sonderbehandlung und sorgt dafür, dass er sie auch erhält. Bei seinen Besuchen im Ausland hat Oberst Gaddafi beispielsweise stets von seinen Gastgebern gefordert, ihn und seine Entourage in einem riesigen Zelt ganz in der Nähe des Luxushotels unterzubringen, in dem die anderen Staatschefs residierten.

Der Narzisst übertreibt nicht nur die eigenen Fähigkeiten, er tendiert dazu, sich selbst für einen Gott zu halten. Unter Bezug auf den römischen Kaiser Caligula analysiert der Psychoanalytiker Hans-Jürgen Wirth diese »Vorstellung, Gott gleich, Herrscher über Leben und Tod zu sein. Das Problem des mit aller irdischen Macht ausgestatteten Herrschers besteht jedoch darin, dass er nicht vermeiden kann, die Endlichkeit seiner Macht, nämlich die Endlichkeit, Hinfälligkeit und Verwundbarkeit des eigenen Lebens, zu realisieren.« Jeder ist schließlich sterblich. Wirth fährt fort: »Je stärker der Cäsaren-Herrscher seinem Wahn, Gott gleich zu sein, nachgeht, umso mehr isoliert er sich von den anderen und der Realität. Dies wiederum löst paranoide Ängste und Verfolgungsideen aus, auf die er mit einer weiteren Steigerung der narzisstischen Größenvorstellung antwortet«. Dermaßen abgehoben von der Wirklichkeit, sucht er vielleicht Schutz in »chronischer Feindseligkeit, Kälte, Anmaßung, Sarkasmus und eine[r] allgemeine[n] Menschenverachtung.«[38] Für andere empfindet er nichts als Verachtung, spricht von ihnen in beleidigendem Ton. Diese Feindseligkeit kann bis zu einer – in Kohuts Worten – »chronischen narzißtischen Wut« führen, die Racheakte erzeugt.[39] In einem solchen Zustand der Wut begeht dieser narzisstische Diktator sogar Gräu-

---

[38] Ebenda, S. 40, 46.
[39] Kohut, H., »Thoughts on Narcissism and Narcissistic Rage«, in Psychoanalytic Study of the Child, 27. S. 365, zitiert in Wirth, a.a.O., S. 47.

eltaten in großem Stil, befiehlt beispielsweise seinen Sicherheitskräften, auf friedliche Demonstranten zu schießen.

Selbst außerhalb des öffentlichen Raums, im persönlichen Umgang, versucht der Narzisst ständig, im Mittelpunkt zu stehen,
seine Grandiosität zu zeigen, in der Hoffnung, von den anderen
bewundert zu werden.[40] Stets ist er extrem eifersüchtig, ständig in
Angst, aus dem Rampenlicht verdrängt zu werden. Im sozialen
Umgang mit seinen Mitmenschen verhält er sich ausbeuterisch,
behandelt sie als einfache Werkzeuge seiner Macht, die wie ge-
brauchte Taschentücher entsorgt werden, sobald sie ihre Schuldig-
keit getan haben. Er zeigt sich nicht im Geringsten fähig zur Empathie, weder gegenüber einzelnen Mitmenschen noch der ganzen
Bevölkerung.

Die Paranoia kann extreme Formen annehmen, alles und jeder
wird als potenzieller Feind und Bedrohung betrachtet. Kernberg
bezeichnet das Syndrom eines Führers, bei dem Narzissmus und
Paranoia aufeinandertreffen, als »malignen Narzißmus«, der bei
Diktatoren häufig angetroffen werde. Das Syndrom, so schreibt er,
sei gekennzeichnet durch eine »Kombination von einer narzisstischen Persönlichkeitsstörung, schwerer Ich-syntoner Aggression,
ausgeprägten paranoiden Eigenschaften und antisozialen Verhal-
tensweisen«. Diese Paranoia zwingt ihn geradezu, sich mit »Ja-
Sagern« zu umgeben, mit Personen, die ihm in nicht hinterfragter
Loyalität Liebe und Bewunderung entgegenbringen.[41] Stets auf
einfaches Schwarz-Weiß-Denken beschränkt, unterteilt er die Welt
in (potenzielle) Feinde und loyale Freunde. In derselben kategori-
schen Manier zieht er klare Trennungslinien zwischen Gut und
Böse. Empfindet er einen Feind als besonders gefährlich, ja sogar

---

[40] Wirth, a.a.O., S. 72 f.
[41] Kernberg, Otto F., Aggression in Personality Disorders and Perversions, Yale
University Press, New Haven and London, 1992, S. 67, Wirth, a.a.O. S. 297 ff.

als Bedrohung für sein eigenes Überleben, so wird er Gewalt gegen ihn rechtfertigen und sadistische Freude bei grauenhaften, barbarischen Übergriffen empfinden.

Es gibt verschiedene Formen der Führung bei narzisstischen Persönlichkeiten, darunter solche, die Anhänger erfordern, die sich seinen Befehlen vollkommen unterwerfen.[42] Dieser Typus besteht darauf, die Fäden bis ins Kleinste in der Hand zu halten, weigert sich misstrauisch, Führung zu delegieren und neigt zu Wutanfällen, wenn Entscheidungen, egal auf welcher Ebene, ohne seine ausdrückliche Genehmigung getroffen werden.

Da er die ständige Bestätigung durch Schmeichelei, Bewunderung und allgemeine soziale/politische Unterstützung braucht, kann sich der narzisstische Herrscher überhaupt nicht vorstellen, dass sich »sein Volk« gegen ihn wenden könnte. Seine Besessenheit mit sich selbst macht ihn blind für gesellschaftliche Prozesse in der realen Welt; er nährt dessenungeachtet weiterhin die Illusion, dass ihn sein Volk liebe. Das war bei Rumäniens Diktator Ceausescu genauso der Fall wie bei Erich Honecker in der DDR.[43] Oder erinnern wir uns an Gaddafis eisernes Beharren in einem *ABC*-Interview mit Christiane Amanpour am 28. Februar 2011: »Mein ganzes Volk liebt mich. Sie würden ihr Leben hingeben, um mich zu schützen.«

---

[42] Kernberg, Otto F. *Ideologie, Konflikt und Führung: Psychoanalyse von Gruppenprozessen und Persönlichkeitsstruktur*, J.G. Cotta'sche Buchhandlung Nachfolger GmbH, Stuttgart, 2000, S. 171.
[43] Wirth, a.a.O., S. 77 f.

HYSTERIE UND SOZIOPATHIE

Dieser Wesenszug birgt Ähnlichkeiten mit der *hysterischen Persönlichkeit*, einer psychischen Störung, die der Psychoanalytiker Fritz Riemann eingehend untersucht hat.[44] Bei einigen der inzwischen abgesetzten arabischen Staatschefs treffen wir auf diese Persönlichkeit, die alles fürchtet und ablehnt, was nach Endgültigkeit, Unvermeidbarkeit oder Notwendigkeit riecht – kurz alles, was die Allmachts-Illusion des Betreffenden eingrenzt. Wer an klinischer Hysterie leidet, wird nichts unversucht lassen, natürliche Prozesse, wie beispielsweise den des Älterwerdens, aufzuhalten. Um dem Alterungsprozess oder auch nur dessen sichtbaren Zeichen ein Schnippchen zu schlagen, lässt er Schönheitsoperationen durchführen oder färbt sich zumindest die Haare, wie bei Gaddafi, Mubarak und Ben Ali zu beobachten war.

Konfrontiert mit dieser letzten unvermeidbaren Realität unseres Lebens, die Alter und Tod nun einmal darstellen, wird die hysterische Persönlichkeit nicht nur »versuchen ... die Illusion ewiger Jugend möglichst lange aufrecht zu erhalten«, sondern ebenso die »Vorstellung einer immer noch vor [ihr] liegenden Zukunft voller Möglichkeiten.«[45] Im Falle der hier behandelten arabischen Politiker wirft dies ein bezeichnendes Licht auf deren Beharren, Präsident auf Lebenszeit zu bleiben und die jeweilige Landesverfassung in diesem Sinne zu ändern. Es ist, als hingen sie dem quasi-abergläubischen Denken an, nicht einmal der Tod könne sie aus dem Amt vertreiben.

---

[44] Riemann, Fritz, *Grundformen der Angst: Eine tiefenpsychologische Studie*, Ernst Reinhardt Verlag, München, Basel, 1961, 2006. Psychiater unterscheiden zwischen narzisstischen oder hysterischen Persönlichkeitsstrukturen, und narzisstischen oder hysterischen Syndromen innerhalb verschiedener Persönlichkeitsstrukturen.
[45] Ebenda, S. 225.

Hysterische Persönlichkeiten drehen, wenn sie unter Attacke geraten, den Spieß gegen die Angreifer um und nehmen dabei gern Zuflucht zu Verschwörungstheorien. Als Demonstranten gegen den ägyptischen Staatschef – den *Rais* – auf die Straße gingen, verkündeten er und die ihm ergebenen Medien, es handele sich um fremde Agitatoren, Ausländer, Terroristen etc., die Zwietracht säen wollten. Gaddafi folgte mit der Behauptung, al-Qaida habe libyschen Jugendlichen Drogen gegeben und sie gegen ihren gütigen Meister aufgehetzt. Ali Abdullah Salih beteuerte, die Demonstrationen in Sanaa seien von einem Kommandozentrum in Tel Aviv aus gesteuert und die israelischen Kommandeure wiederum erhielten ihre Instruktionen aus Washington. Baschar al-Assads Reaktion auf die öffentlichen Demonstrationen folgte demselben Muster. Wie Riemann schreibt: »Hier eignet sich für solche Projektionen der ›Feind‹ besonders gut, und man bekommt den Eindruck, als müssten Feinde erfunden werden zur Entlastung von eigener Schuld«.[46] Schuld bedeutet in diesem Fall, Gewalt gegen das eigene Volk angeordnet zu haben.

Dieser Zug entspricht dem Drang des Narzissten, ein Feindbild zu definieren, das er als Quelle jeglicher Bedrohung identifizieren kann. Und genauso wie der Narzisst sucht die hysterische Persönlichkeit eine Form der Verteidigung in einer Selbstglorifizierung, die sich darin äußert, die »erste Geige« spielen zu wollen. Diese Tendenz nimmt in dem Maße zu, wie »die Diskrepanz zwischen Schein und Sein, zwischen Wunsch-Ich und Real-Ich« offenkundig wird.[47] Dies zeigte sich deutlich in öffentlichen Erklärungen der bedrängten Herrscher, die ihre früheren Großtaten und den Dienst als »Vater der Nation« oder als hochdekorierte militärische Helden hervorhoben. Dabei sei ihnen, so Riemann, »Amt und Würde we-

---

[46] Ebenda, S. 222.
[47] Ebenda, S. 196.

niger Verpflichtung ... sondern Möglichkeit, den Glanz ihrer Persönlichkeit zu erhöhen, weshalb ihnen Orden und Titel besonders reizvoll erscheinen.«[48]

Als weiteres Phänomen sollte die *antisoziale Persönlichkeitsstörung* in unsere Überlegungen einbezogen werden. Personen, die an einer ausgeprägten Form dieser Störung leiden, werden auch als *Soziopathen* oder *Psychopathen* bezeichnet. Neben dem Narzissmus zeigen sie noch weitere Wesenszüge, deren auffälligster der Mangel an Aufrichtigkeit bis hin zu pathologischem Lügen ist. Was diese Persönlichkeitsstruktur so schwer diagnostizierbar macht, ist das oberflächlich vollkommen normal erscheinende Bild der Person, so Dr. Hervey Cleckley, der diese Störung eingehend untersucht hat. Der Soziopath ist von normaler bis oftmals sogar überdurchschnittlicher Intelligenz, er kann extrem charmant und leutselig sein. »In seinem Verhalten aufgeweckt und freundlich, ist er ein angenehmer Gesprächspartner, der an vielen Dinge wirklich interessiert zu sein scheint. An ihm ist nichts seltsam oder wunderlich«, er wirkt »ausgeglichen und glücklich.«[49] Er verrät keinerlei Anzeichen von irrationalem Denken, Illusionen oder Nervosität und erscheint auch in emotionaler Hinsicht völlig normal, wenn er beispielsweise über seine Familie spricht.

Aber hinter dieser »Maske der Vernunft« verbirgt sich ein pathologischer Geist, den ein völliger Mangel an Ernsthaftigkeit auszeichnet: Er »legt eine bemerkenswerte Missachtung der Wahrheit an den Tag, seinen Berichten über die Vergangenheit ist ebenso

---

[48] Ebenda, S. 225.
[49] Cleckley, Hervey, M.D., *The Mask of Sanity: An Attempt to Clarify Some Issues About the So-Called Psychopathic Personality*, Literary Licensing, LLC, Whitefish, MT, 2011, S. 382. Siehe auch Dutton, Kevin, *Psychopathen: Was man von Heiligen, Anwälten und Serienmördern lernen kann*, Aus dem Englischen von Ursula Pesch, Deutscher Taschenbuch Verlag, München, 2012, und Ghaemi, Nassir, *A First-Rate Madness: Uncovering the Links between Leadership and Mental Illness*, The Penguin Press, New York, 2011.

wenig zu trauen wie seinen Versprechungen für die Zukunft oder seinen Erklärungen über derzeitige Absichten.« Ob vor einer Fernsehkamera, vor Gericht oder im direkten Gespräch: Er kann seinem Gegenüber direkt in die Augen schauen und dennoch eine freche Lüge von sich geben. Er wird nicht nur lügen und Versprechungen machen, die er niemals halten wird, sondern neigt auch zu antisozialem Verhalten, einschließlich gewalttätiger Aggression, ohne das geringste Gefühl von Scham oder Bedauern.[50] Emotional ist er unfähig zur Empathie und kann – bar jeder Anwandlung von Reue – zahllose Unschuldige töten lassen.

Die Neigung zu lügen ist bei allen hier besprochenen arabischen Vertretern zu beobachten, aber bei den meisten fehlen die oberflächlichen Anzeichen von Normalität. Die einzige Ausnahme bildet Baschar al-Assad, dessen Vergangenheit und Verhalten während der Proteste in Syrien eine sorgfältige Untersuchung verdienen. Hatte er in seiner ersten Reaktion auf die Proteste noch Reformen und die Aufhebung des Ausnahmezustands versprochen, so erteilte sein Regime später den Sicherheitskräften den Befehl, das Feuer auf die Demonstranten zu eröffnen. Damit war das Gespenst seines Vaters heraufbeschworen, des Vaters, der 1982 in Hama für bis zu 30.000 Opfer verantwortlich war.

Auch in den Beziehungen zu anderen Menschen spielen Persönlichkeitsstörungen, insbesondere die narzisstische, eine herausragende Rolle. Findet der Narzisst einen Partner, der ihm gefällt, so betrachtet er diese Person nicht als Objekt seiner Liebe, d.h. als eine eigenständige Person, sondern vielmehr als jemanden, der sein eigenes Ego reflektiert, ganz so, als sei der oder die andere eine Erweiterung seines eigenen Selbst. Dementsprechend wird aus der bisherigen Selbst-Idealisierung nun eine gegenseitige Idealisierung. Wo immer sich narzisstische Persönlichkeiten in einer Part-

---

[50] Ebenda, S. 387 ff.

nerschaft treffen – wie beispielsweise Slobodan Milošević und seine Frau Mila (oder Zine el Abidine Ben Ali und seine Frau Leila Trabelsi) – entsteht häufig eine »Festungs-Ehe«, bei der die Partner »ihre wechselseitigen feindseligen Impulse nach außen, gegen andere Personen, Gruppen oder Weltanschauungen [ableiten]. Die Festungs-Ehe bleibt stabil, trotz ihres hohen Konfliktpotenzials, weil alles Böse nur draußen wahrgenommen und dort auch bekämpft wird.« Oftmals ist der weibliche Partner der größere Narzisst, der dann letztendlich die Fäden in der Hand hält.[51]

Narzissten werden nicht geboren, sie werden gemacht, vornehmlich durch die Erziehung in der Familie und das breitere kulturelle Umfeld. Ein Kind, dessen Beziehung zu Vater und Mutter gestört ist, weil entweder die Eltern den Willen des Kindes brechen oder umgekehrt das Kind die Eltern unter Kontrolle hat, wird zum Kandidaten für ernsthafte psychische Probleme.[52] In jedem Fall wächst im Kind als Ausgleich für empfundene Ungerechtigkeit der Wunsch nach Macht um der Macht willen. So werden in ausführlichen psycho-historischen Studien über die Persönlichkeit Slobodan Miloševićs dessen frühkindliche Traumata als prägend herausgearbeitet. Nach dem Selbstmord seines Vaters wurde der Junge in die Rolle eines Erwachsenen gedrängt, von dem erwartet wurde, dass er seiner Mutter den Verlust ersetzte. Die Mutter, eine extrem herrschsüchtige Person und politische Fanatikerin, beging später ebenfalls Selbstmord, genauso wie ein Onkel. Solche traumatischen Ereignisse treiben den Betroffenen in eine sadomasochistische Grundhaltung, sofern sie nicht durch eine

---

[51] Husic, Sead, *Psychopathologie der Macht: Die Zerstörung Jugoslawiens im Spiegel der Biografien von Milosevic, Tudjman und Izetbegovic*, Verlag Hans Schiler, Berlin, 2007, S. 34 f. Das Phänomen ist auch als das »symbiotische Paar« bekannt, Wirth, a.a.O. S. 308.
[52] Wirth, a.a.O., S. 94.

Phase tiefer Trauer und eine entsprechende Therapie überwunden werden.

Diese Art von Traumata können Kinder leicht zum »Einzelgänger« oder »hässlichen Entlein« machen, der oder das in der Schule nur wenige Freunde findet. Manche fühlen sich schon früh zur Politik hingezogen und suchen Bestätigung als Möchtegern-Führer, um das Gefühl der Einsamkeit und des Nicht-Geliebt-Werdens zu überwinden. Gaddafi kletterte auf Stühle und gab Nasser-Reden zum Besten, um seine Schulkameraden zu beeindrucken. Häufig entwickeln solche Kinder auch die Fähigkeit, die wildesten Geschichten über Abenteuer zu erfinden, um sich selbst wichtig zu machen; eine Fähigkeit, die sie auch im Erwachsenenalter beibehalten. Die meisten Narzissten sind notorische Lügner. Andere Kinder werden zu Narzissten, um einen Minderwertigkeitskomplex zu kompensieren, weil sie sich – vermeintlich oder real – als materiell benachteiligt empfinden. Schon die Herkunft aus sehr bescheidenen Verhältnissen kann für ein Kind ausreichen, um als Ausgleich für die Armut einen besonderen Platz in der Gesellschaft anzustreben. Ein berühmtes Beispiel für Narzissmus infolge eines körperlichen Handicaps ist Napoleons neurotischer Komplex wegen seiner kleinen Statur.

DER FÜHRER UND DIE MASSEN

Entwickelt ein politischer Führer, aus welchem Grund auch immer, die eine oder andere Persönlichkeitsstörung, so ist weiter zu fragen, warum ihn die Massen der Menschen nicht nur akzeptieren, sondern regelrecht anbeten? Freud war der erste, der die Dynamik der Massenpsychologie und die Beziehung zwischen Masse und Führer untersucht hat. Wirth fasst diese Dynamik folgendermaßen zusammen:

»In einer psychologischen Masse findet eine gemeinsame Identifizierung aller ihrer Mitglieder untereinander und mit ihrem
Anführer statt, auf den sie kollektiv ihr eigenes Über-Ich und ihr
Ich-Ideal projizieren. Sie sind deshalb bereit, dem Anführer zu
folgen – wohin auch immer er sie führen mag. Die Projektion ihres
Ich-Ideals und ihres Über-Ichs auf den Anführer befreit die Mitglieder der Masse von einschränkenden Normen, Werten und
Schuldgefühlen, sodass sie – unbelastet von Selbstvorwürfen – ihre
triebhaften Impulse, ihre aus unbewussten Konflikten stammen-
den Ressentiments und ihre aggressiven Bedürfnisse ausleben
können. Im Namen des Führers lassen sich die Masse wie die einzelnen Individuen, sofern diese Bestandteil der Massenbewegung
geworden sind und damit ihren psychischen Status als autonome
Individuen aufgegeben haben, bereitwillig zu impulsgesteuerten
Handlungen, beispielsweise zu Übergriffen, Zerstörungen und
Gewalttaten hinreißen, denen sie sich unter normalen Umständen
verweigert hätten.«[53]

Der Historiker und Journalist Sead betont die Bedeutung des
kollektiven Traumas bei der Bereitwilligkeit einer Gruppe oder gar
Gesamtbevölkerung, eine solche Führerpersönlichkeit bedingungs-
los zu akzeptieren. In Serbien war dies die Niederlage gegen das
osmanische Heer 1389 auf dem Amselfeld im Kosovo. Statt dieses
Trauma aufzuarbeiten, formten nachfolgende Generation daraus
einen Mythos, wonach zwar die Schlacht verloren, dabei aber das
Christentum vor weiteren Angriffen »gerettet« worden sei. Die
Schlacht, die in der Nationalliteratur und -musik gefeiert wird,
wurde zum Ausgangspunkt einer sadomasochistischen Tendenz:
Mit der Zeit fühlten sich die Menschen – und Milošević machte
sich diesen Mythos bis zum Extrem zunutze – durch diese Nieder-

---

[53] Wirth, a.a.O. S. 55, Freud, *Massenpsychologie und Ich-Analyse*, in Gesammelte
Werke, a.a.O., dreizehnter Band, 1947, S. 71-161.

lage berechtigt, sich durch Rache durchzusetzen. Auch historische Ereignisse im Gedächtnis der Araber, von den Kreuzzügen bis zur osmanischen Unterdrückung, von der kolonialen Unterwerfung bis zu verlorenen Kriegen – besonders dem von 1967 – bergen ein ähnliches Potenzial zur Entwicklung einer Rache-Kultur und zur Unterwerfung unter einen diktatorisch agierenden Führer, dem man zutraut, sich durchzusetzen.

Selbst wenn ein Individuum in einer gesunden Familie und Kultur aufwächst und sich zu einer intelligenten, gewissenhaften, reifen und moralischen politischen Führungsfigur entwickelt – also die Qualitäten aufweist, die Kernberg als Voraussetzung zur Führung betrachtet –, so kann das Ausüben von Macht selbst zur Ausprägung von Narzissmus führen.[54] Hier bewahrheitet sich die Redensart: »Macht macht korrupt«. Mario Erdheim schreibt: »Auch wenn man etwa mittels ausgeklügelter Tests Narzissten am Zugang zur Macht hinderte, würden die an der Macht beteiligten Individuen früher oder später solche Charaktereigenschaften entwickeln«, und zwar aus dem einfachen Grund, weil die »Herrschaft selbst [...] den Narzissmus auf die Spitze treibt.« Zusammenfassend konstatiert Erdheim:

»Das Dilemma der Herrschaft besteht darin, dass sie zwar die Voraussetzungen schafft, um mittels einer besseren Beherrschung der Natur die Entfaltung des Menschen zu fördern, gleichzeitig aber durch die Entfesselung des Narzissmus die gesellschaftliche Aneignung dieser Voraussetzungen verhindert und die Zerstörung der Kultur, zu deren Aufbau sie beitrug, vorantreibt.«[55]

Die Frage, die in dieser Studie gestellt und die zu beantworten der Leser aufgerufen ist, lautet: Handelt es sich bei diesen Führern

---

[54] Kernberg, 1998, 2000, S. 63.
[55] Erdheim, M., *Die gesellschaftliche Produktion von Unbewusstsein. Eine Einführung in den ethnopsychoanalytischen Prozess*, Suhrkamp, Frankfurt, 1982, S. 410 f, zitiert bei Wirth, a.a.O., S. 353.

um Menschen, die aufgrund von Kindheitstraumata oder anderen familiären oder gesellschaftlichen Einflüssen Persönlichkeitsstörungen entwickelt haben? Oder sind es im Wesentlichen gesunde Individuen, die im Prozess der Herrschaftsausübung korrumpiert worden sind?

Herrschen 2

MUAMMAR GADDAFI

als der Führer kommt

KÖNIG DER KÖNIGE

Irgendwann Mitte Februar 2011, als in libyschen Städten Hunderttausende demonstrierten und Oberst Gaddafi in Sprechchören zum Rücktritt aufforderten, traf dieser sich mit einem arabischen Mitarbeiter zu einem vierstündigen Gespräch. In dessen Verlauf widmete er sich 20 Minuten lang einer Frage, die ihm brennend auf der Seele lag: Wo fände er einen Schönheitschirurgen für eine Gesichtsstraffung? Robert Fisk, ein seriöser Journalist, der dies am 22. Februar im *Independent* berichtete, beteuert, die Geschichte sei »wahr«. Es gibt also keinen Grund, seinen Bericht anzuzweifeln. Im Gegenteil: Er bringt die spezifische Persönlichkeitsstörung bei Gaddafi besonders treffend zum Ausdruck.

Der libysche Diktator zeigte nicht nur dieses und andere Symptome der narzisstischen Persönlichkeitsstörung; er war das vielleicht beste Lehrbuchbeispiel der Störung bei einer Person des öffentlichen Lebens. Gaddafi legt buchstäblich sämtliche Symptome an den Tag, die die Psychoanalyse mit den Begriffen Narzissmus, Hysterie und Paranoia verbindet. Kurz: Der Mann war ernsthaft geisteskrank, was alleine schon Grund genug gewesen sein sollte, sich von der politischen Macht zu verabschieden und sich in psychiatrische Behandlung zu begeben.

Lange vor Beginn des Aufstands in Libyen, der zunächst als friedlicher Protest anfing und erst von der Regierung in einen Bürgerkrieg verwandelt wurde, hatten Politiker aus aller Welt bei dem libyschen Führer neurotische, wenn nicht gar psychotische Züge ausgemacht. Nasser, Gaddafis Held und Vorbild, erschien er wie ein »netter Junge, aber schrecklich naiv«.[56] Amüsiert erzählte Nasser von einem gemeinsamen Garnelen-Essen. Gaddafi, der nie zuvor eine Garnele gesehen hatte, fragte erschreckt: »Was ist denn das? Heuschrecken? Essen Sie in Ägypten Heuschrecken?« Nasser versicherte ihm, es seien Meeresfrüchte, die Garnelen genannt würden und sehr gut schmeckten. Gaddafis Reaktion war eindeutig: »Fisch kann ich nicht essen, weil er nicht korrekt nach dem muslimischen Ritual getötet wird. Dabei muss jemand im Augenblick des Schlachtens die Worte ›Allahu akbar‹ aussprechen. Man hat sie einfach sterben lassen, so etwas könnte ich niemals essen.«[57]

Nasser starb ein Jahr, nachdem Gaddafi in Libyen die Macht an sich gerissen hatte, doch sein Nachfolger Anwar Sadat hatte ausreichend Gelegenheit, mehr als nur die Naivität des jungen libyschen Führers kennenzulernen. Im April 1975, als Gaddafi Verleumdungen gegen den ägyptischen Staatschef verbreiten ließ, sagte Sadat gegenüber einem Journalisten der kuweitischen Zeitung Al Siyasah: »Gaddafi ist hundertprozentig verrückt, er ist von einem Teufel besessen, er bildet sich Dinge ein, die es gar nicht gibt.«[58] Auch die sowjetische Führung teilte diese Ansicht und soll nach Wegen gesucht haben, Gaddafi loszuwerden. In einem CIA-Bericht wurde ein hochrangiger Militärvertreter aus Moskau mit den Worten zitiert, Gaddafi sei ein »Verrückter auf einem Haufen Gold«[59], während ein russischer Diplomat gegenüber einem Assistenten Nassers schlicht erklärte: »Er [Gaddafi] ist verrückt.«[60] Für Hissène Habré,

---

[56] Blundy, David und Andres Lycett, Qaddafi and the Libyan Revolution, Little, Brown and Company, Boston, Toronto, 1987, S. 18.
[57] Heikal, Mohamed, The Road to Ramadan, a.a.O., S. 186.
[58] Sicker, Martin, The Making of A Pariah State: The Adventurist Politics of Muammar Qaddafi, Praeger, N.Y., Westport, Connecticut, London, 1987 S. 56.
[59] Ebenda, S. 110.
[60] Blundy, a.a.O., S. 70.

den Präsidenten des Tschad, dessen Land Gaddafi zu unterwerfen versucht hatte, war er »diese Krankheit namens Gaddafi ...«[61] Ronald Reagan nannte ihn den »verrückten Hund im Nahen Osten«, Ex-Bundespräsident Christian Wulff bezeichnete ihn als »Psychopathen«. Die deutsche Wochenzeitschrift *Der Spiegel* brachte ein Feature über Gaddafis Geisteszustand, gestützt auf Studien von Prof. Jerrod Post von der George Washington University, der 21 Jahre lang als Profiler für die CIA gearbeitet hatte. Nach Posts Ansicht war Gaddafi ein »hochgradig narzisstischer Führer ... besessen von Träumen von Ruhm ...«[62]

Keine dieser Charakterisierungen ist verleumderisch, sie alle treffen ins Schwarze. Wer den Wahnsinn von Gaddafis Verhalten angezweifelt oder unterschätzt hatte, konnte angesichts der Ereignisse ab Februar 2011 nicht länger die Augen davor verschließen. Der deutsche Journalist und Nahost-Experte Ulrich Kienzle bemerkte bei einem Treffen der Deutsch-Arabischen Gesellschaft in Berlin: »Spätestens nach Gaddafis ›Regenschirm-Trick‹ war nicht mehr zu leugnen, dass der Mann verrückt ist.« Er bezog sich auf die Szene, die am 22. Februar im Staatsfernsehen gesendet wurde: Der libysche Führer wurde in einer Art Jeep, ähnlich dem *Papamobil*, gezeigt, und zwar mit einem riesigen aufgespannten Regenschirm. Dem Reporter gegenüber erklärte er, er habe ins

---

[61] Ebenda, S. 180.

[62] Der Spiegel, »Reise in Gaddafis Hirn«, 14/2011, 4. April 2011, S. 90 f. http://www.spiegel.de/spiegel/print/d-77855769.html. Die BBC sendete einen Beitrag über Gaddafi mit vernichtenden Anschuldigungen über sein Sexualleben (mit Frauen, kleinen Jungen und Mädchen) und sein brutales Verhalten. »Mad Dog: Gaddafi's Secret World«, 3. Februar 2014, http://www.bbc.co.uk/programmes/b03tjono. Siehe auch den Artikel in der italienischen Presse, 8. Juni 2014: http://www.dagospia.com/rubrica-29/cronache/dopo-decenni-passati-silenzio-fianco-gheddafi-ex-gerarca-78560.htm

Stadtzentrum fahren wollen, um dort mit den Demonstranten zu reden, doch angesichts des Regens habe er es sich anders überlegt.

NARZISSTISCHE SELBSTÜBERHÖHUNG

Wie die klinische Literatur betont, ist der Narzisst von der Überlegenheit seiner Qualitäten und Fähigkeiten überzeugt und scheut sich nicht, dies auch lauthals zu verkünden. Nachdem der damalige US-Präsident Ronald Reagan 1986 als Vergeltung für den Terroranschlag auf die Berliner Diskothek La Belle die Bombardierung von Gaddafis Wohnhaus befohlen hatte, ließ der libysche Führer die zerschossene Ruine als Mahnmal seiner vermeintlichen Unverwundbarkeit stehen. Um zu unterstreichen, wie waghalsig die Supermacht vorgegangen war, erteilte er den Auftrag, am Ort des Geschehens eine riesige Statue in Gestalt einer Faust zu errichten, die gnadenlos ein US-Flugzeug zerschmettert.

Eine der ersten Fernsehansprachen Gaddafis in dem Konflikt wurde vor dieser zerschossenen Ruine seines früheren Wohnhauses aufgenommen. Am 22. Februar 2011 glorifizierte er regelrecht, was hier geschehen war: »Ich spreche zu Euch aus dem Haus, das Großbritannien und Amerika mit 170 Flugzeugen angegriffen haben. Alle anderen Häuser haben sie verschont, sie hatten es nur auf Muammars Häuser abgesehen. Etwa, weil er Präsident des Landes ist? Sie könnten ihn doch behandelt haben wie andere Präsidenten, aber Muammar Gaddafi steht für Geschichte, Widerstand, Freiheit, Sieg, Revolution. Es ist ein Zeugnis der höchsten Autorität, dass Muammar Gaddafi nicht der Präsident ist, kein normaler Mensch. Ihr könnt ihn nicht vergiften oder gegen ihn demonstrieren.« Implizit an die Adresse der Opposition gerichtet fragte er anschließend: »Als Bomben auf mein Haus fielen und meine Kinder töteten, wo wart Ihr da, Ihr Ratten? ... Ihr wart in Amerika ... 170 Flugzeuge ließen alle Paläste und Könige unversehrt, sie kamen zu dem großen Haus von Muammar Gaddafi. Das ist ein Sieg, den niemand, kein Land oder Volk in Afrika oder kein Staat preisgeben sollte. Wir haben uns gegen die Tyrannei Amerikas gewehrt, wir haben nicht aufgegeben, wir sind standhaft geblieben.«

»Libyen will den Ruhm«, kündigte er an. »Libyen will in der Welt ganz oben stehen. Ich bin ein Kämpfer, ein Revolutionär aus den Zelten.« Prophetisch fuhr er fort: »Ich werde als Märtyrer sterben, [nachdem ich] bis zum letzten Tropfen meines Blutes« gekämpft habe. Er befahl seinen libyschen Landsleuten, aktiv zu werden: »Ihr Männer und Frauen, die Ihr Gaddafi liebt ... verlasst Eure Häuser, geht auf die Straße. Verlasst Eure Häuser und greift sie in ihren Verstecken an. Sie nehmen Eure Kinder, machen sie betrunken und schicken sie in den Tod. Wozu? Um Libyen zu zerstören, Libyen zu verbrennen«.

»Die Zeit zum Handeln ist gekommen«, ermahnte er nachdrücklich seine Anhänger: »Die Zeit zum Sieg ist da. Kein Rückzug! Vorwärts!!! Vorwärts!!! Revolution!« Bei diesen Worten schlug er mit der Faust auf den Tisch, stand auf und verschwand.

Für Gaddafi gab es keinen Zweifel am Ausgang des Konflikts: Er, Libyen und sein Volk würden den Sieg davontragen. »Wir schlagen jeden Feind«, erklärte er am 25. Februar vor Unterstützern auf dem Grünen Platz, »wir schlagen ihn mit dem Willen des Volkes«. Dass sein Volk in der Lage war zu siegen, begründete er mit historischen Erfolgen gegen Italien – und ließ damit eine Neigung von Anführern erkennen, die vom Narzissmus befallen sind: »Es sind die jungen Menschen, die Söhne und Enkel der Märtyrer aus den Schlachten gegen die italienische Invasion, das italienische Reich, das von Euren Vätern und Großvätern besiegt wurde«.

Bei dieser Rede erging sich Gaddafi auch in Lobeshymnen über sich selbst: »Wenn mich das libysche Volk nicht liebt, verdiene ich nicht zu leben. Wenn die Araber, die Afrikaner und alle anderen

Muammar Gaddafi nicht lieben, hat es Muammar Gaddafi nicht verdient, auch nur einen einzigen Tag zu leben! Wenn mein Volk mich nicht liebt, verdiene ich es nicht, einen einzigen Tag zu leben.« Er schloss mit dem Aufruf an seine Anhänger, sich freudig, ja feierlich auf die kommende Konfrontation vorzubereiten: »Ihr müsst tanzen, singen und Euch vorbereiten. ... Tanzt, singt, freut Euch!«

Die Themen dieser Ansprache sollten in seinen folgenden Erklärungen und Reden immer wieder auftauchen. Die zentrale Botschaft war Gaddafis narzisstische Überzeugung, er werde in dem kommenden Konflikt allen Schwierigkeiten trotzen und den Sieg davontragen, wie es sein Land in der Geschichte getan habe. Am 15. März erklärte er in Tripolis vor einer Gruppe handverlesener Anhänger: »Was immer sie gegen uns geplant haben, wir werden uns wehren. Wir werden sie zerstören. Das libysche Volk soll bestehen und gegen die imperialistischen Mächte kämpfen. Wir haben sie in der Vergangenheit besiegt und werden sie wieder besiegen. Das libysche Volk wird siegen, die Freiheit wird siegen, die Libysche Jumahiariya wird siegen.« (Ähnlich kategorisch äußerte sich sein Sohn Saif am selben Tag in einem Presse-Interview, als er erklärte, der Kampf werde in 48 Stunden beendet sein.) Bekleidet mit dem vertrauten Habit – Wüsten-Cape und Kappe – erhob sich der Führer, reckte die erhobene Faust mehrmals in die Luft und verschwand in der Menge.

Am 17. März, nach Luftangriffen auf Bengasi, hielt Gaddafi eine von *Al Jazeera* übersetzte Rede, bei der er sich Pressekommentaren zufolge mit Gott oder dem Propheten verglich, als er den Rebellen, »denen, die gezwungen wurden, sich diesen Ungläubigen anzuschließen«, Vergebung versprach, genauso wie der Prophet einem verirrten Anhänger zugesichert hatte, Gott habe ihm vergeben. Der Glaube, Gott gleich zu sein, ist typisch für die narzisstische Persönlichkeit, die in Gaddafis Verhalten bei der weiteren Zuspitzung des Konflikts immer deutlicher zutage trat.

In der Anfangsphase der Auseinandersetzung kam Gaddafi mehrmals mit Vertretern der internationalen Presse zusammen und nutzte jeden Auftritt, sein grandioses Selbst als uneingeschränkt geliebter Führer seines Volkes, wenn nicht gar aller Menschen, zu demonstrieren. Doch dieses Verhalten verriet seinen an eine Psychose grenzenden Geisteszustand. Als ein *BBC*-Reporter von ihm wissen wollte, was er angesichts der Rebellion zu unternehmen gedenke, antwortete Gaddafi mit unkontrolliert hysterischem Gelächter. Er war offensichtlich nicht mehr Herr seiner Sinne und stand kurz davor, vollends außer Kontrolle zu geraten. Nachdem er sich wieder einigermaßen gefangen hatte, fragte er ganz ernst:»Was möchten Sie wissen?« Der *BBC*-Mann formulierte seine Frage neu. Eine Rebellion sei im Gang, was werde er als Führer dagegen unternehmen? Die Antwort bestand in längerem Gemurmel und lautem tiefen Stöhnen. Die Frage völlig außer Acht lassend, betonte er anschließend seinen Respekt für die Presse als Institution, offensichtlich bemüht, seinen Gesprächspartner durch Schmeichelei zu manipulieren. Die einzige greifbare Äußerung war seine Erklärung, die Verantwortung für die Unruhen trüge die »al-Qaida«.

DIE REALITÄT KLOPFT AN

Was passiert, wenn die Realität – die alle Narzissten fürchten – plötzlich die Bühne der politischen Ereignisse betritt? Sie zeigte sich in Libyen in Gestalt der ersten oppositionellen Demonstrationen, doch Gaddafi hielt diese mit der selbstgerechten Rationalisierung von sich fern, alles sei eine Verschwörung ausländischer Kräfte, hier sei al-Qaida am Werk.

Doch als der UN-Sicherheitsrat am 17. März 2011 eine völkerrechtlich höchst fragwürdige Resolution verabschiedete, mit der eine Flugverbotszone über Libyen etabliert wurde und in der es hieß, »alle erforderlichen Maßnahmen« seien zulässig, um libysche Bürger vor militärischen Angriffen durch Regierungstruppen zu schützen, fand sich Muammar Gaddafi in einem anderen Universum und einem vollkommen neuen psychologischen Umfeld wieder. Plötzlich war er – und zwar heftig – mit der Realität konfrontiert.

Was konnte er tun? Einerseits hätte er die Flucht ergreifen können – nicht ins Exil (denn das hätte sein grandioses Selbst niemals ertragen), sondern in den Tod. Schließlich hatte Gaddafi wiederholt öffentlich den Willen kundgetan, bis zum Ende zu kämpfen und dabei den Märtyrertod auf libyschem Boden allen anderen Möglichkeiten vorzuziehen.

Die Alternative wäre ein Kompromiss gewesen, vom pragmatisch-politischen Standpunkt die rationalste Wahl. Es kursierten bereits Gerüchte, die Regierungen der USA und europäischer Länder hätten bei afrikanischen Regierungen sondiert, um ein Land zu finden, das ihm Zuflucht gewähren würde.

Am 29. April 2011 antwortete Gaddafi in einer langen Rede, in der er erneut seine Entschlossenheit zum Widerstand betonte, aber auch eine – an Bedingungen geknüpfte - Verhandlungsbereitschaft signalisierte. Schon die ersten Sätze muteten geradezu krankhaft an: »Wir haben Ihnen alles geboten, aus dieser misslichen Lage herauszufinden«, erklärte er seinen internationalen Gesprächspartnern in einer herbeiphantasierten Rollenvertauschung. »Sie stehen Menschen gegenüber, die auf Tod bestehen – Freiheit oder Tod«. Ob bewusst oder unbewusst, er äffte damit die Slogans der Rebellen nach, die zu dem Zeitpunkt bereits Zehntausende Opfer zu beklagen hatten, aber keine Anstalten machten zu kapitulieren. Der libysche Führer zeigte sich unerbittlich: »Wir werden uns nicht ergeben. Wir werden nicht weichen, wir gehen nicht ins Exil.«

Und doch hatte die Realität selbst diesem verwirrten Geist einen Schock versetzt. Gaddafi, der den UN-Sicherheitsrat zuvor noch als »Micky-Maus-Rat« bezeichnet hatte, sprach nun davon, dieser müsse im gegebenen Fall »zusammentreten«, da es sich um »einen Akt der Aggression gegen ein Land, einen Krieg zwischen zwei Ländern« handele und das Mandat des Sicherheitsrats somit eine Intervention erfordere. Allerdings nicht – wie er ausdrücklich betonte –, um Entscheidungen über die inneren Angelegenheiten seines Landes zu treffen. Darauf folgte die höchst bemerkenswerte Erklärung: »Auf jeden Fall stellen wir uns der Realität, lasst uns verhandeln. Was wollt Ihr?« Er erklärte sich zu Verhandlungen mit Frankreich, Großbritannien, Italien, den USA sowie der NATO und EU bereit. »Verhandeln wir mit Euch, den Ländern, die uns angreifen. Verhandeln wir.« Und er fragte erneut: »Warum greift Ihr uns an?«

Solche Worte in den Mund zu nehmen, muss für Gaddafi schmerzlich gewesen sein, wie daran zu erkennen war, dass er immer wieder von einem vorbereiteten Text ablas, wenn er von Verhandlungen sprach, und beim Lesen das Blatt hin und her wendete. Breiten Raum gab er in seiner Rede dem Dank an die Einwohner von Abu Saleem, die ihm das Hauptquartier des General Peoples Committees angeboten hatten, nachdem sein eigenes bei NATO-Luftangriffen zerstört worden war. Indirekt rief er andere Stämme und Städte auf, sich dem Widerstand seiner eigenen Streitkräfte anzuschließen.

Er beendete seine erregte Rede mit Zitaten aus dem Koran, in dem Allah betont, dass der Sieg gesichert sei, wenn alle zusammenhalten. Wild mit dem Zeigefinger gestikulierend wandte sich Gaddafi seiner unmittelbaren Lage zu: »Die NATO wird besiegt. Schon bald wird ihre Menge in den Kampf gezogen, und sie werden uns den Rücken zeigen.« Krachend ließ er beide Hände auf den Tisch fallen, erhob sich und ging.

Während die NATO-Angriffe, die sich besonders gegen Gaddafis Wohnhäuser richteten, an Heftigkeit zunahmen – Berichten zufolge fanden dabei mehrere Mitglieder seiner Familie den Tod – verschwand er aus dem Blickfeld der Öffentlichkeit. Entgegen seiner früheren Beteuerung stellte er sich also nicht der Realität, sondern versuchte ihr zu entfliehen. Der Internationale Strafgerichtshof (ICC) erließ gegen ihn, seinen Sohn Saif sowie seinen Schwager, Geheimdienstchef Abdullah al Senussi, einen Haftbefehl wegen Verbrechen gegen die Menschlichkeit. Zu dem Zeitpunkt hatten Kampfjets der NATO im Rahmen der durch die UN-Resolution 1973 möglich gewordenen Operation »Unified Protector« bereits mehr als 10.000 schwere Luftangriffe gegen Libyen geflogen.

Mitte Mai war in unbestätigten Presseberichten die Rede von italienischen Initiativen, einen »ehrenhaften Abgang« für den libyschen Führer zu finden, das heißt ein Exil in einem befreundeten Land. Wenig später bot Russlands Präsident Medwedew bei einem G8-Treffen seine Vermittlung an. Auch die Afrikanische Union bereitete für Gaddafi eine Waffenstillstands-Initiative, vielleicht auch das Exil, vor, doch es kam zu keiner Einigung. Wie Quellen aus den Kreisen der Rebellen am 28. Mai 2011 in der Zeitung *Asharq Al-Aswat* betonten, hatte der Vorsitzende des Nationalen Übergangsrats NTC, Mustafa Abdul Jalil, erklärt, der NTC »könne zusichern, auf eine Strafverfolgung libyscher Offiziere, einschließlich Gaddafis, zu verzichten, vorausgesetzt, er verlasse das Land zusammen mit seiner Familie und seinen wichtigsten Beratern und suche Zuflucht in einem afrikanischen Staat, der nicht zu den Unterzeichnerstaaten [des ICC] gehöre«. Moussa Ibrahim, der offizielle Sprecher der Gaddafi-Regierung, schloss Exil und Rücktritt erneut kategorisch aus. Auch Saif al Gaddafi hatte wiederholt betont, sein Vater und er selbst würden in Libyen leben und sterben.

Wie am 31. Mai 2011 gemeldet wurde, waren fünf Generäle und drei weitere hohe Offiziere in Rom aufgetaucht und hatten ihre Kollegen aufgefordert, sich - wie schon 120 Offiziere vor ihnen - auf die Seite der Opposition zu schlagen. Britische Quellen berichteten Ende Mai, Gaddafis Paranoia habe inzwischen ein solches Ausmaß angenommen, dass er sich in der Hauptstadt versteckt halte, ständig seinen Aufenthaltsort wechsele und dabei die Nacht häufig in Krankenhäusern verbringe. Der Führer Libyens war am Ende seiner Kräfte.

Noch am 7. Juni zeigte sich Gaddafi bei einer Rede aus einem Versteck unnachgiebig. Während der pausenlosen Luftangriffe auf seine Hauptstadt forderte er »die Mutlosen« heraus: Tripolis sei im Laufe der Geschichte viele Male angegriffen worden, von Byzanz, den Römern, Maltesern oder Italienern. Aber man werde weiterhin Widerstand leisten. »Wir werden nicht aufgeben«, versprach er. »Wir haben keine andere Wahl, als in Libyen zu bleiben und entweder zu überleben oder zu sterben. Wir werden uns nicht ergeben. Ihr [die NATO] seid Bastarde, Ihr müsst gehen, nicht wir.«

Zu dem Zeitpunkt stand Berichten zufolge nur noch die Armee unter Gaddafis Kontrolle. International wuchs der Druck auf ihn, zurückzutreten. Der türkische Premierminister Tayyip Erdogan bot ihm Sicherheitsgarantien, falls er sein Land verließe, das Angebot blieb unbeantwortet. Vielmehr sendete das libysche Staatsfernsehen am 13. Juni Bilder des Führers, die ihn an einem geheimen Ort beim Schachspiel mit Kirsan Iljumschinow zeigten, der aus Russland zu Besuch war. Iljumschinow ist Geschäftsmann und ehemaliges Oberhaupt der buddhistischen Republik Kalmückien, der 2010 mit der Behauptung für Aufsehen gesorgt hatte, er wäre von Außerirdischen in einem Raumschiff entführt worden. Zu Forderungen nach seinem Rücktritt erkläre Gaddafi seinem Gast: »Ich bin weder Premierminister noch Präsident noch König. Ich bekleide keine Position in Libyen, also kann ich auch keine aufgeben.«

Ins Versteck gezwungen, wandte sich Gaddafi während des ständig eskalierenden Konflikts mit Botschaften im staatlichen Rundfunk an die Weltöffentlichkeit. Er zeigte sich unnachgiebig: Am 17. Juni gelobte er feierlich, in Libyen zu bleiben und die NATO zu besiegen. Fünf Tage später erneuerte er sein Versprechen, zu bleiben und Widerstand zu leisten, wobei er die NATO herausforderte: »Schlagt nur zu mit Euren Raketen, zwei, drei, zehn oder hundert Jahre lang!« In einer Rundfunkbotschaft vom 23. August schwor Gaddafi, seine Streitkräfte würden die »Ratten« vertreiben, die in die Hauptstadt Tripolis eingedrungen waren und sein Hauptquartier besetzt hatten. Wie er erklärte, habe er sein Hauptquartier »aus taktischen Überlegungen« verlassen, weil die NATO es zerstört hatte. Er gelobte, bis zum Sieg zu kämpfen oder als Märtyrer zu sterben.

Vielleicht hätte sich eine friedliche Lösung finden lassen, wenn die Vermittlungsbemühungen der EU, Italiens oder der Türkei fortgesetzt worden wären, Gaddafi sich nicht derart unerbittlich gezeigt – und die internationalen Kräfte hinter dem NATO-Krieg auf einen totalen Sieg verzichtet hätten, der mit Gaddafis Tod besiegelt gewesen wäre. Ende August soll der NTC jedem, der Gaddafi festsetzte oder tötete, Straffreiheit zugesichert haben; ein führender libyscher Geschäftsmann hatte für seine Ermordung eine Belohnung von 1,5 Millionen Dollar ausgesetzt. Gleichzeitig zirkulierten im *Daily Telegraph* bereits Berichte, britische Sondereinheiten seien Gaddafi und seiner Familie auf den Fersen. Dessen Ehefrau Safia, seiner Tochter Aisha und den beiden Söhnen Hannibal und Mohammed gelang am 29. August die Einreise nach Algerien, wo ihnen Unterschlupf gewährt wurde.

Wie er versprochen hatte, starb Gaddafi selbst als Märtyrer. Die Umstände der Identifizierung seines Verstecks in Sirte, der Verfolgung seines Flucht-Konvois aus der Luft sowie des Schusswechsels, bei dem er am 20. Oktober 2011 den Tod fand, blieben unklar. Laut übereinstimmenden Berichten scheint Gaddafi, zusammen mit engen Mitarbeitern und Leibwächtern, seinen Bunker in Sirte in einem Konvoi verlassen zu haben, der sich in westlicher Richtung nach Misrata auf den Weg machte. Nachdem eine amerikanische Drohne den Konvoi entdeckt und ein französischer Kampfjet ihn angegriffen hatte, flohen die 75 Fahrzeuge in unterschiedliche Richtungen. Zwanzig Wagen, darunter jener, in dem Gaddafi saß, schlugen den Weg nach Süden ein, wurden jedoch von NATO-Bomben getroffen. Verletzt kroch Gaddafi aus seinem Fahrzeug und versteckte sich in einem großen Wasserrohr.

Obwohl er und/oder seine Mitarbeiter nach der Festnahme erklärten, sich zu ergeben, wurde auf sie gefeuert. In dem folgenden Schusswechsel wurde Gaddafi weiter verwundet, laut der offiziellen Darstellung erlag er im Krankenwagen seinen schweren Verletzungen. Wie eine Autopsie später ergab, war er von Schüssen aus nächster Nähe in Kopf und Magen getroffen worden. Was auch immer im Einzelnen passiert sein mag, sicher scheint, dass er, zusammen mit seinem Sohn Mutassim, kurzerhand exekutiert wurde. Sein Leichnam wurde in Misrata tagelang zur Schau gestellt – eine Verletzung sämtlicher Normen von Menschenwürde und islamischer Tradition, wonach ein Verstorbener innerhalb von 24 Stunden beigesetzt werden muss.

Falls die Berichte über seine letzten Minuten zutreffen, so hat Gaddafi selbst in dieser Extremsituation nicht begriffen, was geschah. Nach einem Bericht kam er aus dem Wasserrohr und fragte: »Was ist los? Nicht schießen!« Die saudi-arabische Zeitung *Asharq Al-Awsat* zitierte ihn mit den Worten an seine Angreifer: »Meine Kinder, Ihr erschießt mich? Ich bin Gaddafi, ich bin der Führer, warum erschießen?«

DIE NAMEN DES FÜHRERS

Im Laufe der Jahre hatte sich Gaddafi mehrere Titel zugelegt, die Aufschluss über die Eigenwahrnehmung seines grandiosen Selbst geben. Nachdem er zunächst einfach nur den Revolutionsführer und Bruder Muammar dargestellt hatte, nahm er später die Position des »Königs von (Nord-)Afrika« und später des »Ältesten der arabischen Könige und Präsidenten ein.«[63] 1991, im Kampf gegen die Takfir wal-Hirjah Bewegung, eine von vielen Oppositionsgruppen, ernannte er sich zum »Muslimischen Imam Muammar Gaddafi« und »Führer der World Islamic Popular Leadership«, um eine Fatwa gegen die Gruppe zu erlassen, die zu Ketzern erklärt worden war. Ohne weitere Titel zu übernehmen, forderte er bei Reden im Februar und Juli 1978, den islamischen Hijri-Kalender zu überarbeiten – womit er sich den Zorn saudi-arabischer Theologen zuzog.[64] Im Juni 1986 spielte er den Imperator und ordnete an, die Namen der Monate im Jahreslauf zu ändern, was jedoch, da die Maßnahme sich auf Libyen beschränkte, keinen religiösen oder politischen Streit zur Folge hatte.[65] Paradoxerweise beharrte Gaddafi während der Revolution darauf, er trage keinen einzigen Titel und könne deshalb auch nicht von seinen Ämtern zurücktreten, er habe nämlich gar keine inne. Die Macht läge allein beim Volk, nicht bei ihm.[66]

Solche formellen Titel und vermeintlichen Ehren dienen der Zurschaustellung extremer Eigenliebe. Und wenn er, Gaddafi, sich verdientermaßen selbst liebte, warum sollten dann andere nicht dieselben Gefühle empfinden? Gaddafi war überzeugt, dass es so

---

[63] *Intifada Palestine*, 23. Februar 2011.
[64] Mattes, Hanspeter, *Qaddafi und die islamistische Opposition in Libyen*, Deutsches Orient-Institut, Hamburg, 1995, S. 127, 17.
[65] Blundy, a.a.O., S. 30.
[66] *Frankfurter Allgemeine Zeitung*, 27. Februar 2011.

war. Bei einem Fernsehauftritt nach den Luftangriffen von 1986 behauptete er, das amerikanische Volk bewundere ihn – trotz Washingtons Versuch, ihn auszuschalten. Als Beweis nannte er eine Frau aus Amerika, die ihn angerufen habe, um ihn zu warnen. Bei einer anderen Gelegenheit prahlte er damit, viele E-Mails von Amerikanerinnen zu erhalten, die sein gutes Aussehen bewunderten: »Oft sagen sie, mein Haar gefiele ihnen«.[67]

Eine derart von ihren außergewöhnlichen Qualitäten überzeugte Persönlichkeit tendiert dazu, diese exhibitionistisch zur Schau zu stellen. Am auffälligsten bei Gaddafi war seine extravagante, um nicht zu sagen protzige, farbenprächtige Tracht. Wie Besucher berichten, wechselte er oft mehrmals am Tag die Kleidung; er war überzeugt, dabei modische Trends zu setzen.[68]

Ein dermaßen narzisstisch gestörtes Individuum verlangt von anderen eine Vorzugsbehandlung und sorgt mit allen Mitteln dafür, dass es sie auch erhält. Bei offiziellen Auslandsreisen bestand Gaddafi darauf, dass er samt seiner extravaganten Entourage in seinem riesigen Beduinenzelt untergebracht wurden. Zu seiner Begleitung gehörten auch einige Kamele, die extra eingeflogen wurden, damit er täglich frische Milch erhielt. (Ob Zufall oder nicht, auch von König Idris, den Gaddafi 1969 stürzte, war bekannt, dass er ständig Kamelmilch trank.)[69] Zu den Menschen in seiner Entourage gehörten seine berühmten Leibwächterinnen, bis zu 40 an der Zahl und angeblich allesamt Jungfrauen[70], sowie die ukrainische Krankenschwester Galyna Kolotnyzka (die im Mai 2011 in Norwegen um politisches Asyl bat). Anderen Quellen zufolge beschäftigte er eine Zeitlang auch eine Krankenschwester und Masseurin aus Jugoslawien sowie eine dritte Frau aus Ostdeutschland.

---

[67] Blundy, a.a.O., S. 9, 24.
[68] Ebenda, S. 24.
[69] Ebenda, S. 48.
[70] *Intifada Palestine*, 28. Februar 2011.

Als er seinen guten Freund Silvio Berlusconi in Rom besuchte, soll Gaddafi dafür gesorgt haben, dass rund 100 junge Frauen bereitstanden, alle 19 bis 35 Jahre alt und mindestens 1,70 m groß. Bei der Ankunft der jungen Frauen belehrte er sie dann aber nur über den Heiligen Koran.[71] Allerdings gibt es auch Berichte über weniger platonische Beziehungen zu Frauen, die von Flirts bis zu direkten sexuellen Anträgen reichten.[72]

MUAMMAR, DER BÖSARTIGE NARZISST

Wie bei vielen anderen Diktatoren verbanden sich auch bei Gaddafi Wesenszüge des Narzissmus mit extremer Paranoia. In diesem Fall entwickelt sich laut der psychoanalytischen Literatur ein »bösartiger Narzissmus«, charakterisiert durch Schwarz-Weiß-Denken in simplen Kategorien von Freund und Feind: Feinde werden mit höchster Verachtung behandelt und brutaler Unterdrückung unterworfen, bis hin zu physischer Vernichtung.

Für Gaddafi waren sämtliche Oppositionsgruppen, ob Moslem-Bruderschaft, Takfir wal-Hijrah oder andere, Handlanger des Feindes. »Auf der einen Seite stehen wir«, hieß es in einer Rede von 1991, »auf der anderen Amerika, der Zionismus, Europa, die Aufforderung zum Betrug, Ketzerei, Mörder, die Handlanger von Mördern, Messerstecher und Betrüger.« Solche niederträchtigen Wesen verdienten denn auch nur Worte der Verachtung: »All die,

---

[71] *Frankfurter Allgemeine Zeitung*, 27. Februar 2011. Bei seinen Auslandsreisen nutzte Gaddafi jede Gelegenheit, sein grandioses Selbst zu fördern. In Tunesien verteilte er »in großem Stil kitschige Diamanten und vor allem glänzende Schmuckanhänger mit seinem Foto ...« Beau, Nicolas et Catherine Graciet, *La Régente de Carthage: Main basse sur la Tunisie*, La Découverte, Paris, 2009, S. 114. Siehe auch BBC, FN 31.
[72] Blundy, a.a.O., S. 22 f.

diese Hurensöhne, von denen ich spreche, werden von den ausländischen Feinden der Religion und der arabischen Nation geschickt, um die Religion zu sabotieren ...«[73]

Kaum war 2011 die Rebellion in Libyen ausgebrochen, beschuldigte das Regime den israelischen Geheimdienst (Mossad) und die USA, Anstifter der Unruhen zu sein. Die an den Aufständen Beteiligten waren »Ratten«, »fette Ratten«, und »eine Gruppe junger Menschen, denen [von Al-Qaida] halluzinogene Pillen verabreicht wurden«, junge Menschen, die »wiederholen wollen, was in Tunesien geschieht«, erklärte Gaddafi am 22. Februar. Bei seiner Ansprache vor Unterstützern vom 15. März bezeichnete er die Opposition als »Abtrünnige und Gangster«, als »Ratten und Verräter«.

Damit war seiner Überzeugung nach die Anwendung brutaler Gewalt gegen Rebellen nicht nur gerechtfertigt, sondern sogar geboten. In der bereits erwähnten Rede vom 22. Februar schwor er, »jeden Libyer, der den Arm erhebt«, mit dem Tod zu bestrafen. Ausdrücklich bezog er sich auf das Massaker vom Platz des Himmlischen Friedens, wo »die in der ersten Reihe Stehenden [von den Panzern] zerquetscht wurden. Und wer auch immer gestorben sein mag, die Einheit Chinas ist wichtiger als diese Menschen auf dem Platz ...« Tatsächlich wandte sich Gaddafi gegen sein eigenes Volk und lancierte Luftangriffe, die dann zur Rechtfertigung für das internationale Eingreifen dienten. Nachdem er glaubhaft mit der Bombardierung und Invasion von Bengasi gedroht hatte, bei der es »keine Gnade« geben würde, verabschiedeten die Vereinten Nationen die Resolution zur Einrichtung einer Flugverbotszone.

Die sadistische Grausamkeit bei seinem Vorgehen gegen die Opposition kannte Berichten zufolge keine Grenzen. Am 19. Februar eröffneten Sicherheitskräfte das Feuer auf eine Trauergemeinde libyscher Bürger, die sich zur Beisetzung von Opfern der Regie-

---

[73] Mattes, a.a.O., S. 138 f.

rungstruppen versammelt hatten – was folgte, war ein Massaker. Am 14. März 2011 wurden der Presse Fotos zugespielt, auf denen 20 von Regierungstruppen ermordete Männer zu sehen waren. Ihre Hände waren hinter dem Rücken gefesselt, sie wurden kurzerhand exekutiert, nachdem sie sich geweigert hatten, auf der Seite von Gaddafis Truppen zu kämpfen. Am selben Tag, einem Freitag, »verschwanden« bis zu 100 Jugendliche vor einer angekündigten Demonstration.

US-Verteidigungsminister Robert Gates zitierte Geheimdienstberichte, wonach »Gaddafi die Körper der Menschen, die er hat umbringen lassen, an Orte bringen lässt, die wir zuvor angegriffen haben«. Auf diese Weise sollten libysche Berichte bestätigt werden, in denen es hieß, bei den Luftangriffen der Koalition seien Zivilisten ums Leben gekommen. Quellen aus der Opposition berichteten, dass Gaddafis Truppen unmittelbar nach der Einnahme einer Stadt Gräber für die Rebellen aushoben, um alle Beweise für Massenmorde zu vernichten.

Am 2. April eröffneten seine Panzer das Feuer auf Häuser und ganze Wohnviertel in der hart umkämpften Stadt Misrata. Wie am 1. April in der deutschen Presse zu lesen war, berichteten Soldaten des Regimes, die von der Opposition gefangen genommen wurden, Gaddafi habe zwei Wochen zuvor die völlige Zerstörung von Bengasi, der Hochburg der Opposition, angeordnet. Er hatte versichert, er werde die Stadt nur aufsuchen, wenn er von außerhalb der Stadtmauer über die Ruinen der Stadt hinweg ein Fischerdorf am östlichen Stadtrand erkennen könnte, das heißt, wenn die gesamte Stadt ausgelöscht wäre.

Bevorzugte Ziele waren ausländische Journalisten, denn Gaddafi war davon überzeugt, dass jene vom Feind (den USA und Israel) eingesetzt waren, um Lügen über die Lage zu verbreiten. Der deutsche Ex-Politiker und Journalist Jürgen Todenhöfer berichtete aus eigener Erfahrung, wie Gaddafis Streitkräfte sein Fahrzeug aufs

Korn genommen hatten. Sein Freund und Fahrer Abdul Latif verbrannte, als der Wagen von einer vermutlich mit Napalm oder Phosphor bestückten Boden-Boden-Rakete getroffen wurde. Todenhöfer und seine Mitfahrer, die das Fahrzeug rechtzeitig verlassen hatten, waren stundenlang Angriffen mit Raketen und Granaten ausgesetzt.

Am 17. April berichtete die Menschenrechtsorganisation Human Rights Watch, libysche Regierungstruppen hätten über der belagerten Stadt Misrata Streubomben abgeworfen. Dabei sei unter anderem das Krankenhaus getroffen worden, die Einwohner hätten in Panik die Flucht ergriffen. Diesen Vorwurf wiederholte wenige Tage später auch US-Außenministerin Clinton. Ende Mai befahl Gaddafi den Einsatz von Splitterbomben, der Hafen von Misrata wurde vermint, um zu verhindern, dass humanitäre Hilfe per Schiff in die belagerte Stadt gelangte.

Es war nicht das erste Mal, dass das Regime grausame Akte der Aggression gegen die eigene Bevölkerung propagierte und durchführte. Bereits Anfang August 1991 hielt Gaddafi vor Grundschülern einer neunten Klasse eine Rede. Nach der Ermahnung, das Böse zu unterlassen und Gutes zu tun, präsentierte er eine Liste von »Gescheiterten«: die Palästinenser, die es »nicht geschafft« hätten, Jerusalem zu befreien, oder »eine Generation, aus der Agenten kamen, streunende Hunde, Söldner, Deserteure und der Abschaum, der aß, was Amerikaner und Engländer übrig gelassen hatten ...«. Der Begriff »streunende Hunde« bezieht sich auf im Ausland lebende Mitglieder der libyschen Opposition, die jahrzehntelang von libyschen Kommandos systematisch aufgespürt und ausgeschaltet wurden. Gaddafi erklärte seinen jungen Zuhörern, er und sein Regime würden solche Gegner allesamt töten. »Wir sind entschlossen, jeden auszuschalten, der an dieser Krankheit [Opposition] leidet, weil sie ansteckend ist; das heißt, dass diese Krankheit jeden von uns befällt und auf die Seite des Feindes bringt. Wenn Ihr in Zukunft jemanden trefft, der vom Feind rekrutiert worden ist, dann sollt Ihr ihn sofort vor allen Leuten exekutieren. Das ist in meiner Jugendzeit immer so gemacht worden.«

Zum Schluss betonte er: »Wir sind entschlossen, jeden, der sich diesen Bewegungen anschließt, physisch auszuschalten, denn solche Bewegungen untergraben den Islam und den Pan-Arabismus, zerstören unsere Reihen und dienen nur dem Feind. [Von den Zuhörern ertönten Slogans: ›Wir sind zum Kampf entschlossen. Auf Dein Signal hin, o Muammar, wird die Sechste Flotte zerstört‹.]«[74]

Im Laufe der Jahre kam es immer wieder zu Morden an Einzelnen oder zu Massenmorden. 1993, nach einem gescheiterten Putschversuch des Warfalla-Stamms, verlangte der Vater eines der jungen Männer, die den Aufstand geplant hatten, von den Behörden die sofortige Haftentlassung seines Sohnes. Die Sicherheitskräfte verprügelten ihn dermaßen, dass er seinen Verletzungen erlag. Später versuchten sie als weitere Geste der Erniedrigung, seinen Leichnam zu exhumieren und im Meer zu versenken.[75] 1996 befahl Gaddafi nach einer Gefängnisrevolte seinen Streitkräften, das Feuer zu eröffnen. 1200 Insassen wurden kaltblütig erschossen. Die Liste von Gaddafis grausamen Gewalttaten aufzuzählen, würde den Rahmen dieses Buchs sprengen.

Soviel zum Umgang mit dem Feind auf libyschem Boden. Gegen den äußeren Feind hatte Gaddafi jahrzehntelang praktisch jede Terrorgruppe der Welt finanziert, ausstaffiert und politisch unterstützt. 1986 berichtete der israelische Geheimdienst, Gaddafi habe schätzungsweise 50 bewaffneten Gruppierungen logistische, politische und/oder finanzielle Hilfe gewährt, darunter die armenische ASALA, die baskischen Separatisten ETA, die irische IRA, die deut-

---

[74] Ebenda, S. 141 f.
[75] *New York Times*, 15. März 2011.

sche Baader-Meinhof-Bande, die italienischen Roten Brigaden sowie subversive Organisationen in Lateinamerika und Asien. Auch die palästinensische Ablehnungsfront (PFLP, PFLP-GC, Abu Nidal, Demokratische Front usw.) wurde von Gaddafi unterstützt.[76] Seine Agenten wurden für Anschläge mit Signalwirkung verantwortlich gemacht, beispielsweise 1986 für den Bombenanschlag auf die Berliner Diskothek *La Belle* oder die Ermordung der britischen Polizistin Yvonne Fletcher 1984 in London, die aus der libyschen Botschaft heraus von einem Scharfschützen getötet wurde, und für die Sprengung eines Flugzeugs über Lockerbie im Jahr 1988, bei der 270 Menschen den Tod fanden. Im August 2003 übernahm Gaddafi die Verantwortung für den Anschlag (obwohl noch viele Fragen offen bleiben) und leistete finanzielle Entschädigung an die Familien der Opfer, was ihm die Wiederaufnahme in die »internationale Gemeinschaft« einbrachte. Ungefähr zur gleichen Zeit gab er eine bombastische Erklärung ab, wonach er die Produktion von Massenvernichtungswaffen, einschließlich von Atomwaffen ablehnte – Waffen, die er wahrscheinlich gar nicht besaß!

GRÖSSENWAHN

Gaddafi hat stets seine Wahnvorstellung genährt, nicht nur unverwundbar gegen Angriffe seiner vielfältigen Feinde im In- und Ausland zu sein, sondern letztendlich den Gang der geschichtlichen Ereignisse bestimmen zu können. Denn da er, Gaddafi, nun einmal so sei, wie er sei, habe er das Recht und die Macht, Befehle zu erteilen, die selbstverständlich zu befolgen seien – ein gutes Beispiel für die Illusion des Narzissten, gottähnlich zu sein. Er sei auch berechtigt, über Leben und Tod zu entscheiden. Am 24. Jah-

---

[76] Blundy, a.a.O., S. 146 ff.

restag der Gründung des Staates Israel hatten amerikanische Juden das Schiff Queen Elizabeth II für eine Kreuzfahrt nach Aschdod gechartert. Gaddafi ließ den Kommandanten eines ägyptischen U-Boots kommen und fragte ihn, ob er das Schiff identifizieren kön-ne. Als dieser bejahte, befahl er ihm, zwei Torpedos auf das Schiff zu richten und es zu versenken.[77] Im Herbst 1982 soll Gaddafi ge-genüber Aziz Sherib, dem Sekretär der libyschen Botschaft in Jor-danien, erklärt haben:»Ich möchte, dass Sie Vorbereitungen tref-fen, um König Hussein zu ermorden.« Allem Anschein nach war es seine Idee, das Flugzeug des Königs mit einer Boden-Luft-Rakete zu beschießen.[78] Weiterhin entwickelte er Pläne, Herman Eilts, den US-Botschafter in Kairo, zu ermorden. 1983 veröffentlichte Radio Tripolis einen Aufruf zum Mord an Mubarak.[79] Auch wenn aus all diesen Drohungen und Verschwörungen nichts wurde, so besagen sie doch eine Menge über den Geisteszustand Gaddafis.

In diesem Zusammenhang kommt dem Medium Geld eine be-sondere Rolle zu, denn solche Unternehmungen sind ja nicht gera-de billig. Oft genug meint der Narzisst, mit Geld alles kaufen zu können. Nachdem er von Nasser erfahren hatte, dass Israel, anders als die Araber, über Atomwaffen verfügte, entschied Gaddafi, dass sich Libyen solche ebenfalls beschaffen müsse. Er schickte Major Abdul Salam Jalloud, seinen Assistenten, nach Kairo, um dem ägyptischen Präsidenten mitzuteilen, er sei überzeugt, dass die Chinesen bereit wären, Atomwaffen zu verkaufen. Später wurde der Major nach Peking geschickt, um die Waffen tatsächlich zu kaufen. Der chinesische Premierminister Zhou Enlai ließ Jalloud jedoch wissen, dass China keine Atomwaffen liefern würde; damit

---

[77] Heikal, a.a.O., S. 192 f.
[78] Blundy, a.a.O., S. 146 ff.
[79] Sicker, a.a.O., S. 60.

war diese Geschichte abgetan.[80] Dem Angebot, Atomwaffen zu kaufen, lag natürlich die Annahme zugrunde, die Chinesen würden dem Verkauf des Profits wegen zustimmen. Gaddafi hatte dem Sudan drei Milliarden Dollar dafür geboten, die Bindungen zu den USA zu kappen, Ägypten winkten fünf Milliarden Dollar, falls das Camp-David-Abkommen aufgekündigt würde.[81] Bei der Revolution von 2011 wurden afrikanische und auch libysche Söldner mit Geldern des Regimes bezahlt. Den Familien von Gefallenen soll Gaddafi rund 145.000 Euro gezahlt und eine Prämie von 400.000 Dollar auf den Kopf des Widerstandsanführers ausgesetzt haben.[82]

Eine wichtige Rolle spielte auch die Magie. Berichten zufolge hatte der Führer zum Zeitpunkt seines Todes einen ganzen Beutel voller Amulette bei sich. Laut Oberst Saleh Mansour al-Obeidi, der den Dienst quittierte und sich den Rebellen anschloss, hatte Gaddafi bei der Niederschlagung der Revolution afrikanische Zauberer aus Marokko, Nigeria, Gambia und Mauretanien um Hilfe gebeten. Wie die Zeitung *Asharq Al-Awsat* am 1. Juli 2011 berichtete, war al-Obeidi davon überzeugt, dass Gaddafi die Magie für ein zusätzliches geheimdienstliches Mittel hielt, um seine Feinde auszuspionieren. Ein Mitarbeiter Gaddafis hatte al-Obeidi anvertraut, Gaddafi habe eine Hexe aus Gambia engagiert, die zum Schutz des Führers Talismane und Voodoo einsetzte. Der Mitarbeiter berichtet: »Diese Hexe hat Gaddafi einen magischen Talisman verschafft, den er an seinem Umhang befestigt hat, damit er nicht von Kugeln getroffen oder bei einer Explosion verletzt wird ... deshalb trägt er ständig diesen Umhang.« Al-Obeidi verwies auf Fotografien, auf denen Gaddafi einen Ring aus Hyänenknochen trug, den ihm ein

---

[80] Heikal, a.a.O., S. 76 f.
[81] Sicker, a.a.O., S. 65, 61.
[82] *Frankfurter Allgemeine Zeitung*, 5. März 2011, *The Washington Post*, 13. März 2011.

mauretanischer Zauberer gegeben hatte, um schlechte Einflüsse abzuwehren.

NICHTS ALS DIE UNWAHRHEIT

Narzisstische Persönlichkeiten neigen schon in frühester Jugend zur Lüge. Dieser Hang dient nicht nur als Mittel der Selbstverherrlichung, sondern ist Ausdruck der Illusion von Gottgleichheit, immer getreu dem Motto: »Wenn ich das sage, muss es wahr sein.« Dementsprechend log Gaddafi, als seine Guthaben bei ausländischen Banken beschlagnahmt wurden: »Ich habe keine Gelder im Ausland. Sie haben nicht die Spur eines Beweises.«[83] Bei der Vorbereitung eines Angriffs auf Bengasi teilte Gaddafis Armee den Einwohnern der Stadt mit, man komme in »humanitärer Mission«, um sie vor Terroristen zu schützen. Mussa Kussa, damals noch Gaddafis Außenminister, kündigte einen Waffenstillstand an, denn das Gaddafi-Regime »habe großes Interesse am Schutz der Zivilisten.«[84] Tatsächlich hatte die offizielle Nachrichtenagentur *Jana* berichtet, die Armee werde alle Kampfhandlungen einstellen, um den Rebellen zu erlauben, ihre Waffen zu übergeben. Gaddafi selbst erklärte, er habe seinen Sohn Saadi mit dem Auftrag nach Bengasi geschickt, dort »einen Aktionsplan für die Verbesserung der Infrastruktur zu realisieren«. Kurze Zeit später drohte er damit, er werde »die Verräter mit Gewalt aus Bengasi vertreiben« und dabei keine Gnade walten lassen. Das Angebot der Regierung für einen Waffenstillstand wurde während des Bürgerkriegs noch mehrmals wiederholt, jedes Mal ohne Folgen.

---

[83] *Frankfurter Allgemeine Zeitung*, 11. März 2011.
[84] Ebenda, 19. März 2011.

Bei einer Reihe von Gesprächen mit der ausländischen Presse tischte er über die jeweils aktuelle Lage nichts als Lügen auf. Am 27. Februar behauptete er in einem Telefoninterview mit dem serbischen Fernsehsender *Pink TV*, das vom früheren Milošević-Intimus Zoran Lilić vermittelt worden war: »Das Land ist unter Kontrolle, das einzige Problem sind die bewaffneten Banden, die al-Qaida kontrollieren [sic: unter der Kontrolle von al-Qaida stehen]«. Und weiter: »Erstens gibt es momentan keine Zwischenfälle, in ganz Libyen herrscht Frieden. Es gibt nichts Außergewöhnliches, keine Unruhen.« Bei dieser Linie blieb er auch während eines Treffens mit Journalisten der *BBC* und des US-Fernsehsenders *ABC* in einem Hotel in Tripolis. Als ihn die Journalistin Christiane Amanpour nach den Protesten fragte, stritt er alles ab. »Überhaupt keine Demonstrationen auf den Straßen. Nein, niemand gegen uns. Gegen mich, weshalb? Ich bin nicht Präsident. Sie lieben mich, mein ganzes Volk, sie lieben mich alle. Sie werden sterben, um mich zu schützen, mein Volk.« Auf Fragen über den Aufstand in und um Bengasi fauchte er: »Al-Qaida, [es ist] al-Qaida, nicht mein Volk.« Am 15. März erklärte er in einem Interview mit *n-tv*, die Berichte über Angriffe auf friedliche Demonstranten seien »Lügen«. Es habe »nur 150 bis 200 Tote« gegeben, »und die Hälfte davon waren Sicherheitskräfte. Sie starben beim Sturm auf Polizeistationen.«

Es bleibt strittig, ob Gaddafi auch über das Schicksal seiner eigenen Familie bei den US-Luftangriffen von 1986 die Unwahrheit gesagt hat. Im Nachhinein erfuhr die Presse, eine Adoptivtochter, Hanna, wäre dabei umgekommen. Doch war nie zuvor von einem adoptierten Kind die Rede gewesen, außerdem wurde ihr Alter mit zwölf bzw. fünf Jahren unterschiedlich angegeben.

Ein weiteres typisches Anzeichen einer psychischen Störung zeigte sich in Gaddafis wiederholter Projektion eigener mentaler Probleme auf andere. So erklärte er nach der Abstimmung des UN-

Sicherheitsrats über das Vorgehen gegen Libyen, der französische Präsident Nicolas Sarkozy sei »psychisch gestört«, und bezeichnete die Vorschläge der Opposition für einen Waffenstillstand als »verrückt«.

WIE DER VATER, SO DER SOHN ... UND DIE TOCHTER

Gaddafis Sohn Saif al-Islam al-Qaddafi, der seinen Vater regelmäßig bei Presseterminen vertrat, legte dasselbe arrogante Wesen sowie die Neigung zur Lüge an den Tag. Am 28. Februar 2011 erklärte er im US-Fernsehsender *ABC*, im ganzen Land sei es »ruhig«, die Regierung »wende keine Gewalt an«. Er forderte den Fragesteller heraus: »Zeigen Sie mir eine einzige Bombe«. Auf die Frage, was geschehen werde, wenn sein Vater das Land verließe, erklärte er: »Es gäbe Krieg, Bürgerkrieg in Libyen.« Befragt nach den ausländischen Bankkonten der Familie, die eingefroren worden waren, log er, die Familie sei »sehr bescheiden« und unterhalte keine Konten im Ausland. Ungerührt dementierte er, dass führende Vertreter Libyens die Seiten gewechselt hätten. Bei einem zweiten Interview mit demselben Sender am 17. März, als die Vorbereitungen für den UN-Einsatz bereits liefen, wies Saif erneut Behauptungen von sich, es habe Luftangriffe auf Zivilisten gegeben. »Haben wir ein einziges ziviles Opfer gesehen?« fragte er rhetorisch. »Also gab es kein Blutvergießen in Libyen«.

Entgegen seiner Beteuerung, sein Vater werde auf libyschem Boden leben oder sterben, wurde berichtet, dass Saif Anfang April einen Emissär mit dem Auftrag nach London geschickt hatte, dort mögliche Szenarien zu sondieren, wonach er selbst die Führung übernehmen und Gaddafi nur eine symbolische Rolle behalten würde. *Asharq Al-Awsat* zitierte libysche »Quellen«, denen zufolge Gaddafi solch einen Kompromiss möglicherweise akzeptieren würde. Auf Nachfragen von *Reuters* wies Saif solche Überlegungen jedoch als »lächerlich« zurück und erklärte seine Pläne für umfassende Reformen, eine neue Verfassung, Wahlen und so fort. In weiteren Interviews wiederholte Saif diese Aussagen wie eine gesprungene Schallplatte. Bei einem Gespräch mit der *Washington Post* am 17. April verglich er die Berichte über zivile Opfer, die als Rechtfertigung der UN-Maßnahmen für eine Flugverbotszone gedient hatten, mit den Lügen über irakische Massenvernichtungswaffen vor dem letzten Krieg. Wenn überhaupt Menschen in Tripolis erschossen worden wären, schwor er, dann nur sehr wenige. »Vielleicht einer, zwei, drei, zehn, 20, 30 – vielleicht, niemand weiß es, vielleicht zufällig, aber nicht absichtlich. Und zweitens, die Leute reden von Hunderten und Tausenden. Es gibt einen gewaltigen Unterschied zwischen zwei oder drei und zwei- oder dreihundert«. Dieses Mal antwortete er auf Fragen nach den Folgen eines möglichen Rücktritts seines Vaters: »Somalia, zweiter Akt. Das wissen alle.«

Saifs Schwester Aisha erwies sich Mitte April bei öffentlichen Äußerungen in Tripolis als aus demselben Holz geschnitzt wie ihr Vater und ihr Bruder. Aufrufe zum Rücktritt Gaddafis wies sie als Provokation, die jeden Libyer beleidige, zurück. Ihr Vater sei nicht nur in Libyen, sondern im Herzen eines jeden Libyers lebendig. Ergo: »Wer Gaddafi nicht will, verdient es nicht, zu leben.« Damals skandierten Unterstützer in Tripolis: »Nur Allah, Muammar und Libyen.«

Dies änderte sich, als Gaddafi untergetaucht war. Am 29. August floh Aisha gemeinsam mit ihrer Mutter und zwei Brüdern nach Algerien, wo sie am nächsten Tag ein Kind zur Welt brachte. Später erhielten alle vier politisches Asyl in Oman. Saif ging in den Untergrund und tauchte Ende August, als Berichte über seine Gefangennahme zirkulierten, wieder auf – lachend in die Kameras winkend. Ende Oktober, nach dem Tod seines Vaters, gab es abermals Gerüchte, er sei verhaftet oder getötet worden. Zur selben Zeit führte er möglicherweise geheime Verhandlungen mit dem ICC, um sich lieber zu ergeben als zu sterben. Am 19. November wurde er schließlich mit drei Gefährten in der Wüste im Süden verhaftet und der neuen Regierung übergeben, um entweder in Libyen oder vom ICC, möglicherweise auch von beiden Seiten, vor Gericht gestellt zu werden. Im Internet kursierten Fotos von ihm in Wüstenkleidung, wie er in die Kamera starrt wie ein Reh, das vom Scheinwerferlicht eines Autos geblendet wird. Seitdem ist er Gefangener der Miliz von Zintan.[85]

MUAMMAR WER?

Um das Phänomen Gaddafi zu verstehen, reicht es nicht, nur seine Handlungen, Reden usw. auszulegen. Auch seine Kindheit und Jugend müssen unter die Lupe genommen werden. Wir finden Lehrbuch-Beispiele der Faktoren, die zur Herausbildung einer narzisstischen Persönlichkeit beitragen.

Der spätere Revolutionär wurde im September 1942 in einem Zelt geboren, er war das jüngste von vier Geschwistern und der einzige Sohn. Bei der Geburt waren weder ein Arzt noch eine Krankenschwester oder Hebamme zugegen.[86] Seine Eltern waren Beduinen, die in einem Zelt ohne sanitäre Anlagen und Elektrizität lebten. Ständig auf der Suche nach Wasser und Futter für ihre

---

[85] Frankfurter Allgemeine Zeitung, 7. März 2014.
[86] Über Gaddafis Geburtsdatum herrscht einige Verwirrung. Er selbst gibt offiziell das Jahr 1942 an, doch Blundy erwähnt, er sei bei seinem Eintritt in die Schule in Misrata bereits älter als 19 gewesen und habe daher eine gefälschte Geburtsurkunde vorgelegt. Möglicherweise wies dieses gefälschte Dokument das Geburtsdatum als 1942 aus, er war also zur Zeit des Krieges womöglich älter als ein Jahr, allerdings immer noch ein Kleinkind.

Tiere, zogen sie mit den rund 60 Mitgliedern der Großfamilie umher. Der Kopf der Familie war Mohammed Abdul Salam bin Hamed bin Mohammed. Nicht genug damit, dass das Leben in der Wüste für ein Nomadenkind beschwerlich war, auch die politischen Entwicklungen seiner Kinderjahre waren dramatisch und traumatisch. Zum Zeitpunkt der Schlacht von Alamein, bei der die Engländer unter Feldmarschall Montgomery die Truppen der deutschen Wehrmacht unter Rommel besiegten, war er noch ein kleines Kind. Den Beduinen blieb nichts anderes übrig, als vor den Feindseligkeiten zu fliehen. Dennoch konnten sie den Schrecken des Krieges nicht entkommen, ihr Weg führte über verstreute Leichen und Leichenteile, die den Schakalen zum Fraß dienten.[87]

Gaddafi erzählte von seinen frühesten traumatischen Erinnerungen. »Mitten im Zweiten Weltkrieg lagen wir unter Feuer und versuchten den Kugeln auszuweichen. Die Länder kämpften um das Land. Wir verstanden nicht, warum. Flugzeuge flogen über unser Land. Bomben fielen. Überall explodierten Minen. Wir verstanden nicht, warum. *Das waren die ersten Erinnerungen aus meiner Kindheit.*«[88]

Muammar »wirkte von frühester Kindheit an ... anders als andere Kinder. Er war ernsthaft, ja verschlossen ...«, er »spielte selten mit seinen Vettern und Kusinen, meist sann er gedankenverloren über verschiedene Dinge nach«.[89] Sein Vater bemerkte, dass er so

[87] Gaddafi, Muammar with Edmond Jouve, *My Vision: Conversations and Frank Exchanges of Views with Edmond Jouve*, translation into English by Angela Parfitt, John Blake, London, 2005, S. 9 f.; Blundy, a.a.O., S. 33 ff.

[88] Jouve, a.a.O., S. 81 f., Hervorhebung durch die Autorin. Man kann sich leicht vorstellen, welchen psychologischen Horror die NATO-Luftangriffe bei dem späteren libyschen Führer auslösten.

[89] Mirella Bianco, Gadafi, *Voice from the Desert*, translation by Margaret Lyle (Paris, Edition Stock, 1975), S. 4, zusammengefasst von Ayoub, Mahmoud Mustafa, *Islam and the Third Universal Theory: The religious thought of Ma'ammar al-Qadhdhafi*, KPI, London, 1987, S. 12.

sehr in sich zurückgezogen war, dass er nur antwortete, wenn eine Frage direkt an ihn gerichtet wurde. Ein Schullehrer bezeichnete ihn als intelligent und fromm, beinahe asketisch. Als Jugendlicher war er von den Erzählungen seines Vaters und seines Koranlehrers über Heldentaten seines Stammes gefesselt. Geschichten, die er immer wieder hören wollte, handelten vom Kampf seines Großvaters gegen die Italiener und der militärischen Erfahrung seines Vaters nach dem Ersten Weltkrieg.[90] Gaddafis Held war Omar Mukhtar, der Anführer des libyschen Widerstands gegen die Italiener, der 1931 im Kampf gefallen war. Sein Koranlehrer, den der Vater (ein Analphabet) angestellt hatte, als Gaddafi sieben Jahre alt war, erzählte dem Jungen Geschichten von dem Großen Senussi, der den sufistischen Orden gegründet und viele libysche Stämme vereint hatte.[91]

Die Grundschule besuchte Muammar in Sirte, rund 30 Kilometer vom Zelt seiner Familie entfernt. Unter der Woche lebte er in Sirte, mangels finanzieller Mittel schlief er in der Moschee und kehrte am Wochenende zu Fuß für ein kurzes Treffen mit seiner Familie zurück. Mit 14 Jahren trat er in Sabha, wohin seine Familie gegangen war, in die höhere Schule ein. Dort wandte er sich der Politik zu.

Es waren die Anfangsjahre der Republik Ägypten nach Nassers Putsch von 1952 und der Formierung der algerischen Befreiungsbewegung. Gaddafi bildete seine erste geheime Zelle, gemeinsam mit Schulfreunden, darunter Abdul Salam Jalloud, der sein Leben lang ein enger Gefährte bleiben sollte. Gebannt lauschte Gaddafi Nassers Reden, die vom ägyptischen Rundfunk nach Libyen ausgestrahlt wurden, und studierte dessen Buch *Philosophie der Revolution*. Er lernte Nassers Reden auswendig und trug sie Wort für

---

[90] Ebenda, S. 15, 13.
[91] Blundy, a.a.O., S. 36.

Wort seinen Altersgenossen vor – auf einem kleinen Schemel stehend, der ihm als Podest diente. Nach Ansicht von Mohamed Heikal verstand er nur wenig von dem, was er da auswendig gelernt hatte.[92] Einer seiner Lehrer erinnerte sich, dass ihn Gaddafi ganz offen gefragt hatte, wie eine Pyramiden-Struktur für eine Revolution gegen König Idris aufzubauen wäre, jenen berüchtigten korrupten Monarchen, der ausländischen Forderungen nach Militärstützpunkten nachgegeben hatte.

Seine Revolutions-Rhetorik und politische Organisationsarbeit brachten Gaddafi Ärger ein. Im Oktober 1961 trommelte er seine Klassenkameraden zu einer Demonstration für Nasser und gegen die Präsenz ausländischer Militärstützpunkte im eigenen Land zusammen. Das führte zwar zum Verweis von der Schule, sicherte ihm aber vermutlich die Anerkennung seiner Altersgenossen, was sein übersteigertes Selbstwertgefühl bestätigte.

Seine formelle militärische Ausbildung erhielt er an der Königlichen Militärakademie in Bengasi, die auch das libysche Sandhurst genannt wird. Gaddafi selbst erzählte: »Als wir uns entschlossen, zur Militärakademie zu gehen, geschah dies nicht in der Absicht, Berufssoldaten zu werden, sondern die Institution zu unterwandern und die Revolution vorzubereiten.« Er beklagte, dass Libyen »von ausländischen Streitkräften besetzt war« – es gab amerikanische und britische Stützpunkte, und die Italiener waren im Land. »Es war unsere Pflicht«, sagte er, »unser Land von dieser Besetzung zu befreien.«[93]

Oberst Ted Lough, von 1960 bis 1966 Leiter der britischen Militärmission, hielt Gaddafi für »unseren schwerfälligsten Kadetten«, der bei Prüfungen durchgefallen war und sich geweigert hatte, Englisch zu lernen. Ihm war Gaddafi nicht nur unsympathisch,

---

[92] Ebenda, S. 18.
[93] Jouve, a.a.O., S. 82.

vielmehr hielt er ihn »von Natur aus [für] grausam« und verdächtigte ihn, für den Mord an einem anderen Kadetten und dem Kommandanten der Akademie im Jahr 1963 verantwortlich gewesen zu sein. Ein weiterer Offizier, der Gaddafi ebenfalls nicht mochte, Major Jalal Dalgeli, bestrafte ihn besonders grausam für eine Frechheit: Er wurde gezwungen, bei glühender Hitze, bepackt mit einem schweren Rucksack, auf allen Vieren über Geröll zu kriechen, »bis die Haut an den Knien in Fetzen herabhing«.[94]

Obwohl eine derart harte Behandlung in solchen Einrichtungen keine Seltenheit war, ist leicht nachvollziehbar, wie dadurch die Wut bei dem jungen Mann angeheizt wurde, der als Kleinkind im Krieg schwer traumatisiert worden war, ständige Luftangriffe erlebt hatte und Zeuge von Tod und Sterben geworden war. Derselbe junge Mann war aufgewachsen mit Geschichten über die bösen Ausländer, gegen die seine Vorfahren bis zum Tod gekämpft hatten; er hatte Fantasien über eigene Rachefeldzüge gegen die verhassten Fremden entwickelt.

Beim Putsch gegen König Idris im Jahr 1969 sollte Gaddafi die Gelegenheit erhalten, diese Fantasien auszuleben. Schon als Schüler in Misrata hatte er erste Zellen aufgebaut und dabei seine Mitverschwörer strenger Disziplin unterworfen. 1964 nahm das Zentralkomitee der späteren Bewegung Freier Offiziere seine regelmäßigen Treffen auf und begann mit der Rekrutierung. 1966 schaffte es Gaddafi, an einem viermonatigen Ausbildungskurs beim Hauptquartier des Royal Armoured Corps im englischen Dorset teilzunehmen, obwohl er Berichten zufolge Großbritannien und die Briten hasste.[95] In diesem Zusammenhang ist merkwürdig, dass Lough seinen Verdacht über Gaddafis Neigung zur Gewalt dem britischen Geheimdienst gemeldet hatte, wo er bereits erfasst war.

---

[94] Blundy, a.a.O., S. 42, 46.
[95] Ebenda, S. 47 ff.

Trotzdem wurde ihm die Reise zur Ausbildung nach England gestattet.

ANDERE AUSLÄNDER

Bei allem Hass, die er gegen die Italiener als Unterdrücker empfand, profitierte Gaddafi dennoch von den Diensten des Nachbarn
jenseits des Mittelmeers. Wie man inzwischen weiß, waren die
italienischen Geheimdienste maßgeblich an dem Putsch beteiligt.
Darüber berichtet der italienische Journalist und Buchautor Giovanni Fasanella in einem Interview mit der Website *Cadoinpiedi*.[96]
Der Putsch von 1969 »war vom italienischen Geheimdienst vorbereitet worden, und zwar in einem Hotel in Albano Terme im Vene-
to. Gaddafi, der an italienischen Militärakademien studiert hatte,
war unser Geschöpf.« Laut Fasanelli hatten die Italiener Gaddafi
mindestens zweimal das Leben gerettet, »das erste Mal vor dem
Putsch«. Die Engländer, so erklärte er, »die darüber verärgert waren, dass der Oberst ihre Militärstützpunkte aus Libyen verbannt
hatte, hatten eine militärische Expedition mit Söldnern organisiert
und ein Schiff ausgerüstet, das an die libysche Küste geschickt
werden sollte«. Die Söldner hatten den Auftrag, Gaddafi-feindliche
Gefangene zu befreien und für eine Revolte gegen ihn zu nutzen.
Doch die italienischen Geheimdienste »fingen das Schiff im Hafen
von Triest ab und informierten Gaddafi«. Ein anderes Mal warnten
die Italiener Gaddafi vor einem französischen Plan, sein Flugzeug
abzuschießen.
    Gaddafi war nicht der einzige, der einen Putsch organisierte.
Auch der libysche Premierminister Bakoush und drei weitere Poli-

---

[96] Fasanella, Giovanni, »Ghedaffi: Una Storia Italiana«, *Cadoinpiedi*, 22. Februar
2011.

tiker mobilisierten jeweils Offiziere und Intellektuelle gegen den schwachen und korrupten König Idris. Bakoush behauptete später, er habe sowohl die Amerikaner als auch den König vor Gaddafis Putschplänen gewarnt, Washington habe zudem eigene Verbindungen zu den Putschisten unterhalten. Bakoush nimmt an, dass sich die USA aus Furcht vor kompetenteren Offizieren, die politisch enger mit Nasser alliiert waren, dazu entschieden, Gaddafi zu unterstützten, der – so hofften sie – unter ihrer Kontrolle zu halten sei.[97]

Einmal im Amt, erfreute sich Gaddafi de facto der Unterstützung der Amerikaner. Wie eine italienische Zeitschrift später enthüllte, gab das US-Außenministerium ein auf den 10. Dezember 1969 datiertes Memo heraus, in dem zwar auf »Gaddafis Zögern, sich [den USA gegenüber] kooperativ zu zeigen«, Bezug genommen, jedoch der Schluss gezogen wurde, er sei »in der Libysch-Arabischen Republik beinahe unerlässlich. Würde er von der politischen Bühne verschwinden, die Folge wäre mit hoher Wahrscheinlichkeit eine Periode der Instabilität.« In einem Dokument vom 30. September 1971 hieß es weiter: »Für die Menschen ist Gaddafi der Philosoph, der charismatische Antreiber und die treibende Kraft, die die Revolution in Libyen, insbesondere im Bereich der Außenpolitik, mit immer neuen Initiativen vorantreibt.«[98]

Wie der unblutige Putsch am 1. September 1969 vor sich ging, ist Geschichte. Für Gaddafi, der seinen Anspruch auf Ruhm mit

---

[97] Blundy, a.a.O., S. 53 ff.
[98] Massimiliano Cricco und Federico Cresti, »Psicogeopolitica di Gheddafi«, I Quaderni Speciali di Limes – Rivista Italiana di Geopolitica, »La Guerra di Libia«, April 2011, Jhrg. 3, Nr. 2, Gruppo Editoriale L'Espresso, Rom. Die amerikanische Quelle ist die National Archives & Records Administration (NARA), Washington, D.C., RG 59, SNF 1967-69, POL 23-9 LIBYA, Research Memor.: »Libya: Who Are Its Leaders?« From George C. Denney Jr., Dir. of Intelligence & Res. of DOS to the Secretary of State. Appendix, Part I. Washington, D.C., 10/9/69, secret.

dieser Leistung begründete, wurde der Putsch schon bald Gegenstand vieler Mythen. In seiner ersten Verlautbarung an das Volk im Namen des Revolutionsrats pries er den Willen des Volkes und die Tapferkeit der Armee:

»Großes Volk von Libyen! Als Reaktion auf Euren eisernen Willens nach Selbstbestimmung; als Erfüllung Eurer kostbaren Hoffnungen; als Antwort auf Euren unermüdlichen Ruf nach Veränderung und Reinigung, auf Eurer Drängen nach Handeln und Initiative, nach Revolution und entschlossenem Eingreifen haben Eure Streitkräfte ein reaktionäres, rückwärtsgerichtetes und verderbtes Regime gestürzt – vor dessen üblem Geruch uns zuvor ekelte, dessen korrupte Machenschaften uns die Haare zu Berge stehen ließen. Mit einem Schlag Eurer heroischen Armee wurden alte Idole zerschmettert. In einem einzigen schicksalhaften, fantastischen Augenblick wurde der Schleier der Dunkelheit ganzer Zeitalter zerrissen – zunächst der Türkenherrschaft, dann der italienischen Unterdrückung und schließlich die Ära reaktionärer Herrschaft von Bestechung und persönlichem Entgegenkommen, von Verrat und Sünde ...«

DER UNBERECHENBARE FÜHRER

Kaum hatte er seine Macht konsolidiert, startete Gaddafi mehrere innen- und außenpolitische Initiativen, bei denen er sich, wie Nassers Assistent Ghazzen Bashir schreibt, »auf verwirrende Weise dynamisch [zeigte], wie ein kleiner Junge, völlig unberechenbar.«[99] Mohamed Heikal hatte beobachtet: »Wie ein *Bedu* konnte Gaddafi in einem einzigen Augenblick von einer Position zur radikal entge-

---

[99] Blundy, a.a.O., S. 70.

gengesetzten umschwenken«.[100] Bei einem Besuch in Khartum Anfang der 1990er Jahre fragte ich einen sudanesischen Freund, damals ein hoher Regierungsbeamter, nach seiner Meinung über Gaddafi. Seine Antwort lautete, der Mann sei extrem unberechenbar, in einem Moment könne er rational und sehr angenehm sein, im nächsten Moment aber in Wut ausbrechen. Genauso leicht ändere er seine Allianzen. Die spätere Entwicklung hat gezeigt, dass mein Freund mit dieser Einschätzung völlig richtig lag.

Diese Eigenart, die sich häufig bei narzisstischen Persönlichkeiten findet, kam auch in Gaddafis außenpolitischen Abenteuern zum Ausdruck, vor allem in seinen politischen Bündnissen. Ganz im Sinne von Nassers Traum einer Arabischen Einheit strebte er zunächst eine Konföderation mit Ägypten und Syrien an. Als Sadat 1972-73 jedoch Zweifel kamen, da er Gaddafi als potenzielle Bedrohung betrachtete, reiste der libysche Führer zunächst nach Kairo, um die Probleme aus dem Weg zu räumen, organisierte aber, sofort nach seiner Rückkehr nach Libyen, einen »Marsch des Volkes« auf Ägypten, um die Union durchzusetzen. Die Marschierer wurden von den ägyptischen Behörden an der Grenze gestoppt. Während Gaddafi betonte, die Beziehungen seien ungetrübt, unternahm eine extremistische Gruppe aus Libyen einen Putschversuch gegen Sadat – die Lage verschlechterte sich. 1975 betrieb Gaddafi aktiv Propaganda gegen Sadat, die Spannungen schlugen schon bald in offene Feindschaft um.

Ebenfalls im Sinne des Nasser'schen Traums von der Einheit der Araber versuchte Gaddafi, eine Union mit Tunesien auf die Beine zu stellen, stieß damit bei Bourgiba jedoch auf Ablehnung. Anfänglich unterstützte Gaddafi die Polisario Front in ihrem Kampf gegen Marokko, ließ sie später aber fallen und ging eine Union mit Marokko ein. Nachdem sein Projekt für eine Union der

[100] Heikal, a.a.O., S. 187.

Mahgreb-Länder gescheitert war, wandte er sich afrikanischen Staaten zu, denen er die Bildung einer Union anbot, die er dann schon irgendwie in »arabisch« umbenennen würde. Also unterstützte er zunächst die Rebellen in Eritrea. Doch unmittelbar nachdem Mengisthu die Macht übernommen hatte, schwenkte er auf eine pro-äthiopische Position um, denn schließlich handelte es sich ja um ein muslimisches Land.[101]

DAS GRÜNE BUCH

Kaum zu glauben, aber wahr: Zu den inoffiziellen Titeln, die Gaddafi in den letzten Jahren verliehen wurden, zählt der des »Führers und Denkers«. Tatsächlich gründet sich Gaddafis hochtrabender Anspruch auf Ruhm genau auf dieses eigentlich höchst unglaubwürdige Wesensmerkmal – gestützt auf sein Opus Magnus, das *Grüne Buch*. Dieses Machwerk, das zwischen 1976 und 1979 zunächst in drei Bänden auf Arabisch veröffentlicht wurde, muss aus unterschiedlichen Blickwinkeln bewertet werden. Zunächst vom Standpunkt des Inhalts, das heißt in den darin präsentierten grundlegenden Theorien und vorgeschlagenen Umsetzungen. Zum zweiten hinsichtlich seiner Funktion als ideologischer Grundlage für Gaddafis staatliche Ordnung; und zum dritten in Bezug auf die Rolle des Buchs als Mittel der Quasi-Vergötterung Gaddafis als Philosoph auf internationaler Ebene – zumindest in weiten Kreisen.

Ein durchschnittlicher Leser ohne herausragende intellektuelle Fähigkeiten und politisches oder geschichtliches Wissen kann das Werk in relativ kurzer Zeit lesen, verdauen und beiseite legen. Insgesamt stellt es den simplen (um nicht zu sagen primitiven)

---

[101] Sicker, a.a.O., S. 69 ff., Heikal, a.a.O., S. 148 ff.

Versuch dar, eine gesellschaftliche Ordnung vorzustellen, in der wahre Demokratie herrscht. Gaddafi lehnt sämtliche Formen repräsentativer Demokratie ab, eben weil sie »repräsentativ«, also kein direkter Ausdruck des Volkes, sind. Sein Plan für Volkskomitees und einen Rat des Volkes ist ein Versuch, eine Form direkter Demokratie zu definieren.

»Die bloße Existenz eines Parlaments bedeutet Abwesenheit des Volkes«, schreibt er. »Wahre Demokratie [besteht] ausschließlich in der Anwesenheit des Volks selbst.«[102] Ähnlich ist »die Partei die Diktatur der heutigen Zeit, der moderne diktatorische Herrschaftsträger. Die Partei ist die Herrschaft eines Teils über das Ganze.« Und weiter: »Die Partei ist der Stamm des modernen Zeitalters, sie ist eine Sekte. Eine Gesellschaft, die von einer einzigen Partei regiert wird, gleicht einer Gesellschaft, die von einem einzigen Stamm oder von einer einzigen Sekte regiert wird.«

Die Lösung liegt in der Schaffung von Volkskongressen, in die das Volk aufgeteilt wird. »Zuerst teilt sich das Volk in Basisvolkskongresse auf. Jeder Kongress wählt sein Sekretariat. Aus der Gesamtheit der Kongresssekretariate formieren sich die übergeordneten Volkskongresse. Dann wählen die Massen jener Basisvolkskomitees so genannte Verwaltungsvolkskomitees, die an die Stelle der Regierungsverwaltung treten ... Die Volkskomitees, die die öffentlichen Einrichtungen leiten, sind dann den Basisvolkskongressen verantwortlich; diese schreiben ihnen die Politik vor und kontrollieren sie bei der Durchführung dieser Politik.«

Hinsichtlich der Gesetzgebung schrieb Gaddafi, das Naturrecht – die natürliche Šarī'a –beruhe entweder auf Tradition oder Religi-

---

[102] *Das Grüne Buch*, Teil Eins. Alle Zitate sind entnommen aus: Lohmann, Heiner, *Strukturen mythischen Denkens im Grünen Buch Mu'ammar al-Qaddafis*, Eine kommunikationstheoretische Untersuchung zur Rationalität eines soziozentrischen Weltbildes im Islam mit einer Neuübersetzung des Grünen Buches im Anhang, Berlin, LIT Verlag Dr. W. Hopf, 2009.

on, also seien Verfassungen, die sich nicht auf solchen Quellen gründeten, nicht legitimiert. Über die Pressefreiheit schrieb er: »Die natürliche Person ist frei, sich über sich selbst zu äußern, auch wenn sie sich verrückt verhält, um auszudrücken, dass sie verrückt ist.«

Im Zweiten Teil des *Grünen Buchs* beschäftigte sich Gaddafi mit Wirtschaftstheorie und -praxis. Hier erklärt er das Lohn-System im Wesentlichen zum Sklaven-System, das deshalb abgeschafft und durch einen »natürlichen Sozialismus« ersetzt werden müsse.

Im dritten und letzten Teil behandelt Gaddafi die soziale Organisation, von der Familie zum Stamm und zur Nation. »Der Stamm ist eine Familie, die sich durch Fortpflanzung vergrößert hat«, schreibt er. »Die 'umma (Nation) ist ein Stamm, der sich durch Fortpflanzung vergrößert hat, also ist die 'umma ein großer Stamm. Die Welt ist eine 'umma, die sich durch Vermehrung in 'umam verzweigt hat ...« Das Wesen der Menschheit also sei Nation, das Wesen der Nation sei Stamm und das Wesen des Stammes Familie.

Der Stamm bildet bei seinen Mitgliedern ein »Verhalten« aus, er gewährt »sozialen Schutz« durch »Geldstrafen, kollektive Blutrache und kollektive Verteidigung«. »Das Blut ist die Wurzel der Struktur des Stammes«. Von dort ging Gaddafi weiter zum Konzept der Nation. »Die 'umma (Nation) besitzt auch eine soziale Struktur, deren Zusammenhang das Stammeswesen bildet. Der Stamm besitzt eine soziale Struktur, deren Zusammenhang das Stammeswesen bildet. Die Familie besitzt eine soziale Struktur, deren Zusammenhang der Familiensinn bildet, und die 'umam der Welt besitzen eine soziale Struktur, deren Zusammenhang die Menschheit bildet. Das sind Selbstverständlichkeiten.«

Gaddafi lässt sich auch über den Unterschied zwischen den Geschlechtern aus. Grundsätzlich hielt er beide Geschlechter ihrer biologischen Natur nach für unterschiedlich, die Frau sollte im

Wesentlichen ihre Zeit und Energie für die Erziehung der Kinder aufwenden. Wenn die Kinder das Schulalter erreichen, sollten sie Zugang zur Schule haben. Gaddafi erklärte kategorisch, eine »obligatorische Ausbildung, die ihrer Jugend vorschreiben zu können die Staaten der Welt so stolz sind, ist eine der Methoden, die die Freiheit unterbinden ... Den Menschen zu zwingen, nach irgendeinem Lehrplan zu lernen, ist eine diktatorische Praxis. Den Leuten vorzuschreiben, dass sie bestimmte Fächer lernen, ist eine diktatorische Praxis.« Weiter erklärt er: »Alle auf der Welt vorherrschenden Ausbildungsmethoden müssen mittels einer weltweiten Kulturrevolution zerschlagen werden, um den Geist und den Verstand des Menschen von chauvinistischen Lehrplänen und vorsätzlicher Prägung seines Geschmacks zu befreien.« Das heißt nicht, dass alle Schulen geschlossen werden sollten, sondern dass es den Menschen gestattet sein sollte, zu lernen, was sie wollen. »Die Unwissenheit wird ein Ende haben, wenn alles so dargestellt wird, wie es wirklich ist, und wenn das Wissen darüber jedem Menschen auf eine für ihn geeignete Weise zur Verfügung steht.«

Hinsichtlich der Kommunikation unter allen Völkern beklagte Gaddafi den Mangel einer einheitlichen menschlichen Sprache; für ihn war es jedoch nur eine Frage der Zeit, bis die Menschheit dieses Ziel erreichte, »solange die Zivilisation sich nicht umkehrt.«

Über Verdienste oder Nachteile des im *Grünen Buch* präsentierten Konzepts mag man streiten, vergleicht man es jedoch mit der tatsächlichen Regierungsform, die Gaddafi nach dem Putsch von 1969 aufbaute, so zeigt sich: Theorie und Praxis sind bei ihm in zwei völlig unterschiedlichen Welten angesiedelt. Entgegen aller Rhetorik über die Macht des Volkes und direkte Demokratie baute Gaddafi schon bald nach seiner Machtübernahme ein diktatorisches Regime auf, bei dem alle Macht in den Händen des Mannes ohne offizielle Position lag – Muammar Gaddafi.

Kurz nach seinem erfolgreichen Putsch verbot Gaddafi alle politischen Parteien, unterwarf die Presse einer umfassenden Kontrolle und löste die Gewerkschaften auf.[103] Den Wendepunkt zur Diktatur signalisierte am 15. April 1973 die Erklärung von Zwara, in der er angesichts des Scheiterns der arabischen Solidarität zur Schaffung einer neuen Ordnung aufrief. Mit der Erklärung wurden sämtliche geltenden Gesetze außer Kraft gesetzt. Oppositionsgruppen, d.h. die Ba'athisten, Kommunisten, Moslembruderschaft usw. wurden zu »politischen Krankheiten« erklärt und verboten. Außerdem erging der Aufruf zur Bewaffnung der Bevölkerung, zu einer »Verwaltungs-Revolution« sowie einer Kulturrevolution zur Kontrolle der Universitäten.[104] Bei dieser Gelegenheit rief Gaddafi zur Bildung von »Volkskomitees« auf, wie sie bereits im *Grünen Buch* entworfen worden waren. Einige Tage später erläuterte er seine Dritte Universaltheorie, die die Grundlage der Erklärung von Zwara bildete. Von dieser Dritten Universaltheorie (d.h. weder Kommunismus noch Kapitalismus, sondern ein Dritter Weg) handelte das *Grüne Buch.* Gaddafi präsentierte sie nicht etwa als Vorschlag, Idee oder Konzept, sondern als *die Wahrheit.* »Wenn wir über die Dritte Universaltheorie reden«, erklärte er am 14. Mai vor Anhängern, »so betonen wir, dass sie weder vom Menschen gemacht noch eine Philosophie ist, sondern auf der Wahrheit beruht.«

Genau das ist die Crux an der Sache. Obwohl selbst Gaddafi nicht so weit ging, es ausdrücklich zu sagen, war offensichtlich, dass er das *Grüne Buch* im Kern als Nachfolger des Korans betrachtete – zumindest insofern, als es die Wahrheit über Mensch und Gesellschaft enthalte. Ganz explizit erhebt er den Anspruch auf die absolute Wahrheit: »Das *Grüne Buch* will nicht nur materielle

---

[103] Blundy, a.a.O., S. 63.
[104] Ebenda, S. 85 f.

Probleme lösen«, erklärte er gegenüber Edmond Jouve, »es soll auch den Weg zu einer globalen Lösung für die Probleme der Welt eröffnen, um dem Einzelnen die materielle und moralische Befreiung und sein Glück zu gewährleisten. Die Dritte Universaltheorie soll ihn auf diesem Weg leiten – sie bietet eine Theorie der Befreiung aus der Not, um den Menschen wirklich frei zu machen.«[105]

Das *Grüne Buch* war der Versuch einer Gehirnwäsche der libyschen Bevölkerung. Es war Pflichtlektüre in allen Schulen, auf öffentlichen Plätzen wurden Skulpturen des Grünen Buchs aufgestellt. Es wurde in viele Sprachen übersetzt und selbstverständlich wurde jedem, der nach Libyen einreiste, ein Exemplar in die Hand gedrückt.

Gaddafis Büchlein wäre ein Werkzeug für interne Propagandazwecke geblieben, hätte es das Regime nicht mit der Hilfe von Intellektuellen im Westen, die das *Grüne Buch* aus den unterschiedlichsten Gründen für nützlich hielten, geschafft, es zum Thema akademischer Diskussionen zu machen. An Universitäten wurden sogar Examensarbeiten darüber zugelassen. Am wichtigsten aber waren internationale Konferenzen und Seminare, durch die Gaddafi und sein *Grünes Buch* als Partner intellektueller Auseinandersetzungen etabliert werden sollten.

Bei internationalen Symposien über »das Denken Muammar Gaddafis« wurde letzterer dargestellt, als gehöre er in dieselbe intellektuelle oder philosophische Liga wie beispielsweise der Palästinenser Edward Said. Im Oktober 1979 sprach Gaddafi bei einem Symposium in Bengasi und im Dezember 1980 bei einer Konferenz in Madrid. Dort war er über Satellit mit der Botschaft zugeschaltet: »Der Orient ist schon immer die Wiege der Zivilisation und Ursprungsort von Ideen gewesen, die das Gesicht der Welt verändert haben. Wir können deshalb nicht ausschließen, dass er

---

[105] Jouve, a.a.O., S. 37 f.

erneut zum Ausgangspunkt einer neuen Weltordnung wird. Mathematik, Astronomie, Medizin ... waren Geschenke an die ganze Welt, die vom Orient, von Arabern und Muslimen begründet wurden. Genauso könnte die Dritte Universaltheorie, die im Orient ihren Ursprung nahm, zum Ausgangspunkt einer neuen Zivilisation werden, die nicht auf den Orient, auf Araber und Muslime beschränkt bleibt. Wir wünschen uns, dass die gesamte Menschheit davon profitiert, genauso wie sie von Beiträgen früherer Zivilisationen profitiert hat.«[106]

Im April 1983 war Bengasi Schauplatz eines »Internationalen Symposiums über das Denken Muammar Gaddafis«, zu dem rund 1000 »Revolutionäre« anreisten, darunter Vertreter von zehn US-amerikanischen Gruppen, zumeist Organisationen von Afro-Amerikanern und Indianern, und die Nation of Islam.[107] Zusätzlich zu den Symposien und Seminaren tauchten nun veröffentlichte Schriften über Gaddafis Denken auf, als Resultat entsprechender Forschungsprojekte an den Universitäten.[108] In vielen Fällen wurde die Forschung auch finanziell von Libyen gefördert.

All dies ist von Relevanz, will man Gaddafis Drang zur Selbstverherrlichung verstehen. Als Staatschef gewährte er finanzielle und logistische Mittel für Symposien und Konferenzen, die vornehmlich dazu dienten, Muammar Gaddafis »Denken« zu glorifizieren. Das *Grüne Buch* war das Symbol für sein übersteigertes Ego, seinen narzisstischen Anspruch, als Einziger die höchste Wahrheit zu verkörpern. Es passt ins Bild, dass die jungen Menschen in Libyen gleich zu Beginn der Revolution die öffentlich zur Schau gestellten Abbildungen des Grünen Buchs, wahre Monumentalstatuen, umstürzten und in Stücke schlugen.

---

[106] Ebenda, S. 35 f.
[107] Sicker, a.a.O., S. 120.
[108] Siehe Lohmann, Heiner, a.a.O., und Ayoub, a.a.O.

GADDAFI: DENKER, DICHTER, LITERARISCHES GENIE

Diente das *Grüne Buch* als Sinnbild für Gaddafis Anspruch auf weltweiten Ruhm als origineller politischer Denker, dessen sozialpolitisches Konzept sämtliche Probleme der Welt lösen würde, so präsentierten andere Werke seine mehr literarisch-philosophischen Überlegungen zu existenziellen Fragen über – wie es im Deutschen so schön heißt – »Gott und die Welt«.

Obwohl diese Werke in andere Sprachen übersetzt und als opulent gestaltete gebundene Bücher verteilt wurden, haben sie (bis jetzt) weder die Literaten überwältigt noch eine Kulturrevolution in anderen Intellektuellenkreisen ausgelöst. Eine Schrift mit dem Titel *Flucht in die Hölle und andere Geschichten*, die 1998 in englischer Übersetzung erschien, enthält Gaddafis Erzählungen und Aufsätze. Mit einem Vorwort des angesehenen politischen Intellektuellen Pierre Salinger ist das Buch eine Sammlung von Gaddafis Erzählungen, die dessen Ideen vorstellen und erläutern, wie er sie im *Grünen Buch* in trockener, abstrakterer Form präsentiert hatte. Die Hauptthese des Buchs lautet: Alles Städtische ist schlecht und alles Ländliche (besonders in der Gesellschaft der Nomaden in der Wüste) gut. Diese extreme Gegenüberstellung ist typisch für die narzisstische Persönlichkeit, die die Realität nur in Kategorien von Schwarz und Weiß erfassen kann.

Entsprechend erfahren wir in der ersten Erzählung »Die Stadt«: Sie ist »ein Alptraum ... eine gefräßige Vielfalt«, wo »man sich der Gier, der Plackerei hingibt und von Bedürfnissen besessen ist ... die Beschäftigung macht es unabdingbar, in einer Stadt zu leben.« Diese Stadt wird zum »Friedhof gesellschaftlicher Verbindungen und Beziehungen.« Die Anonymität der Stadt ist erschreckend: Niemand kennt den anderen, nicht einmal seine Nachbarn. »Das Leben in der Stadt ist nur eine wurmähnliche, biologische Existenz, bei der der Mensch bedeutungslos vor sich hin lebt und stirbt ...

ohne klare Vision oder Einsicht. Ständig, ob er lebt oder stirbt, ist er in einem Grab.«

Gaddafi betrachtete es als die größte Sünde der Stadt, ehemalige landwirtschaftliche Flächen aufgefressen und vernichtet zu haben. »Die Stadt ist gegen die Landwirtschaft, sie ist auf arabischem Boden errichtet, für ihren Bau werden Bäume entwurzelt. Sie verführt die Bauern, ihr Land zu verlassen und zu faulen Bettlern auf ihren Bürgersteigen zu werden. Gleichzeitig verschluckt sie die landwirtschaftliche Produktion und verlangt immer mehr davon, obwohl die landwirtschaftliche Produktion doch von Land und Bauern abhängt. Die Stadt ist produktionsfeindlich ...« Vor allem aber »tötet [die Stadt] menschliche und soziale Gefühle«, die Bürger zeigen kein Mitgefühl für ihre Mitmenschen.

Auf der anderen Seite ist das Land, wie im Aufsatz »Das Dorf« beschrieben, das Paradies auf Erden. Natürliches Wachstum und das Leben im Sonnenlicht werden gepriesen, wenn nicht glorifiziert. »Sie verhalten sich wie die Vögel und Blumen, sie fliegen und öffnen sich der Welt ... Die Menschen im Dorf und auf dem Lande bleiben durch gesellschaftliche Bande zusammen, verbunden in allen moralischen und materiellen Dingen.«

»O weise, gutherzige Menschen ... Menschenfreunde: Habt Mitleid mit den Kindern und führt sie nicht in die Irre, indem ihr sie in der Stadt leben lasst.« Alles ist friedlich, sauber, jeder kennt jeden, Verbrechen gibt es nicht. »Dort ist das Leben sozial und menschlich, Familie und Stämme stehen sich nahe. Stabilität und Glauben herrschen. Jeder liebt den anderen, jeder lebt auf seinem eigenen Hof, hält Vieh oder arbeitet im Dienste des Dorfes.«[109]

Unter den Kurzgeschichten in dem Band findet sich eine mit dem Titel »Der Selbstmord des Astronauten«. Sie erzählt die Ge-

[109] Qaddafi, Muammar, *Escape to Hell and Other Stories*, Stanké, New York, 1998, S. 29 ff.

schichte eines Astronauten, der nach einem Aufenthalt im Weltraum auf die Erde zurückkehrt und erfolglos wieder eine normale Arbeit sucht. Er trifft einen Bauern und bittet ihn um Arbeit auf dem Hof. Als ihn der Bauer fragt, ob er etwas davon verstehe, wie der Boden beackert wird, führt der Astronaut Fakten und Zahlen aus seiner Erfahrung als Raumfahrer an, doch der Bauer zeigt sich gelangweilt. Der Astronaut begeht schließlich Selbstmord.

Ein weiterer Beitrag mit der Überschrift »Tod« beginnt mit der Frage: »Ist Tod männlich oder weiblich?« Gaddafi, der an den heroischen Kampf seiner Vorväter denkt, antwortet, der Tod sei männlich und »immer in der Offensive«. Man kämpfe gegen den Tod, der »definitiv männlich ist, bis er sich am Ende des Lebens als weiblich erweist.« Warum ist der Tod weiblich geworden? Weil man sich »ihr« letztendlich ergeben hat.

Wie wichtig seine literarischen Errungenschaften neben dem *Grünen Buch* für Gaddafi waren, lässt sich schwer sagen. Gefragt, was sein Erbe sein sollte, antwortete er: »In den Geschichtsbüchern soll stehen, dass ich mein Volk befreit und darüber hinaus maßgeblich die Welt verändert habe. Ich habe Libyen geschaffen, ich kann es auch zerstören.« Bei anderer Gelegenheit hatte er seine Lebensleistung mit den Worten zusammengefasst: »Ich habe eine reale Utopie geschaffen.«[110]

---

[110] Blundy, a.a.O., S. 26.

Herrscher 3

HOSNI MUBARAK

Während der Massenproteste gegen sein Regime im Januar 2011 fiel Hosni Mubarak vor allem durch Abwesenheit auf. Das war nicht etwa vornehme britische Zurückhaltung, sondern ein Verhalten, das unter Psychiatern als »Totstellreflex« bekannt ist. Nach einer traumatischen Erfahrung, einem Ereignis, bei dem ihm Verletzung oder gar der Tod droht, reagiert der Betroffene mit Angst und zieht sich zurück. Handelt es sich, wie in diesem Fall, um einen politischen Führer, packt ihn angesichts einer Lage, mit der er nicht vertraut ist und die seine weitere politische Existenz bedroht, nicht nur Angst, sondern das Gefühl von Hilflosigkeit oder Panik. Bei seiner Reaktion auf dieses völlig unerwartete Ereignis, das zu verarbeiten ihm sehr viel abverlangt, erlebt der Betroffene verschiedene Stadien einer Reaktion. Aus Angst wird er zunächst zu fliehen versuchen und in Lähmung verfallen – der erwähnte »Totstellreflex«. Bei einer depressiven Reaktion wird er sich zurückziehen oder in einen Wutanfall ausbrechen, auf den ein Gefühl der Erschöpfung und Resignation folgen kann. Eine dritte mögliche Reaktion wird als hysterisch charakterisiert. Dabei geht der Betroffene auf Distanz und versucht gleichzeitig, das eigene Verhalten zu rechtfertigen. Ihn erfassen Zorn und Verwirrung, er zeigt Formen der Dissoziation.[111]

---

[111] Alfried Längle, »Persönlichkeitsstörungen und Traumagenese: Existenzanalyse traumabedingter Persönlichkeitsstörungen«, in: *Existenzanalyse 22*, 2, 4-18, 2005, S. 1 ff. Zum »Totstellreflex« in Bezug auf die Posttraumatische Belastungsstörung (PTDS), S. 6 f.

Im Fall Mubarak zeigte sich die gesamte Palette dieser klinischen Reaktionen. Zunächst versuchte er, der bedrohlichen Realität des Tahrir-Platzes zu entfliehen und sich auf seinen Sommersitz in Sharm el Sheikh zurückzuziehen. Dort blieb er, geschützt vor den Blicken der Öffentlichkeit. Erst nach fünf Tagen historisch einmaliger Demonstrationen, bei denen die Polizei Tränengas, Wasserwerfer und später scharfe Munition einsetzte – Schätzungen zufolge gab es 100 Tote und über 1000 Verletzte – brachte er die innere Stärke auf, sich an sein Volk zu wenden. Die Presse meldete, eine Erklärung des Präsidenten stehe unmittelbar bevor. Doch Mubarak ließ die Massen stundenlang warten. Erst bei einer Fernsehansprache am 29. Januar, kurz nach Mitternacht, versuchte er, sein Verhalten zu rechtfertigen. Er erklärte, er »bedauere zutiefst den Verlust unschuldiger Menschenleben bei Demonstranten und Polizeikräften«. Ungeachtet aller Beweise der weltweit im Internet zu sehenden Fernsehaufnahmen behauptete er, die Regierung habe seine »Anweisungen« befolgt, den Bürgern freie Meinungsäußerung zu gewähren: »Die Regierung hielt sich an diese Anweisungen, was an der Art und Weise deutlich wurde, wie die Polizei unsere Jugendlichen behandelte, dass sie sich nämlich bemühte, sie zu schützen ... bis die Proteste in Krawalle umschlugen.« Einen Tag zuvor waren 20 Mitglieder der Moslembruderschaft verhaftet worden, der Innenminister hatte sie beschuldigt, Chaos zu schüren.

Im weiteren Verlauf seiner Rede benannte Mubarak die Ursachen für die Unruhen. Die Forderung der Ägypter »nach Abbau der Arbeitslosigkeit, Verbesserung der Lebensbedingungen, Beseitigung der Armut und Bekämpfung der Korruption.« Dabei schien ihm gar nicht bewusst zu sein, dass die Menschen keine Reformen forderten, sondern seinen Rücktritt. Unbeirrt versprach er auch für die Zukunft »politische, wirtschaftliche und gesellschaftliche Reformen hin zu einer freien und demokratischen Gemeinschaft in

Ägypten ...«. Gleichzeitig behauptete er, hinter den Protesten stecke in Wirklichkeit »der Plan, die Stabilität zu untergraben und die Legitimität der Regierung zu erschüttern ...«. Damals waren bereits 100 Ägypter bei Auseinandersetzungen ums Leben gekommen, doch als einzig konkrete Maßnahme kündigte er die Ablösung der Regierung an.

Tage vergingen, und trotz der staatlich angeordneten Blockade von Handys und Facebook gingen die Demonstrationen weiter, die Zahl der Demonstranten schwoll unaufhörlich an. Schon vor Mubaraks erster Rede hatte sich Ex-IEAE-Chef Mohammed el-Baradei den Protesten angeschlossen.[112] Am 31. Januar waren Schätzungen zufolge eine Viertelmillion Menschen auf dem Tahrir-Platz. Das Militär gab eine erste offizielle Erklärung ab, in der es hieß: »Die Streitkräfte werden keine Gewalt gegen unser großes Volk anwenden« – damit war die freie Meinungsäußerung garantiert. Für Mubarak, formell Oberster Befehlshaber der Streitkräfte, bedeutete dies einen zweiten traumatischen Einschnitt, denn damit kündigte sich die Entscheidung des Militärs an, sich aktiv der Protestbewegung anzuschließen. Mubarak hatte zwar wenige Tage zuvor seinen Geheimdienstchef Omar Suleiman zum Vizepräsidenten ernannt, klammerte sich aber noch immer an sein Amt. Sein jahrelanges Zögern, einen Vizepräsidenten zu ernennen, war richtigerweise als Anzeichen für seine Absicht ausgelegt worden, auf Lebenszeit Präsident zu bleiben.

---

[112] Bei seiner Rückkehr nach Ägypten ein Jahr zuvor war El Baradei wie ein Held empfangen worden. Ungeachtet der Warnungen der Sicherheitsbehörden kamen Tausende zum Flughafen, um ihn zu begrüßen. Die Behörden, die einerseits bemüht waren, seine Popularität herunterzuspielen, andererseits aber die internationale Presseberichterstattung fürchteten, falls sie die Massen zurückhielten, entschlossen sich, El Baradei durch einen Seitenausgang, zu dem seine Anhänger keinen Zugang hatten, aus dem Flughafen zu geleiten. Alaa al Awany, *On the State of Egypt: What Made the Revolution Inevitable*, Vintage Books Random House, New York, April 2011, S. 135 ff.

Am 1. Februar tummelten sich eine Million Demonstranten auf dem Tahrir-Platz, als Mubarak seine zweite Ansprache hielt. Immer noch versuchte er, sich mit dem Vorwurf zu rechtfertigen, die Proteste, »die mit aufrichtigen Jugendlichen und Bürgern begannen, die von ihrem Recht auf friedliche Demonstration und Protest Gebrauch machten, ...« seien schon bald von anderen ausgenutzt worden, »die versuchten, Chaos und Gewalt zu verbreiten ...«. Er habe seinen neuen Vizepräsidenten beauftragt, Gespräche zu führen. Allerdings gäbe es »politische Kräfte, die diese Aufforderung zum Dialog ablehnen ...« Deshalb griff Mubarak, der sich jetzt »direkt an das Volk – Muslime und Christen« wandte, zur Lüge als Rechtfertigung dafür, dass er sich noch immer weigerte, der Realität ins Auge zu sehen und zurückzutreten.

»Ich habe mich niemals nach der Macht gedrängt«, behauptete er, bevor er sich in Selbstlob für seine militärischen Leistungen »in Kriegs- und Friedenszeiten« erging. »Ich bin ein Mann der Streitkräfte, es ist nicht meine Natur, das in mich gesetzte Vertrauen zu missbrauchen oder meine Verantwortung und Pflichten zu vernachlässigen.« Er bestand darauf: »Ich hatte nicht die Absicht, mich für eine neue Amtszeit als Präsident zu nominieren. Ich habe Ägypten und seinem Volk lange genug gedient.« Abschließend ließ er durchblicken, dass er *nicht* zurücktreten werde: »Ich bin jetzt absolut entschlossen, mein Werk zu vollenden«, und »Ich werde *in den verbleibenden Monaten meiner Amtszeit meine Arbeit tun.*« (Hervorhebung M. M.-W.)

Entgegen Mubaraks Versprechen, die öffentliche Ordnung zu sichern und die für das Chaos Verantwortlichen dingfest zu machen, stürmte am nächsten Tag eine Bande von Loyalisten, organisiert von Mitgliedern der regierenden National Democratic Party (NDP), bewaffnet mit Messern und Schlagstöcken, auf dem Rücken von Pferden und Kamelen auf den Tahrir-Platz. Laut *Reuters* gab es mindestens drei Tote und 1500 Verletzte. Am 2. Februar erklärte

Mubarak im US-Fernsehsender *ABC* kategorisch, es gebe nur die Wahl zwischen ihm und dem Chaos. Die Gewalt hielt an und eskalierte mit der wachsenden Zahl der Demonstranten. Bis zum 5. Februar waren nach Schätzungen der Vereinten Nationen 300 Menschen gestorben, 3000 wurden verletzt. Trotz der Versuche, der hungernden Masse einige Brocken hinzuwerfen, wie beispielsweise die Ankündigung einer 15-prozentigen Gehalts- und Rentenerhöhung, und trotz Suleimans Versprechen für Gesetzes- und Verfassungsreformen wuchs der öffentliche Druck auf Mubarak, dessen Rücktritt inzwischen auch Gewerkschaften und streikende Arbeiter forderten.

In dem ganzen Wirbel reagierte Mubarak erneut mit dem »Totstellreflex« und zog sich zurück – dieses Mal für neun Tage! Am 10. Februar, als mehr Menschen denn je zuvor in Erwartung seiner Rücktrittserklärung die Straßen und Plätze in Kairo, Alexandria und Suez füllten, erschien er im Fernsehen, erkennbar verwirrt – nur um dasselbe anzubieten wie zuvor. Voll des Eigenlobs »über 60-jährigen Dienst in Krieg und Frieden« berichtete er der jüngeren Generation seines Landes: So alt wie sie heute sei er gewesen, als er »die ägyptische militärische Ehre, Loyalität und Opferbereitschaft« kennengelernt habe, »sein Leben lang [habe er Ägyptens] Boden und Souveränität verteidigt«, er habe »in der Zeit der Besetzung, des Sieges und der Befreiung von Suez gelebt«. Er tönte: »Es waren die glücklichsten Tage meines Lebens, als ich die ägyptische Flagge über dem Sinai hisste«. Sein wiederholter Bezug zum »September« (dem Monat des Ablauf seines Mandats) und dem wiederholten Vorstoß, den Übergang vorzubereiten, machte deutlich, dass er nicht bereit war zu weichen.

Aus psychologischer Sicht sind drei Aussagen in dieser Rede, die seine letzte sein sollte, von besonderem Interesse. Erstens sein Beharren: »In diesem Moment geht es nicht um mich selbst, nicht um Hosni Mubarak, sondern um Ägypten, seine Gegenwart und die Zukunft seiner Kinder.« Es war der Versuch, sich aus dem Konflikt herauszuwinden und die eigene Rolle in der Krise zu verleugnen. Nach Lesart der Psychiatrie ist dies ein Symptom der Hysterie, wobei der Betreffende sich innerlich aus der Verantwortung zu stehlen versucht. Zweitens: »Ich habe nie nach Macht oder falscher Beliebtheit gestrebt. Ich vertraue darauf, dass die große Mehrheit weiß, wer Hosni Mubarak ist.« Ein Psychiater würde diese Aussage als weiteres Anzeichen eines Realitätsverlusts deuten. Denn immerhin war gerade eine Million Menschen auf den Beinen, um deutlich zu machen, dass sie genug von ihm hatten. Die nun folgende Aussage war ein Zugeständnis, dass die Menschen ihn vielleicht wirklich nicht mehr so gern hatten: »Es schmerzt mich zu sehen, wie mich einige meiner Landsleute heute behandeln.« Eine klinische Analyse sähe hierin die klägliche und doch zutreffende Erklärung eines Mannes, der leidet, weil er endlich begriffen hat, dass man ihn *nicht* liebt.

Als dann auf dem Tahrir-Platz Schuhe gegen das auf eine Großleinwand projizierte Bild des Präsidenten flogen, muss es Mubarak gedämmert haben, dass es Zeit war, sich von seinem Volk zu verabschieden. Bemerkenswerterweise war es Vizepräsident Suleiman und nicht der Präsident selbst, der dessen Rücktritt bekanntgab. Mubaraks Ego war von den Ereignissen dermaßen erschüttert, dass er nicht mit der Erklärung vor die Fernsehkameras treten konnte, er trete zurück, d.h. er nähme die Wirklichkeit endlich zur Kenntnis. Anscheinend hatte er das in vielen Berichten beschriebene Endstadium des »Totstellreflexes« erreicht: Erschöpfung, Resignation und Apathie.[113]

Was gab den Ausschlag für Mubaraks Rücktritt? Wie er selbst in seinen Reden andeutete, war es der internationale Druck. In seiner letzten Rede schwor er, er habe nie und werde nie »dem

---

[113] Längle, a.a.O., S. 6.

ausländischen Diktat, von welcher Seite und in welchem Zusammenhang auch immer, [nach(ge)geben].« Es ist jedoch gut dokumentiert, dass sich Sami Hafiz Annan, der Generalstabschef der Armee, zu Beratungen in den USA aufhielt, als die Proteste begannen, und dass Verteidigungsminister Hussein Tantawi ihm bald dorthin folgte. Im Verlauf der Revolution entsandte die US-Regierung einen Vertreter nach Kairo, der Mubarak ein Einlenken nahelegte. Präsident Barack Obama telefonierte persönlich mit Mubarak, Außenministerin Hillary Clinton und Vizepräsident Joe Biden setzten sich mit ihren ägyptischen Amtskollegen in Verbindung. Während der gesamten Zeit waren amerikanische Offiziere aller Dienstgrade und Truppengattungen angewiesen, alte Kontakte zu ägyptischen Militärs, die in den USA ausgebildet worden waren oder dort studiert hatten, wieder aufzunehmen. Angesichts nicht nur der politischen, sondern auch finanziellen Unterstützung, die Washington Ägypten jahrzehntelang gewährt hatte, ist nachvollziehbar, dass Druck von dieser Seite Wirkung zeigte.

Am 1. Februar 2011 hatte sich Tantawi auf den Tahrir-Platz begeben, wo er mit Demonstranten sprach und die Unterstützung des Militärs signalisierte. Am 10. Februar – noch vor Mubaraks Rede – rief ein Generalmajor den Versammelten auf dem Platz zu, alle ihre Wünsche würden erfüllt.[114]

---

[114] Nordhausen, Frank, »Ägypten: die Sieger des Tahrir-Platzes«, in Frank Nordhausen, Thomas Schmid (Hrsg.), *Die Arabische Revolution: Demokratischer Aufbruch von Tunesien bis zum Golf,* Ch. Links Verlag, Berlin, Oktober 2011, S. 47, 55 ff. Zu den politischen Informationen nach Mubarak und Mursi, siehe Albrecht, Holger und Thomas Demmelhuber (Hrsg.), *Revolution und Regimewandel in Ägypten,* Nomos Verlagsgesellschaft, Baden-Baden, 2013.

NARZISSTEN UND PHARAONEN

Mubaraks Verhalten während der Revolution als »Totstellreflex« und krankhafte Realitätsverweigerung zu charakterisieren, ist korrekt, liefert aber noch keine vollständige Diagnose seines psychischen Problems. Gleichzeitig legte er nämlich mannigfaltige Anzeichen einer *narzisstischen Persönlichkeitsstörung* an den Tag.

In gewisser Weise ist es berechtigt zu sagen, Mubarak habe den Narzissmus »geerbt«, und zwar nicht von seinen Eltern, sondern von den beiden Vorgängern Abdul Nasser und Anwar Sadat. Anders als Gaddafi hat Mubarak nämlich nicht selbst eine Diktatur aufgebaut, vielmehr sind die Historiker sich darin einig, dass er die von Nasser errichtete Staatsform und deren führende Institutionen übernommen hat.[115] Die Institutionen wurden unter Sadat zwar leicht verändert, doch die grundlegende Struktur blieb erhalten. Nach Sadats gewaltsamem Tod im Jahr 1981 wurden sie vom damaligen Vizepräsidenten Mubarak als Teil des politischen Erbes fortgeführt. Nasser und Sadat hatten – jeweils um sich selbst als obersten Führer – einen Personenkult aufgebaut, und allem Anschein nach ist Mubarak, der das Amt des Präsidenten übernahm, in die Rolle des narzisstischen Führers hineingewachsen. Psychologen und Psychiater werden allerdings darauf verweisen, dass die entsprechende Persönlichkeitsstruktur bei ihm bereits angelegt gewesen sein musste, damit er diese Rolle ausfüllen konnte.

Dieses Phänomen hat in der ägyptischen Kultur eine lange Geschichte, die bis in die Antike zurückreicht, als die Person des Pharao die staatliche Macht symbolisierte. Gegenüber Mohamed Heikal soll Sadat gesagt haben: »Gamal [Nasser] und ich sind die beiden letzten großen Pharaonen Ägyptens«, doch wie Heikal

---

[115] Siehe beispielsweise Charles Tripp und Roger Owen (Hg.) *Egypt under Mubarak*, Routledge, London and New York, 1989.

weiter berichtet, »gab er gegenüber US-Präsident Jimmy Carter eine andere Darstellung derselben Theorie ab: Es sei nicht richtig, ihn nur als Nachfolger Nassers zu betrachten – sein wahrer Vorläufer sei Ramses II.«[116] Die Ägypter haben Mubarak schon vor geraumer Zeit diesen Spitznamen gegeben; ein 2009 erschienenes Buch mit dem Titel *The Last Pharaoh: Mubarak and the Uncertain Future of Egypt in the Volatile Mid East* liefert nützliches Material, das diese Behauptung stützt. Wie der Autor Aladdin Elaasar berichtet, waren alle drei ägyptischen Staatschefs des 20. Jahrhunderts besondere Anhänger des Pharao Ramses II, und das aus gutem Grund: Der Legende nach wurde Ramses nämlich 99 Jahre alt und war 66 Jahre lang der Herrscher Ägyptens! Er ließ eine große Zahl gewaltiger Gebäude, Statuen und Tempel errichten, darunter Abu Simbel und die Tempelanlage Ramesseum. 2006 ließ Mubarak eine riesige Ramses-Statue aus dem Stadtzentrum von Kairo ins Museum verlagern.[117]

In dem von Nasser aufgebauten Regime war das Militär mit dem Staat eng verknüpft, Offiziere bekleideten Regierungsämter, dienten als Diplomaten und wirkten im Geheimdienst, in Sicherheitsorganisationen und in der von Nasser verstaatlichten Presse. Die zuvor bestehenden politischen Parteien wurden aufgelöst, Nassers Arabische Sozialistische Union (später von Sadat in Nationaldemokratische Partei, NDP, umbenannt) baute eine Ein-Parteien-Herrschaft auf. Als sich mehrere Hundert Richter weigerten, der Partei beizutreten, wurden sie von Nasser entlassen – was später als das Massaker an den Richtern bekannt wurde.[118] Nassers Diktatur, die Mubarak erbte, ist als »Dreifach-Bedrohung« be-

---

[116] Heikal, Mohamed, *Autumn of Fury: The Assassination of Sadat*, André Deutsch Limited, London, 1983, S. 74

[117] Elaasar, Aladdin, *The Last Pharaoh: Mubarak and the Uncertain Future of Egypt in the Volatile Mid East*, Beacon Press, Montana, 2009, S. 48, 51.

[118] Ebenda, S. 22 f.

zeichnet worden, eine Diktatur also, die drei Elemente vereinigte: die personalistische (in der die Macht sich in einer Person konzentriert), die Militär- und die Ein-Parteien-Diktatur.[119]

Das Militär behielt seine führende Rolle in gesellschaftlichen Institutionen und in der Wirtschaft, doch da es sich noch immer um eine Wehrpflichtigen-Armee handelte, konnte man sich nicht darauf verlassen, dass die Soldaten im Interesse des Regimes und seines Führers und nicht im Interesse der Menschen agieren würden. Dies sollte sich bei der Revolution von 2011 als Mubaraks Achillesferse erweisen.

Doch sein interner Sicherheits- und Geheimdienstapparat, der zu Recht gefürchtete Muchabarat, unterstand ihm direkt, und er setzte ihn gnadenlos gegen jeden vermeintlichen oder realen Feind ein. Der Muchabarat, der am 15. Mai 2011 aufgelöst wurde, war berüchtigt für seine Foltermethoden. Wie unter den Notstandsgesetzen zulässig, wurden Bürger unter nichtigem Vorwand verhaftet und gewaltsamen Verhören unterworfen, nur unterbrochen von Folterungen. Ich erinnere mich gut an meinen inzwischen verstorbenen Freund Adel Hussein, den Herausgeber der oppositionellen Zeitung *Al Shaab*, der in einem ägyptischen Gefängnis gefoltert worden war. Als er zu einem Besuch in die USA kam und wir zusammen bei Freunden zum Essen eingeladen waren, zeigten sich die Nachwirkungen seiner traumatischen Erfahrungen. Die Freunde besaßen einen Hund, und obwohl dieser, ein Welpe, freundlich mit dem Schwanz wedelte, reagierte Adel wie auf eine tödliche Bedrohung. Es stellte sich heraus, dass Hunde eingesetzt worden waren, als er gefoltert wurde. Die weit verbreiteten Folterungen unter Mubarak sind von Menschenrechtsgruppen dokumentiert

---

[119] Ezrow, Natasha M. und Erica Frantz, *Dictators and Dictatorships: Understanding Authoritarian Regimes and their Leaders*, The Continuum International Publishing Group, New York, 2011, S. 20 ff, 270 ff.

und im Land von mutigen Journalisten wie Alaa Al Aswany an die Öffentlichkeit gebracht worden.[120]

Mit seiner NDP behielt Mubarak die von Nasser begründete Tradition der Ein-Parteien-Herrschaft bei. Zwar waren formell auch andere »Oppositions«-Parteien zugelassen, doch die Wahlgesetze waren derart strikt, dass keine von ihnen, nicht einmal eine Koalition mehrerer Parteien, das Machtmonopol der NDP gefährden konnte. Präsidentschaftswahlen gab es erst seit 2005 – allerdings hatte sich Mubarak als einzigen Kandidaten selbst nominiert und die Bevölkerung aufgerufen, ihn alle sechs Jahre in einem Referendum zu »wählen«. Die Wahlergebnisse lagen stets bei weit über 90 Prozent.

Nachdem Mubarak die Institutionen aus der Nasser-Ära unter seiner Präsidentschaft konsolidiert hatte, riss er nach und nach auch die äußeren Insignien der Macht eines absoluten Herrschers an sich. Er sorgte dafür, dass er und sein Bild in der Öffentlichkeit nicht von negativer Presseberichterstattung in den Schmutz gezogen wurden: Er persönlich berief die Chefredakteure der führenden ägyptischen Tageszeitungen und stellte Druck und Handel unter strenge staatliche Kontrolle.[121] Durch Klauseln im Strafgesetzbuch und im Presserecht war es untersagt, »die Würde des Staatsoberhaupts zu untergraben«; dieses Verbot wurde strikt umgesetzt. Sadin Eddin Ibrahim vom Ibn Khaldun Center for Development Studies wurde wegen Verleumdung angeklagt und zu sieben Jahren Gefängnis verurteilt, nachdem er über den Trend zur ererbten Präsidentschaft in der arabischen Welt geschrieben hatte.[122] Ein weiteres berühmtes Beispiel ist das von Ibrahim Eissa, dessen Verbrechen darin bestand, von Gerüchten über Mubaraks schlechten

[120] Ebenda, S. 159 ff.
[121] Elaasar, a.a.O., S. 183 f.
[122] Ebenda, S. 171 f.

Gesundheitszustand – ein Tabu – geschrieben zu haben. Auch er wurde angeklagt, später jedoch begnadigt. Als Anspielungen auf die Gesundheit des Präsidenten in der internationalen Presse auftauchten, erhielten die Zeitungsherausgeber die Order zu betonen, dass er bester Gesundheit sei, und im übrigen anderslautende Berichte als Teil einer zionistischen Verschwörung zurückzuweisen. Später, als Eissa sich gegen das System selbst richtete und den Staatschef direkt attackierte, wurde seine Zeitung *al-Dustur* von einem gewissen Sayed Badawi, Besitzer von *al-Hayat TV*, aufgekauft und Eissa gefeuert.[123]

Entsprechend dem Drang des Narzissten, negative Kritik nicht nur abzuwehren, sondern die eigene Person zu verherrlichen, strebte er danach, offizielle Posten und Titel anzuhäufen, ob ehrenhalber oder real. Mubarak hat davon mehr als genug bekommen. Er war u.a. Vorsitzender der NDP, Oberkommandierender der Streitkräfte, Vorsitzender der G-15, Präsident der Arabischen Gipfelkonferenz, Vorsitzender der Organisation für Afrikanische Einheit, Generalsekretär der Bewegung der Blockfreien Staaten.[124] Bei der Sammlung von Ehrentiteln stellte Suzanne Mubarak ihren Ehemann sogar noch weit in den Schatten. Ihre Ämter bezogen sich allesamt auf ihr angeblich humanitäres Engagement in Sozialprogrammen; die Liste ist beeindruckend. »Sie war Schirmherrin der Kinder-Fernsehserie *Alam Simsin*, der ägyptischen Version der Sesamstraße ... Ehrenpräsidentin der Rotary Clubs in Ägypten ... und Gründerin und Vorsitzende der Ägyptischen Gesellschaft für Kindheit und Entwicklung, Initiatorin und Gründerin des Ägyptischen Kinder-Literaturzentrums für Dokumentation und Information, Gründerin des Nationalen Geschichtsmuseums für Kinder, Präsidentin des Beirats zum Nationalrat für Kindheit und Mutter-

---

[123] Al Aswany, a.a.O., S. 58, 59, 190 f.
[124] Elaasar, a.a.O., S. 304.

schaft, Präsidentin des Ägyptischen Nationalen Frauenkomitees, Präsidentin der Ersten und Zweiten Nationalen Frauenkonferenz, Initiatorin des Universal Law on Children, Präsidentin der Ägyptischen Sektion des Internationalen Kuratoriums für das Jugendbuch (International Board of Books for Young People), Präsidentin des Ägyptischen Roten Halbmonds und der Nationalen Kampagne für Sichere Bluttransfusion, Vizepräsidentin von COMEST, und Präsidentin des Nationalen Frauenrats, um nur einige zu nennen.« In Wirklichkeit dienten viele dieser Ehrentitel als Tarnung für gewinnträchtige Aktivitäten, die dazu beitrugen, das ansehnliche Finanzvermögen Mubaraks und seines Clans zu vermehren. Schätzungen zufolge brachten solche wohltätigen Aktivitäten Frau Mubarak jährlich fünf Milliarden Dollar ein.[125]

Nach seinem Sturz ließen die Behörden die Gedenktafeln und Bilder des Präsidentenpaars in öffentlichen Gebäuden und auf Plätzen entfernen. Wie am 22. April auf der Website des Ägyptischen Staatlichen Informationsdiensts (ISI) vermerkt, hat ein Kairoer Gericht am selben Tag ein Urteil verkündet, wonach dessen Namen »von allen öffentlichen Einrichtungen, Plätzen, Straßen und Bibliotheken zu entfernen sind«.

Wie viel Vermögen Hosni Mubarak, seine Frau Suzanne oder ihre Söhne Alaa und Gamal wirklich besaßen, ist noch unklar, zumindest solange, bis die Behörden ihre eingehenden Untersuchungen zum Abschluss bringen können. In Presseberichten werden zuverlässige Quellen zitiert, die das Vermögen des Mubarak-Clans schätzen. *ABS News* berechnete am 2. Februar, als Mubarak formell noch im Amt war, das Vermögen seiner Familie auf zwischen 40 und 70 Milliarden Dollar. Ein großer Teil davon stammte aus Partnerschaften mit ausländischen Unternehmen, bei denen der ägyptischen Seite eine Beteiligung von 51 Prozent garantiert

---

[125] Ebenda, S. 171 f.

wurde. Dazu kommen die Gelder, die aus ausländischen Hilfsprogrammen, Darlehen usw. abgezweigt wurden – darunter möglicherweise auch die 1,5 Milliarden Dollar jährlich, die Ägypten als »Hilfe« von den USA erhält. Die Mubaraks sollen auch Immobilien in New York, Los Angeles, London und am Roten Meer besitzen.[126] Der Staatliche Ägyptische Informationsdienst berichtete über Untersuchungen, die den Reichtum der früheren Präsidentenfamilie bestätigten. Wie der neue Justizminister Abdel Aziz el-Gendy der staatlichen Zeitung *Al Ahram* berichtete, besaßen sie in Ägypten und im Ausland Chalets, Villen, Paläste und Wohnungen und unterhielten zahlreiche Bankkonten.[127] Bis Juli 2012 wurden 700 Millionen Franken eingefroren.[128] Das Ehepaar Mubarak besaß Immobilien im Wert von 25 Milliarden Dollar.[129]

Die Ankündigung amerikanischer und europäischer Behörden, die Auslandskonten der Familie Mubarak einzufrieren und zu beschlagnahmen, wurde in Kairo begrüßt, dennoch bestanden die revolutionären Kräfte darauf, die Führer des ehemaligen Regimes vor Gericht zu stellen. Am 10. April »beantragte« der Staatsanwalt, dass Mubarak und seine beiden Söhne vor Gericht erscheinen sollten, wo sie über die Verantwortung für den Tod von Zivilisten (deren Zahl damals mit 846 angegeben wurde) und über illegale Finanzaktivitäten verhört werden sollten. Doch Mubarak stritt

---

[126] ABC News, 2. Februar 2011, guardian.co.uk, 4. Februar 2011.

[127] »Investigations confirm Mubarak, family possess immense fortune inside & outside Egypt«, State Information Service, 30. April 2011, http://www.sis.gov.eg/En/Templates/Articles/tmpArticles.aspx?ArtID=55156#.U yBxEaWx6po.

[128] »Bundesanwalt verteidigt Hilfsgesuch«, 20min, 1. Februar 2014, http://www.20min.ch/schweiz/news/story/Bundesanwalt-verteidigt-Hilfsgesuch-17565488

[129] Bel Jelloun, Tahar, *Arabischer Frühling: Vom Wiedererlangen der arabischen Würde*, Berlin Verlag, Berlin 2011, S. 59.

alles ab. In einer Rundfunk-Mitteilung, die für die Ausstrahlung am selben Tag vorbereitet worden war, erklärte Mubarak, er »sei verletzt« über die gegen ihn gerichtete »ungerechte Kampagne«. Er werde sich gegen »Lügen, Verdrehungen und Aufhetzung« zur Wehr setzen. Er versprach volle Kooperation mit der Regierung und den Justizbehörden, um »jede Regierung der Welt zu bitten, die Auslandsguthaben offenzulegen, die ich seit meinem Amtsantritt unterhalte«. Denn: »Ich will, dass die Ägypter wissen, dass ich nur Guthaben auf einer Bank in diesem Land besitze«. Psychiater werden bestätigen, dass dieses Verhalten typisch ist für Menschen mit einer Persönlichkeitsstörung, die bei einem Verbrechen ertappt werden. Sie versuchen, sich auch weiterhin als Unschuldiger darzustellen, um sich selbst innerlich zu stabilisieren. Nach seiner Absetzung erlebte Mubarak einen innerlichen Zusammenbruch, der sich auch in einer körperlichen Erkrankung äußerte, zu deren Behandlung er in ein Krankenhaus in Sharm el Sheikh einliefert wurde.

Zur juristischen Seite: Mitte Mai 2011 wurde gegen Mubarak Anklage wegen Unterschlagung staatlicher Gelder und illegaler persönlicher Bereicherung erhoben. Zehn Tage später folgten Anklagen gegen ihn und seine Söhne. Diesmal lautete der Vorwurf, die Ermordung von Demonstranten befohlen zu haben. Am 1. Juni war Mubarak gesundheitlich so schwer angeschlagen, dass die Ärzte erklärten, er könne das Krankenhaus nicht verlassen. Angeblich hatte er einen Herzinfarkt erlitten, laut Aussage seines Rechtsanwalts Fard el-Deeb litt er auch an Krebs. Trotzdem wurde der Ex-Präsident am 3. August 2011 in Kairo vor Gericht gestellt. Für ihn muss es die schlimmste Erniedrigung gewesen sein, als er auf einer Trage in den Gerichtssaal gerollt und dort zusammen mit seinen Söhnen Gamal und Alaa in einen Käfig verbracht wurde. Die dramatischen Bilder, die live im ägyptischen Staatsfernsehen übertragen wurden, bedeuteten für Millionen ägyptische Zuschauer eine echte Befreiung, besonders für die, die bei der Revolution Angehörige verloren hatten. Zwar zeigten sich viele zufrieden darüber, dass der Diktator endlich seiner gerechten Strafe zugeführt wurde, sie bezweifelten aber seine angebliche Erkrankung. Einer stichelte: »So krank kann er nicht sein, er färbt sich ja immer noch die Haare.«

Die Anklagepunkte gegen Mubarak wogen schwer, bei einer Verurteilung drohte ihm die Todesstrafe. Angeklagt war er des Machtmissbrauchs, der Bereicherung, der Manipulierung des Erdgas-Preises für Israel und – der schwerwiegendste Vorwurf – des Komplotts zum vorsätzlichen und versuchten Mord an Demonstranten in den 18 Tagen des Aufstands. Der gleiche Vorwurf wurde gegen den ehemaligen Innenminister Habib el-Adly und sechs Mitarbeiter erhoben. Das Gericht beschuldigte Mubaraks Söhne der illegalen Bereicherung und des Machtmissbrauchs, sie hätten fünf Villen im Wert von über fünf Millionen Dollar angenommen.

Wie zu erwarten, wies Mubarak die Vorwürfe von sich. »Ich bestreite sämtliche Anschuldigungen«, erklärte er vor Gericht. Feldmarschall Mohamed Hussein Tantawi, Chef des Militärrats, der nach Mubaraks Sturz dessen Amtsgeschäfte übernahm, sagte im September 2011 in nicht-öffentlicher Sitzung als Zeuge aus. Befragt nach Mubaraks Rolle bei der rücksichtslosen Unterdrückung der Demonstranten behauptete er, er habe an den Sitzungen, bei denen über solche Dinge entschieden wurde, nicht teilgenommen. Angesichts seiner Zeugenaussage waren Zweifel berechtigt, ob das Militär wirklich ernsthaft beabsichtigte, im Fall Mubarak dem Recht Genüge zu tun und die Macht an eine zivile Regierung zu übergeben.

Angeblich hat auch Suzanne Mubarak einen Herzinfarkt erlitten. Zunächst wegen des Vorwurfs illegalen Erwerbs von Vermögen inhaftiert und angeklagt, wurde sie am 17. Mai 2011 aus der Haft entlassen, nachdem sie zugunsten des Staates auf ihr Vermögen –

eine Villa und mehrere Bankkonten mit ca. vier Millionen Dollar – verzichtet hatte. Deshalb wurde sie vorübergehend auf freien Fuß gesetzt. Im Juni sah sie sich neuerlichen Korruptionsvorwürfen ausgesetzt, sie wurde der Unterschlagung öffentlicher Gelder, der Übertragung staatlicher Aufträge an Familienmitglieder und des Missbrauchs öffentlicher Ämter beschuldigt.

Am 2. Juni 2012 erklärte das Gericht Mubarak und el-Adly für schuldig, die Sicherheitskräfte nicht daran gehindert zu haben, tödliche Waffen gegen Demonstranten einzusetzen. Beide wurden zu einer lebenslangen Haftstrafe verurteilt. Nach einer »gesundheitlichen Krise« wurde Mubarak stattdessen in das Militärkrankenhaus eingewiesen. [130] Am 13. Januar 2013 hob ein Berufungsgericht das Urteil auf, da die Staatsanwaltschaft keine genauen Angaben gemacht habe und nicht habe beweisen können, dass die Demonstranten von der Polizei getötet wurden. Ein neuer Prozess begann am 13. April, wurde aber, da sich der Richter für befangen erklärte, um einen Monat verschoben. Das Verfahren wurde wieder aufgenommen und mit Unterbrechungen 2013 bis Anfang 2014 fortgeführt. Im Februar 2014 begann ein weiterer Prozess gegen Mubarak und seine Söhne wegen Korruption und Untreue. [131] Im Mai 2014 wurde Mubarak zu drei Jahren, seine Söhne zu jeweils vier Jahren Haft verurteilt.

---

[130] »Mubarak sentenced to jail for life over protest deaths«, BBC News, 2 June 2012, http://www.bbc.com/news/world-middle-east-18306126.
[131] »Mubarak trial resumes«, 8. Februar 2014, http://www.dailynewsegypt.com/2014/02/08/mubarak-trial-resumes/.

KINDHEITSTRAUMA

Obwohl bei Hosni Mubarak keine so schweren Kindheitstraumata nachgewiesen sind wie bei Gaddafi, litt er doch unter einem
erheblichen Minderwertigkeitskomplex, und seine Familie war sehr
arm.
Über den Beruf seines Vaters, der Mubarak sehr peinlich war,
hat er nie gesprochen. Der Vater arbeitete als Portier und verdiente
nicht einmal fünf ägyptische Pfund im Monat. Vater Mubarak, der
seine Frustration an seinem Sohn ausließ, war sehr streng mit ihm
und schlug ihn oft, manchmal ohne jeden Anlass. Als der Sohn
sechs Jahre alt war, ließ er ihn auf den Feldern arbeiten und steckte
das Geld, das Hosni dabei verdiente, in die eigene Tasche. Der
spätere Präsident schämte sich dermaßen für seine ärmliche Kindheit, dass er den Kontakt mit seiner großen Familie in Kafr-al-
Meselha im Nildelta, wo er zur Welt gekommen war, mied. Entgegen der Tradition besuchte er die Mitglieder seiner Großfamilie
nicht und kehrte nur ein einziges Mal, nämlich 2005, in seine Hei-
matstadt zurück. Damals sondierte er Möglichkeiten für ein Referendum, um seine Amtszeit noch weiter verlängern zu können.
Nach seinem Sturz beklagten sich Mitglieder seiner Großfamilie im
ägyptischen Fernsehen darüber, dass Hosni nie zurückgekommen
sei, weder zu Hochzeiten noch zu Beerdigungen. Nicht einmal das
Grab seines Vaters habe er besucht – was Fragen darüber aufwirft,
wie er dessen Tod psychisch verarbeitet hat.
Nun der Grundschule in Kfar Msaylhi brachte ihm seine Neigung,
Lügengeschichten aufzutischen, den Spitznamen »Lügner« ein,
Klassenkameraden nannten ihn auch »Dieb«. In der Oberschule
war er als »Hosni Al Khabbassa«, als Unruhestifter bekannt, der
durch seine notorische Lügerei Konflikte und Missverständnisse
unter seinen Freunden provozierte. Alle diese Wesenszüge kenn-
zeichnen den Prototyp des jungen Narzissten. Kein Wunder, dass

Mubarak all diese Informationen über seine Kindheit zurückhielt und der von den ägyptischen Behörden verfasste Lebenslauf nie veröffentlicht wurde.

Seine Frau Suzanne, die aus einer höher gestellten gesellschaftlichen Schicht stammt als er, soll angeblich jegliche Besuche bei der Familie verboten haben. Aus der hinterwäldlerischen Verwandtschaft ihres Mannes hatte sie niemanden zur Hochzeit ihres Sohnes Alaa eingeladen. Suzanne Sabet ist die Tochter eines ägyptischen Arztes und einer Krankenschwester aus Wales. Sie besuchte die besten Schulen im Kairoer Stadtteil Heliopolis, wo sie fließend Englisch lernte. Nach der Hochzeit mit Hosni setzte sie ihr Studium fort und erwarb einen Abschluss, bevor sie als First Lady die Bühne betrat. Von Jihan Sadat, ihrer Vorgängerin, wurde sie in die Verhaltensregeln einer First Lady eingeweiht. Suzanne soll eine äußerst gelehrige Schülerin gewesen sein.

In Gegenwart von gesellschaftlich Höhergestellten, ob Aristokraten oder Akademikern, fühlte sich Hosni Mubarak stets unwohl. Seine Herkunft aus einer armen Familie versuchte er durch eine Karriere beim Militär wettzumachen. Das gelang ihm auch, und er nutzte seine militärischen Referenzen, die ihm die Türen zur politischen Macht öffneten. Aber selbst in dieser Phase seiner Karriere galt sein Charakter als fragwürdig. Bei der Luftwaffe hing ihm der Ruf des Emporkömmlings an. Schwerer wog der Vorwurf des Verrätertums, weil er seine Kameraden bespitzelte und bei seinen Vorgesetzten Meldung über deren Verhalten erstattete. Berichten zufolge wurde er beschuldigt, in seiner Zeit als Offizier Bestechungsgelder angenommen zu haben, eindeutige Beweise dafür gibt es jedoch nicht.

WIE EIN NARZISST GEMACHT WIRD

Mubarak hat die Institution einer Diktatur geerbt und, anstatt diese abzuschaffen, auf seine eigene Art fortgeführt. Und das in einem schrittweisen Prozess, bei dem er auch einen Kult um seine eigene Person entwickelte, der dem eines Sadat, Nasser oder Ramses II in nichts nachstand. Gleich in mehreren Berichten wird sein Führungsstil, zumindest in den ersten zehn Jahren im Amt, als »zurückhaltend« und »geschäftsmäßig«[132] beschrieben. Tatsächlich vermied er die große Presse-Fanfare, die Sadat und seine Frau so sehr geliebt hatten, und gab sogar die Order, weder Nachrichten über seine Frau und seine Söhne zu verbreiten noch deren Fotos zu veröffentlichen.[133] Manche deuteten dies als Hinweis darauf, dass Mubarak der Ansicht gewesen sei, die ständige Pressepräsenz von Sadats Ehefrau habe zum allgemeinen Unmut über die Regierungsführung ihres Ehemanns beigetragen.[134]

Das änderte sich grundlegend, spätestens nach 1990. Ab dieser Zeit erwies sich Mubarak als zunehmend egozentrisch, er bestand auf einer Ein-Mann-, Ein-Parteien-Herrschaft. Jetzt begann er, seine persönliche Sicherheit über alle sonstigen Überlegungen zu stellen, und diese als zentrale Verantwortlichkeit der Armee und Republikanischen Garde zu definieren. Also mussten beispielsweise normale Bürger ihre Fahrten durch die Stadt umplanen, wenn ihr Weg die Fahrstrecke des Präsidenten gekreuzt hätte. Musste Mubarak seinen an der Straße zum Flughaften gelegenen Wohn-

---

[132] Tripp and Owen, a.a.O., es war 1989.

[133] Muaddi Darraj, Susan, *Hosni Mubarak*, Chelsea House, N.Y., 2007, S. 560.

[134] Amin, Gala, *Egypt in the Era of Hosni Mubarak: 1981-2011*, The American University in Cairo Press, Kairo, New York, 2011, S. 113 f. Amin beschreibt im einzelnen die Mittel, mit denen das Mubarak-Regime die Presse unter Kontrolle hielt: unter anderem dadurch, dass Chefredakteure eingestellt und gefeuert wurden.

sitz verlassen, um ins Stadtzentrum zu fahren, so wurde kurzerhand der gesamte Verkehr in Kairo im Umkreis von 20 Kilometern blockiert, damit für die schier endlose Autokolonne des Präsidenten freie Fahrt garantiert war. Machte sich diese Kolonne beispielsweise auf den Weg zum Flughafen, wurden zwei bis drei Stunden vorher sämtliche betroffenen Straßen in Kairo abgesperrt. Wenn dann eine Frau, die mit Wehen in einem Taxi saß, oder wenn ein Mann, der einen Herzinfarkt erlitten hatte, wegen der Straßensperren nicht rechtzeitig das Krankenhaus erreichten, so war dies bedauerlich, aber letztlich unerheblich. Die Praxis, den Autoverkehr in Kairo für die Durchfahrt des Präsidenten lahmzulegen – offiziell als Vorsichtsmaßnahme gegen Anschläge von Terroristen gerechtfertigt –, war schon längst gängige Praxis, als 1995 bei einer Auslandsreise ein Mordversuch gegen Mubarak unternommen wurde.

Auch die First Lady genoss auf Schritt und Tritt ähnlich strikte Sicherheitsmaßnahmen. Ich erinnere mich, dass ich bei einem Besuch in Kairo einen Spaziergang in der Altstadt unternehmen wollte, jedoch von bewaffneten Garden gestoppt und etwa eine Stunde lang aufgehalten wurde. Alle hundert Meter standen Soldaten, Scharfschützen waren auf sämtlichen Dächern postiert, als werde ein Zusammenstoß mit islamistischen Terroristen befürchtet. Wie sich aber herausstellte, war Mubaraks Frau, im Volk bekannt als Mamma Suzanna, auf dem Weg zu einem Empfang ihres Frauenverbands.

Mubaraks neuer Führungsstil zeichnete sich durch extreme Arroganz aus, besonders im Umgang mit den Menschen, die er doch eigentlich repräsentieren und schützen sollte: den normalen Bürgern. Dieses Verhalten findet man häufig bei narzisstischen Persönlichkeiten. Bei öffentlichen Reden wirkte er äußerst distanziert. Das lag zum Teil daran, dass er vollkommen von einer geschriebenen Vorlage abhängig war. Wie sich sogar noch in seinen letzten

Reden während der Revolution zeigte, deutete nichts darauf hin, dass die Worte seine Überzeugung, geschweige denn seine Gefühle, wiedergaben. Wenn er gelegentlich ohne einen ausformulierten Text oder auch nur schriftliche Notizen reden musste, pflegte er eine derbe, um nicht zu sagen vulgäre Sprache, die seine Zuhörer schockierte. So wich er beispielsweise einmal während einer Rede zum Tag der Arbeit von seinem vorbereiteten Text ab und ließ eine Tirade gegen seine Bürger los, denen er Gier und Verschwendung vorwarf. Schnell war er bei der Hand, das Volk für die Probleme Ägyptens verantwortlich zu machen. War beispielsweise der Lebensstandard zu niedrig, so musste das ungebremste Bevölkerungswachstum daran schuld sein. Also sollten die Ägypter weniger Kinder in die Welt setzen. Das zeigt den für einen Narzissten typischen Mangel an Empathie und die Verachtung für Menschen, die er als Untergebene betrachtet.

Viele Politiker lesen ihre Reden von einem geschriebenen Text ab, der in der Regel von einem Redenschreiber für sie verfasst wird. Im Fall Mubarak ist erwiesen, dass es so war. Nach einer Rede an der Universität Kairo raffte er das Manuskript zusammen und übergab es hochmütig seinem Assistenten mit den Worten: »Das ist Ihre Rede, da haben Sie sie.«

Personen, die den ehemaligen Präsidenten persönlich kennen, bestätigen, dass er – höflich formuliert – kein profunder Denker ist. Sie beschreiben ihn als reichlich oberflächlich und betonen, er habe schon immer Schwierigkeiten mit dem Lesen gehabt. Er könne zwar lesen und schreiben, habe aber Probleme damit, beim Lesen eines Textes dessen Inhalt zu erfassen. Außerdem falle es ihm schwer, Ideen zu verstehen, was sich in seiner Unlust zu längeren Diskussionen äußere. Das wurde immer dann deutlich, wenn ihn einer seiner Berater über ein dringendes Problem informierte und eine angemessene Antwort erwartete. Als Dr. Muhamed Nasser El Din Allam, sein Minister für Bewässerung, ihm von Diskussionen bei einer Regionalkonferenz von Fachministern berichtete, bei dem das komplizierte Problem des Nils auf der Tagesordnung stand, gewährte ihm Mubarak nur zehn Minuten seiner Zeit, dankte ihm für seine Arbeit und sagte, man werde sich »in der Zukunft« mit der Frage beschäftigen.

Bei solchen Treffen sprach er gewissermaßen *ex cathedra*, erteilte in schneidendem Ton seine Befehle und gab Einschätzungen von sich, als kämen sie vom Allerhöchsten und seien deshalb die reine Wahrheit. Ein ägyptischer Intellektueller, der Mubarak bei verschiedenen Gelegenheiten begegnet war, berichtete mir, dass er zu Beginn einer Unterredung stets den erhobenem Zeigefinger drohend auf seinen jeweiligen Gesprächspartner richtete und ihm auftrug, was zu tun sei. Ohne das Charisma, das einem Nasser zu eigen war, verließ sich Mubarak allein auf die Autorität seines Amtes. In den Augen der Öffentlichkeit machte ihn das zu einer lächerlichen Figur, um nicht zu sagen zum Gespött. Sein bekanntester Spitzname war »die lachende Kuh«, angelehnt an die französischen Milchprodukte mit dem Slogan »La vache qui rit«.

Der Drang, sein – sich stets überlegen wähnendes – Selbstbild zu schützen, erklärt auch seine Politik der Ernennung von Beamten: Wer als qualifiziert, des Amtes würdig und anständig galt, wurde ignoriert; Schmeichler erhielten den Posten. Dementsprechend »überbieten sich die Minister im Lob für den Präsidenten, preisen seine Weisheit und singen das Hohelied seiner beeindruckenden historischen Entscheidungen«.[135]

Auch für seine Sturheit und Widerspenstigkeit war Mubarak berühmt. Manche politische Analysten in Ägypten schreiben seine Weigerung, die diplomatischen Beziehungen zum Iran wieder

---

[135] Al Aswany, a.a.O., S. 14, 26. Al Aswany äußert sich unmissverständlich über die bewusste Anstellung von Schmeichlern und Unqualifizierten. Der Premierminister beispielsweise sei nie zuvor politisch aktiv gewesen und ein Sozialminister habe vorher bei der Postbehörde gearbeitet.

aufzunehmen, dieser Halsstarrigkeit zu. Es war auch bekannt, dass er aus purem Starrsinn gern genau das Gegenteil von dem tat, was die Presse empfahl. So kam es dazu, dass Journalisten, die einen öffentlichen Vertreter abgesetzt sehen wollten, diesen in den höchsten Tönen priesen, weil sie genau wussten, dass Mubarak seinem Profil gemäß entgegen den Wünschen der Presse handeln würde. Hingegen taten Journalisten, die loyal zum Präsidenten standen, genau das Gegenteil, sie verurteilten jeden, den Mubarak nicht mochte. Ein berüchtigter Fall war El Baradei. Solange er im In- und Ausland dem Land viel Ehre eingebracht hatte, wurde er gepriesen. Doch »sobald die Ägypter sich zu Wort meldeten und El Baradei aufforderten, sich um das Präsidentenamt zu bewerben, wechselten ... die Schreiberlinge ins andere Extrem.«[136]

---

[136] Ebenda, S. 15 f. Al Aswany beweist ein scharfsinniges Verständnis des Selbstbildes von Führern wie Mubarak. »Wie uns die Geschichte lehrt, halten sich alle autoritären Herrscher für große Helden und leben im Zustand dauernder Selbst-Täuschung. Sie fühlen sich berechtigt, jedes Fehlverhalten, ja sogar jedes begangene Verbrechen, zu rechtfertigen. Das Phänomen ist bekannt als ... ›die Einsamkeit des Diktators‹. Der Diktator lebt in völliger Isolation vom Leben seiner Landsleute, er hat keine Ahnung, was wirklich in seinem Land vor sich geht. Nach einigen Jahren an der Macht scharen sich Freunde und reiche Verwandte um ihn, deren extravaganter Lebensstil sie ebenfalls vom Leben der Normalbürger trennt, sodass der Diktator jedes Gespür für die Armen verliert und absolut keinen Kontakt mehr mit dem wirklichen Leben hat. In ihren Berichten vermitteln ihm die Sicherheitsbehörden ein Bild, doch halten diese es oft in ihrem eigenen Interesse für geboten, das Bild der rauen Wirklichkeit zu schönen, um den Diktator nicht zu verärgern. Oft genug wetteifern sie darin auch noch untereinander ... Bisweilen erfinden sie angebliche Verschwörungen ... [Die Minister] sind nur daran interessiert, sich das Wohlwollen des Herrschers zu erhalten, der sie ernannt hat und sie jeden Moment auch wieder entlassen kann. Sie konfrontieren den Herrscher nie mit der Wahrheit, sondern melden ihm stets, was er hören möchte.« S. 36.

KOLLEKTIVE TRAUMATA

Waren Mubarak in der Kindheit größere Traumata erspart geblieben, so bekam er sein Teil als Erwachsener. Es waren kollektive, keine persönlichen Traumata, doch hinterließen sie in seiner narzisstischen Persönlichkeit einen unauslöschlichen Eindruck. Der erste größere Schock kam 1967 mit der schmählichen Niederlage im Sechstagekrieg gegen Israel. Die gesamte arabische Welt war wie gelähmt, ganz besonders aber Ägypten, die unbestrittene Führungsmacht der arabischen Welt unter ihrem charismatischen Führer Nasser. Nasser dachte an Rücktritt, nur die öffentliche Unterstützung hielt ihn im Amt. Im Rahmen der Umstrukturierung, die Nasser nach der Niederlage einleitete, wurde Mubarak zum Direktor der Akademie der Luftwaffe ernannt und zwei Jahre später zum Stabschef der Luftwaffe befördert.

Der Krieg von 1967 bedeutete ein Trauma vergleichbar der serbischen Niederlage von 1389. Der Oktoberkrieg von 1973 diente als kollektiver Ausgleich und wurde schon bald zum allgemeinen Mythos. Dieser Krieg, durch den Ägypten den Sinai zurückerhielt, war ein politischer Segen für Sadat und bedeutete für Mubarak den Stoff, aus dem die großen Heldenbilder gewebt sind. Fraglos hatte sich Mubarak als Kommandant der Luftwaffe sehr gut geschlagen, für diese Leistung wurde er 1974 zum Generalleutnant der Ägyptischen Luftwaffe befördert.

Aus Mubaraks Darstellung des Konflikts von 1973 erfährt man jedoch, schon der erste Luftschlag vom 6. Oktober habe über den Ausgang des Krieges entschieden. Soldaten, Artillerie, Panzereinheiten, Logistik usw. waren lediglich Requisiten auf der großen Bühne. Mubaraks Ja-Sager priesen ihn als »Meister des Luftkampfs«. Das verschaffte ihm die Legitimation, durch absurde Referenda, die alle sechs Jahre wiederholt wurden, Präsident zu bleiben. Ein Informationsminister verkündete im nationalen Fernsehen, Mubaraks heroische Leistung im Krieg von 1973 sei mehr als ausreichend, ihm das Präsidentenamt auf Lebenszeit zu sichern. Und so wurde Mubarak jedes Jahr am 25. April, dem Jahrestag der Befreiung des Sinai, plötzlich gesprächig. 2006 beispielsweise redete er von einem »unsterblichen Tag in der Geschichte Ägyptens und ruhmreichen Tag für das ägyptische Volk und die Streitkräfte«, an dem sich »das traurige Blatt der Niederlage von 1967, ein Blatt voller Bitterkeit und Leiden, durch die Wiedereroberung dieses geliebten Teils des ägyptischen Territoriums wendete, und damit auch die Würde des Landes und der Stolz seiner Bewohner zurückgewonnen wurden«. Wie bereits erwähnt, versuchte er noch im Verlauf der Revolution, die Massen durch die Erinnerung an seine Leistungen von 1973 zu beeinflussen.

Seit Mubaraks Rauswurf wird der Mythos seiner entscheidenden Heldenrolle in Zweifel gezogen. Mohamed Heikal, ein Assistent Nassers und Insider der Folgeregimes, erklärte am 19. Februar 2011 im Fernsehen, die Funktion der Luftwaffe sei 1973 weitgehend psychologischer Natur gewesen, sie habe den Bodentruppen Rückendeckung gegeben. Darüber hinaus beschuldigte die Tochter des ehemaligen Generalstabschefs Saad Eddin el-Shazly (der am 10. Februar 2011, einen Tag nach Mubaraks Rücktritt, verstarb) Mubarak öffentlich, aus Gründen der Selbst-Glorifizierung die Unwahrheit über den Krieg gesagt zu haben. Wie die ägyptische Presse berichtete, warf sie Mubarak vor, sogar Bilder und andere Dokumente manipuliert zu haben, um seine Rolle im Krieg von 1973 gegenüber der ihres Vaters aufzuwerten. Sie erwäge deshalb rechtliche Schritte.[137] Solche Lügen im Interesse der Selbstverherrlichung sind bei narzisstischen Persönlichkeiten häufig anzutreffen.

---

[137] *Almasry al Youm*, 26. Februar 2011,

Einige Jahre nach dem Krieg von 1973, der das Image Ägyptens rehabilitierte, machte sich Anwar Sadat auf den Weg zu einer Reise ohne Wiederkehr: sein historischer Besuch nach Jerusalem mit der Rede vor der Knesset, in der er zum Frieden aufrief, und dem anschließenden Camp-David-Abkommen, das am 17. Dezember 1978 in Washington mit dem israelischen Premierminister Menachem Begin in Anwesenheit von US-Präsident Jimmy Carter unterzeichnet wurde. Dieser Schritt, der zum Abschluss eines Friedensabkommens führte, brachte Ägypten den Ausschluss aus der Arabischen Liga ein, Sadat wurde auf die Abschussliste gesetzt. Seine Ermordung im Jahr 1981 war ein weiteres traumatisches Ereignis, das Mubarak aus nächster Nähe miterlebte. Unter dem Mubarak-Regime war eine offene Diskussion darüber undenkbar, doch seit seinem Rücktritt am 10. Februar 2011 tauchen in der ägyptischen Presse Berichte auf, in denen der Hypothese nachgegangen wird, Mubarak könnte an den Plänen für Sadats Ermordung beteiligt oder zumindest darin eingeweiht gewesen sein. Über einen Rechtsanwalt beantragte Sadats Tochter Rakia die Aufnahme von Ermittlungen über eine mögliche Beteiligung Mubaraks.[138] Ob das nun zutrifft oder nicht, Tatsache ist, dass er Sadats Ermordung zum Vorwand nahm, die verhassten Notstandsgesetze wieder in Kraft zu setzen, deren Abschaffung die Demonstranten auf dem Tahrir-Platz später fordern sollten.

Camp David sicherte Ägypten aber auch den ständigen Fluss finanzieller Hilfen aus den USA in Höhe von rund 1,5 bis zwei Milliarden Dollar jährlich. Mubaraks Bereitschaft, sich 1991 am britisch-

---

http://www.almasryalyoum.com/article2.aspx?ArticleID=288933&IssueID=2058, »Saad Eddin El-Shazly: A war hero revisited«, ahramonline, 6 Okt. 2011, http://english.ahram.org.eg/News/23525.aspx.
[138] »Mubarak involved in Sadat assassination?« Albawaba, 21. März 2011, http://www.albawaba.com/behind-news/mubarak-involved-sadat-assassination.

amerikanisch geführten Irakkrieg zu beteiligen, ist möglicherweise auch darauf zurückzuführen, dass ihm die USA, Europa und die Golfstaaten als Gegenleistung die Streichung einer Schuldenlast von 20 Milliarden Dollar in Aussicht stellten. Infolgedessen galt er, wie Sadat vor ihm, als Lakai US-amerikanischer Interessen. Sein Verhalten gegenüber den Palästinensern im Jahr 2000 bestätigt diese Sichtweise. Er hielt nicht nur das Embargo gegen Gaza auch nach der Wahl 2006, aus der die Hamas als Sieger hervorging, aufrecht, sondern ordnete den Bau einer unterirdischen Mauer an, mit der das Graben von Tunneln nach Gaza vereitelt werden sollte. Ende 2008 wurde er bei einem Besuch der damaligen israelischen Außenministerin Livni über Israels Pläne für einen Krieg gegen Gaza informiert. Dokumente, die später von *Wikileaks* an die Öffentlichkeit gebracht wurden, bestätigen, dass er diese nicht nur stillschweigend geduldet, sondern sogar gefordert hatte.

Dennoch hatte Mubarak den Mythos von Ägypten als treuem Verbündeten der Palästinenser bei deren Streben nach einem eigenen Staat und Frieden aufrecht erhalten. Als letzten Mythos verbreitete er, er werde Präsident auf Lebenszeit bleiben – und dieses Leben werde vielleicht niemals enden. Damals zirkulierte folgender Witz: Vor einigen Jahren wurden US-Präsident Clinton, der russische Präsident Putin und Ägyptens Präsident Mubarak von Gott einbestellt, der ihnen verkündete, die Welt werde in zwei Tagen untergehen. Clinton ging ins Fernsehen und erklärte, er habe eine gute und eine schlechte Nachricht. Die gute sei, dass Gott existiere, und die schlechte, dass die Welt in zwei Tagen untergehen werde. Putin wandte sich an seine Bürger und erklärte, er habe zwei schlechte Nachrichten für sie, zum einen existiere Gott, was bedeute, dass das gesamte Gebäude der marxistisch-leninistischen Ideologie einstürze, und zweitens werde die Welt bald untergehen. Mubarak sprach in munterem Ton zu seinem Volk, er meldete zwei positive Entwicklungen: Erstens habe er soeben ein sehr erfolgreiches Treffen mit Gott gehabt, und zweitens sei ihm zugesichert worden, dass er bis ans Ende aller Zeiten Ägyptens Führer bleiben werde.

Herrscher 4

ZINE EL-ABIDINE BEN ALI

Bisweilen erweist sich *Vox populi* – Volkes Stimme – bei der Einschätzung historischer Ereignisse als nützlicher Führer. Amor Ben Hamida, der zur Zeit der »Revolution von 2011« zu einem Besuch in Tunesien weilte und ein kurzes Buch über seine Erfahrungen verfasst hat, berichtet über die Diskussion mit einem Taxifahrer, kurz nachdem Zine El Abidine Ben Ali seine letzte Rede gehalten und fluchtartig das Land verlassen hatte. »Ehrlich gesagt«, meinte der Fahrer, »war Ben Ali gar nicht so schlecht, wie alle jetzt sagen. Seine Entourage, seine Frau besonders, hat ihn verhext. Sie haben ihn negativ beeinflusst.« Er erzählte dann weiter, alle Leute, die jetzt seinen Sturz feierten, seien dieselben gewesen, die ihm 1987 nach seinem Putsch, der unblutigen Machtübernahme und die Einhaltung der Verfassung zugejubelt hätten. »Ich sage dir, der Mann ist das Opfer seiner Entourage ... Er hat viel zu lange auf diese Schlange von Frau gehört!«[139]

Wie auch immer die Dynamik zwischen beiden zu Beginn ihrer Beziehung ausgesehen haben mag, es gibt keinen Zweifel, dass im Fall von Tunesien nicht der Mann auf dem Präsidententhron der führende Narzisst war, sondern seine schöne Gattin in ihrem Boudoir. Ein guter Beobachter, der Fotos der Frau gesehen oder einen ihrer vielen Fernsehauftritte erlebt hat, kann sich des Verdachts nicht erwehren, dass das Selbstbild dieser attraktiven Frau, die sich so hochmütig verhielt, maßlos übersteigert war. Genauso wie Gad-

---

[139] Ben Hamida, Amor, *Chronik einer Revolution: Wie ein Gemüsehändler einen Präsidenten stürzt*, Books on Demand GmbH, Norderstedt, 2011, S. 50 f.

dafis »Regenschirm-Trick« ein psychologisch äußerst beredtes Moment bedeutete, war auch Leilas Besuch bei der Zentralbank von Tunesien, wo sie das Taschengeld für den Gang ins Exil abholte, ein klarer Hinweis darauf, dass diese Frau wohl als Fall einer schweren narzisstischen Persönlichkeitsstörung diagnostiziert werden muss:

Der Story zufolge, die zunächst am 14. Januar in der algerischen Zeitung *DNA* erschien und in Frankreich von Fernsehen und Presse aufgegriffen wurde, kam Leila eines Tages in die Zentralbank von Tunesien gestürmt und verlangte die Herausgabe von 1,5 Tonnen Gold im Wert von fünf Milliarden Dollar. Laut einem Bericht der Zeitung *Le Monde* vom 17. Januar stammte die Information (die dem französischen Geheimdienst vorlag) von einer tunesischen Quelle im Umfeld der Zentralbank. Als der Gouverneur die Lieferung ohne schriftlichen Auftrag ablehnte, wandte sie sich an ihren Ehemann, der nach anfänglichem Sträuben ihrer Forderung nachgab.

Der Generaldirektor der Bank hat diese Darstellung offiziell dementiert. Die Diskrepanz zwischen seiner Aussage und dem Bericht des französischen Geheimdiensts lässt sich dadurch erklären, dass die First Lady die Transaktion möglicherweise bereits im Dezember 2010, also nicht erst im Januar, vorgenommen und das Geld schon damals außer Landes gebracht und in der Schweiz deponiert hat. *DNA* brachte die Story am Tag ihrer Flucht von Tunesien nach Saudi-Arabien, wo sie und ihr Mann im früheren Palast von König Fahd Zuflucht fanden.[140] Nach Ben Alis Abgang

---

[140]   http://dna-algerie.com/international/1164-les-lingots-de-leila-trabelsi-les-5-milliards-de-dollars-de-ben-ali-main-basse-sur-les-richesses-de-la-tunisie.html. In einem nach der Revolution verfassten Buch dementierte Leila Trabelsi diesen und andere Berichte, siehe: Ben Ali, Leïla, *Ma vérité*, Les Éditions du Moment, Paris, 2012. Sie präsentiert »ihre korrekte Darstellung« über den Sturz des Regimes, ihre Kindheit, die Beziehung mit Ben Ali, ihr Leben als First Lady,

gab Abdelfattah Amor, Präsident der neuen Kommission zur Untersuchung der Korruptionsvorwürfe, bekannt, was in der Privatresidenz des Präsidenten in der Küstenstadt Sidi Bou Said hinter der verschiebbaren Wand eines Bücherregals gefunden worden war. Zum »Schatz des Ali Baba«, wie er schon bald hieß, zählten ganze Stapel von Banknoten (Dollar, Euro und tunesische Dinars) plus Schatullen voller Diamanten, Perlen und anderen Juwelen mit einem geschätzten Wert von 28 Millionen Dollar. Und dennoch hatten sich die beiden mit einem großen Vermögen davongemacht. Sie hatten riesige Geldbeträge außer Landes geschafft und bei ausländischen Banken sicher deponiert. 2007 hatte *Forbes Magazine* Ben Alis Vermögen auf fünf und Leilas auf vier Milliarden Dollar geschätzt. Doch als die Regierung der Schweiz sämtlichen Familienmitgliedern den Verkauf von Immobilien untersagte, erwies sich, dass die vermeintlich sichere Aufbewahrung im Ausland so sicher nun auch wieder nicht war.[141]

Leila Ben Ali Trabelsi, die heute als meistgehasste Frau in Tunesien gilt und in einem Buch über das Regime als »die Regentin« tituliert wird, zeigt allgemeinbiografische Züge eines Narzissten: Sie wurde 1957 in eine sehr arme Familie mit elf Geschwistern hineingeboren. Ihr Vater hatte ein Geschäft mit Dingen, die junge Männer gern ihren Verlobten schenkten, getrocknete Früchte etwa, Henna, Süßigkeiten oder Nüsse. Ihr Vater starb 1970 und ihre mittellose Mutter war eine Zeitlang zur Arbeit in einer öffentlichen

---

Mutter und Ehefrau, die Struktur der wirtschaftlichen und politischen Macht in Tunesien, Menschenrechte etc.

[141] Thomas Schmid, »Tunesien: Die Jasmin-Revolution«, in: Frank Nordhausen, Thomas Schmid (Hrsg.), *Die arabische Revolution: demokratischer Aufbruch von Tunesien bis zum Golf*, Ch. Links Verlag, Berlin, Oktober 2011, s. 33, 26. Am 20. Juni 2011 wurden Ben Ali und seine Frau in Abwesenheit von einem Gericht in Tunis der Unterschlagung öffentlicher Gelder für schuldig befunden und zu einer Gefängnisstrafe von jeweils 35 Jahren, sowie einer Geldstrafe von 33 bzw. 26 Millionen Dollar verurteilt.

Badeanstalt (Hammam) gezwungen. Die unter Ben Ali herrschende Zensur machte es unmöglich, Einzelheiten über ihre Kindheit zu veröffentlichen, die Presse durfte nur berichten, dass sie Friseurin wurde. Aber nicht einmal das muss unbedingt richtig sein. Denn wie sich herausstellte, betrieb eine gute Freundin von Leila, die ebenfalls Leila Trabelsi hieß, einen Friseursalon – was einige Verwirrung gestiftet hat. *Vox populi* in Gestalt des tunesischen Taxifahrers berichtete, sie sei an einer Drogengeschichte beteiligt gewesen, aus der Ben Ali sie herausgeholt habe.[142]

Die veröffentlichten Fakten über ihre Beziehung zu Ben Ali zeigen das Bild eines klinischen Falls von Narzissmus, à deux, sozusagen. Begegnet waren sie sich irgendwann in den 1980er Jahren, als Ben Ali, der an Militär- und Geheimdiensteinrichtungen in Frankreich und den Vereinigten Staaten studiert hatte, voll in den militärisch-geheimdienstlichen Apparat integriert war. Von 1977 bis 1980 hatte er als Generaldirektor für Nationale Sicherheit gewirkt, er wurde zunächst Staatssekretär im Verteidigungsministerium (1984), dann Innenminister (1986) und schließlich Premierminister (1987). 1980 war Ben Ali als Botschafter nach Polen entsandt worden, von wo er 1984 zurückkehrte. Das genaue Datum ihrer ersten Begegnung ist nicht bekannt, es muss aber lange vor 1986 – dem Jahr, in dem ihr erstes Kind, Nesrine, außerehelich zur Welt kam – gewesen sein. Damals war Ben Ali noch verheiratet mit Na'ima el-Kafy, Tochter des Generals Mohammad el-Kafy, einem Förderer der Karriere Ben Alis, und hatte mit ihr drei Töchter. Ben Ali hielt Leila als seine Konkubine in einer nahegelegenen Villa. Nach dem Putsch von 1987, durch den er Präsident geworden war, verließ er

---

[142] Die biografischen Daten werden berichtet in Beau, Nicolas et Catherine Graciet, *La Régent de Carthage: Main Basse sur la Tunisie*, La Découverte, Paris, 2009, S. 38, und Ben Chrouda, Lotfi avec la collaboration de Isabelle Soares Boumalala, *Dans l'ombre de la reine*, Editions Michel LaFon, Neuilly-sur-Seine Cedex, 2011, S. 20, 22, 25.

seine Frau. Er heiratete Leila 1992, noch im selben Jahr wurde eine zweite Tochter, Halima, geboren. Der Sohn kam 2005 zur Welt und wie der Name, den sie für ihn auswählten – Mohammed Zine El Abidine Ben Ali – zeigt, hatten sie ihn bereits als zukünftigen Nachfolger in einer von seinem Vater begründeten Dynastie vorgesehen. *Vox populi* taufte ihn »der Kronprinz«.[143]

Die Beziehung zwischen Ben Ali und Leila entspricht genau dem, was in der klinischen Literatur über Fälle beschrieben wird, in denen Schönheit und Macht bei der Wahl des Partners den Ausschlag geben. »Wenn sich die narzisstische Persönlichkeit verliebt«, schreibt Kernberg, »konzentriert sich die Idealisierung des Liebesobjekts oft auf dessen körperliche Schönheit, die Anlass der Bewunderung ist« – wie im Fall von Leila – »oder auf Macht, Reichtum oder Ruhm als Attribute«, – wie bei Ben Ali – »die bewundert und unbewusst dem Selbst einverleibt werden«.[144]

Doch wie bereits erwähnt, war es keine akzeptable Begegnung zwischen zwei Narzissten; denn schließlich war einer der beiden bereits verheiratet. Entwickelt sich eine solche Beziehung, so sprechen Psychoanalytiker von »umgekehrter Triangulierung«. In diesem Lehrbuchbeispiel, »[ist] typischerweise dabei ein in einem bestimmten gesellschaftlichen, kulturellen oder beruflichen Milieu

---

[143] Beau, a.a.O., S. 52.
[144] Kernberg, Otto F. M.D., *Liebesbeziehungen: Normalität und Pathologie*, aus dem Amerikanischen von Christoph Trunk, Klett-Cotta, Stuttgart, 1998, S. 210. »Weniger häufig ist, dass die narzißtische Persönlichkeit das pathologische Größenselbst auf den Partner projiziert und eine Beziehung zwischen dem Größenselbst und seinem projizierten Abbild inszeniert. Der Partner dient in solchen Fällen lediglich als Vehikel, um Aspekte des Selbst zueinander in Beziehung zu setzen. Das inszenierte oder phantasierte Paar besteht typischerweise aus einem idealisierten Partner und einem ›Appendix‹ oder Satelliten dieses idealen Objekts, oder die Partner stellen eine unbewusste ›Spiegelung‹ her, in der jeder die Nachbildung des anderen ist. Durch gegenseitige Ergänzung können sie in der Phantasie auch eine verlorene grandiose und ideale Grundkonstellation wiederherstellen.« (S. 219)

erfolgreicher Mann mit einer Frau verheiratet, die allgemein als vorbildlich gilt und auch ihrem Mann so erscheint.« Tatsächlich hatte Ben Alis erste Frau einen Generals zum Vater und war daher gesellschaftlich hoch geachtet. »Falls sie Kinder haben, sind sie ihnen gegenüber fürsorglich und verantwortungsbewusst« – was der Fall war, denn das Paar hatte drei Töchter. Doch »[d]er Mann hat eine Geliebte, die sich gewöhnlich in einem anderen gesellschaftlichen, kulturellen oder beruflichen Milieu bewegt« – hier war Leila, bestenfalls eine einfache Friseurin. »Die Frauen wissen voneinander und leiden offenkundig unter der Konstellation«, und »[es kommt zu] vielen peinlichen Situationen, in denen das Dreiecksverhältnis sich nachteilig auf das geschäftliche, berufliche, gesellschaftliche oder politische Leben des Mannes auswirkt. Er selbst scheint unzufrieden und durcheinander zu sein und fühlt sich mal mehr der einen, mal mehr der anderen Frau verbunden.«[145] Das trifft bis aufs i-Tüpfelchen auf ihre Lage zu. Eine Zeitlang lebten die beiden Frauen gemeinsam im Präsidentenpalast, dem Carthage Palace. »Die Zeit, in der beide Frauen Nachbarinnen sind und die Anwesenheit des Staatsoberhaupts teilen, ist furchtbar. Na'ima ist eine gebildete Frau ... Sie leidet enorm unter der Situation.« Ständig kam es zu Streit zwischen beiden Frauen, beispielsweise über die Organisation der Küche. Leila soll auf Ben Alis erste Frau eifersüchtig gewesen sein.[146]

In solchen Fällen kann der Mann ein Bild von »Madonna und Hure« auf seine Partnerinnen übertragen. Es ist eine »typische ... Dichotomie männlicher Adoleszenz«, die in patriarchalischen Gesellschaften, in denen eine solche »Doppelmoral« toleriert und sogar gefördert wird, bis ins Erwachsenenleben und Alter überdau-

---

[145] Kernberg, a.a.O., S. 232.
[146] Ben Chrouda, a.a.O., S. 29 f.

ern kann.[147] Nach Ansicht von Experten spiegelt dieses Bild der »Madonna und Hure« eine gespaltene Sicht auf die Frauen wider, in dem die eine gesellschaftlich akzeptiert und die andere als Hure eingeordnet wird. Dieser Eindruck, der früher auf zwei Frauen projiziert wurde – seine Frau und Leila – bedeutete einen Konflikt für den männlichen Partner, den Ben Ali dadurch überwand, dass er die Beziehung legitimierte und Leila als seine rechtmäßige Ehefrau in den Palast einführte.

Das entspricht dem Verständnis der *Vox populi* über ihre Beziehung. Leila galt den Tunesiern stets als von niedrigerer gesellschaftlicher Statur als ihr Ehemann, und als eine Frau, die dies dadurch zu kompensieren versuchte, dass sie in Fernlehrgängen das Abitur und die Magisterprüfung nachzuholen versuchte. Ob sie diese Abschlüsse tatsächlich erreichte, ist umstritten.

»TUNESIEN-AG«

In welchem Ausmaß Leila Ben Ali Trabelsi ihren Ehemann tatsächlich manipulierte und damit zur eigentlichen Machtfigur hinter dem riesigen Spinnennetz aus korrupter Wirtschaft und finanziellen, politischen und sozialen Unternehmungen wurde, wird wohl erst im Laufe der Zeit ans Licht kommen. Zusätzlich zu den wenigen Studien, die über den Ben Ali-Trabelsi-Clan veröffentlicht worden sind – aufgrund der Zensur vornehmlich im Ausland – werden offizielle Untersuchungen mit Sicherheit ein genaueres Bild darüber ergeben, wie der Familienbetrieb »Tunesien AG« das gesamte Land wie eine riesige, profitorientierte Gaunerbande lenkte.[148]

---

[147] Kernberg, a.a.O., S. 124.
[148] Beau, Nicolas, a.a.O.

135

Es besteht kein Zweifel darüber, dass Leila Ben Ali eine wichtige, wenn nicht gar *die* treibende Kraft hinter diesem Konglomerat war. Wann genau ihr Einfluss die Oberhand gewann, kann nur vermutet werden. Die meisten Historiker unterteilen Ben Alis Präsidentschaft in drei Phasen: Die erste Phase waren die Jahre nach dem Putsch 1987, in denen er politische und gesellschaftliche Reformen in Gang setzte. Es folgte die zweite Phase der 1990er Jahre, in denen er die interne islamistische Opposition mit brutalen Mitteln unterdrückte und die wirtschaftliche Liberalisierung vorantrieb. Im neuen Jahrtausend, der dritten Phase, schließlich führte er offiziell die Präsidentschaft auf Lebenszeit wieder ein und konsolidierte die Macht durch einen Parteienstaat, der mit Methoden des Polizeistaats regiert wurde.[149]

PHASE EINS: DER PUTSCH

Am 7. November 1987 kam es in Tunesien zu einem unblutigen Putsch. Begleitet von mehreren weißbekittelten Ärzten marschierte Ben Ali in den Präsidentenpalast, um dem senilen 86-jährigen Präsidenten Habib Bourguiba zu eröffnen, man werde ihn wegen physischer und geistiger Untauglichkeit aus dem Amtssitz geleiten. Bei seiner ersten offiziellen Rede nach dem Putsch erklärte Ben Ali, laut der Verfassung führe in einem solchen Fall der Premierminister einstweilen die Amtsgeschäfte, was nunmehr der Fall sei. Er sicherte weitgehende politische Reformen zu, insbesondere die Abschaffung der Präsidentschaft auf Lebenszeit. »Unser Zeitalter kann sich weder eine Präsidentschaft auf Lebenszeit noch die au-

---

[149] Erdle, Steffen, *Ben Ali's »New Tunisia« (1987-2009): A Case Study of Authoritarian Modernization in the Arab World*, Klaus Schwarz Verlag, Berlin, 2010, S. 14 ff.

tomatische Nachfolge im höchsten Amt des Staates leisten, von dem sich das Volk ohnehin abgeschnitten fühlt. Unser Volk verdient ein entwickeltes institutionalisiertes politisches Leben auf der Grundlage eines Mehrparteiensystems und des Pluralismus.«[150] Den Versprechungen ließ er auch wirklich Taten folgen, als im folgenden Jahr ein Gesetz verabschiedet wurde, in dem ein rechtlicher Status für Parteien begründet und damit die formellen Grundlagen für ein Mehrparteiensystem gelegt wurden. Außerdem sahen die neuen Pressegesetze eine Lockerung der früheren Beschränkungen vor. 1988 wurde die Präsidentschaft auf Lebenszeit offiziell abgeschafft, die Amtszeit des Präsidenten auf dreimal fünf Jahre beschränkt und eine Altersgrenze von 70 Jahren für das Präsidentenamt festgelegt.[151]

Zur gleichen Zeit führte Ben Ali eine ganze Reihe sogenannter Wirtschaftsreformen durch. Bei Licht betrachtet handelte es sich um eine drastische Liberalisierung der Wirtschaft, darunter die Abwertung der Währung, Kürzung von Einfuhrzöllen, Erleichterungen von Exporten durch Steuervergünstigungen und eine Lockerung von Preiskontrollen und Wechselkursen.[152] Das waren genau die Reformmechanismen, die es ausländischen Interessen im Verein mit einer inländischen Mafia ermöglichten, die tunesische Wirtschaft regelrecht zu plündern.

Der Ablauf des unblutigen Putsches verdient eine genauere Untersuchung, denn es war keine rein interne tunesische Angelegenheit. Im Gegenteil, die gesamte Operation wurde von ausländischen, konkret gesagt italienischen, Kreisen ausgeheckt, geplant und umgesetzt. Das sollte sich für die relative Unabhängigkeit Tunesiens in Entscheidungsprozessen als sehr bedeutsam erwei-

---

[150] Zitiert in Erdle, a.a.O., S. 94 f.
[151] Ebenda, S. 99.
[152] Ebenda, S. 140.

sen. Die Interna des Putsches blieben geheim, bis Fulvio Martini, der in den Regierungen Bettino Craxi, Giovanni Gloria und Giulio Andreotti sieben Jahre lang Chef des italienischen militärischen Geheimdiensts (SISMI) gewesen war, 1999 bei Anhörungen im italienischen Parlament erstmals darüber redete. Die Kommission, die diese Anhörung einberufen hatte, hatte die Terroranschläge untersucht, die seinerzeit Italien erschüttert hatten, unter anderem waren Zeugen zu der Entführung und Ermordung des Premierministers Aldo Moro durch die Roten Brigaden im Jahr 1978 angehört worden.

Im Verlauf seiner explosiven Zeugenaussage hatte Martini vorgeschlagen, die Öffentlichkeit von der Sitzung auszuschließen, und unter diesen Umständen kam die Wahrheit über Ben Alis Putsch ans Licht. »In den Jahren 1985-1987«, so Martini, »haben wir in Tunesien eine Art Staatsstreich organisiert und Präsident Ben Ali anstelle von Bourguiba ins Amt gebracht, der ohnehin abtreten wollte«. Politisch wurde das Eingreifen begründet mit dem islamischen Fundamentalismus in Algerien, der, wie man in Italien befürchtete, auf Tunesien übergreifen könnte. Bourguiba hätte darauf mit gewaltsamer Unterdrückung reagiert, mit negativen Folgen für Tunesien und die Nachbarländer. Die Italiener befürchteten, eine Destabilisierung Algeriens und/oder Tunesiens könnte die Gas-Pipeline gefährden, die von Algerien über Tunesien nach Italien führt. Im August 1982 erteilte Martini auf Order von Premierminister Craxi und Außenminister Giulio Andreotti die Weisung an »seine« Leute in Tunesien. »Wir erreichten eine Übergangslösung für die wichtigsten Punkte, in denen wir nicht einig waren«, berichtete er später, »dann schlugen wir eine befriedigende Lösung für alle vor, die auch akzeptiert wurde. Die Ablösung Bourguibas vollzog sich in einer ruhigen und friedlichen Amtsübergabe.«[153] Craxi selbst war im November 1984 nach Algiers gereist und hatte die algerische Seite zur Geduld gemahnt. Schon damals planten er und seine Regierung den Putsch gegen Bourguiba, der dann 1987 stattfand.

PHASE ZWEI

Die zweite Phase war gekennzeichnet durch Ben Alis Umschwenken auf politische Repression. Das geschah zunächst als Reaktion auf den Wahlerfolg der Islamisten, die 1989 13 Prozent der Stimmen erhalten hatten. Dieses Ergebnis hatte einen Schock für das politische Establishment bedeutet. Ähnlich groß war die Beunruhigung nach dem Wahlerfolg der Islamisten (FIS) 1990 in Algerien und dem anschließenden blutigen Bürgerkrieg. Ben Ali antwortete mit gewaltsamer Unterdrückung der Islamisten im eigenen Land, die Oppositionsgruppe Ennahda wurde 1992 ins Exil getrieben. Nachdem diese vermeintliche Bedrohung aus dem Weg geräumt war, gewann Ben Ali die Präsidentschaftswahlen von 1994 mit einem Stimmenanteil von 99,44 Prozent (er war der einzige Kandidat). Bemerkenswerter war, dass er seine gesamte politische Legitimation an das Versprechen für wirtschaftliches Wachstum knüpfte, ein indirektes Zugeständnis an die Forderung der Islamisten: Schaffung von Arbeitsplätzen, ausländische Investitionen, Entwicklung der Infrastruktur und größere politische Freiheiten.[154]

---

[153] Chianura, Carlo, »L'Italia dietro il golpe in Tunisia« – L'ammiraglio Martini: Craxi e Andreotti ordinarono al Sismi di agire, La Repubblica, 10. Oktober 1999.
[154] Erdle, a.a.O., S. 120. Laut Beau und Graciet lag der Stimmenanteil der Islamisten bei bis zu 30 Prozent, a.a.O., S. 25.

Doch anstatt diese Versprechen einzuhalten, nutzte das Regime die weltweite Reaktion auf die Anschläge vom 11. September 2001 in den USA, um eine umfassende politische Kontrolle zu errichten. Nur zwei Wochen nach dem Angriff auf die Zwillingstürme »appellierte« die regierende Partei Demokratische Sammlung (RCD) an Ben Ali, seine Kandidatur für eine Wiederwahl bekanntzugeben, obwohl dies laut Verfassung nicht zulässig war.

PHASE DREI

In der dritten Phase führte Ben Ali offiziell die Präsidentschaft auf Lebenszeit wieder ein, und zwar mithilfe eines Referendums vom Mai 2002. Dadurch waren die Hemmnisse für seine Kandidatur beseitigt, außerdem wurde die Altersgrenze für das Präsidentenamt auf 75 Jahre heraufgesetzt.[155] Zur selben Zeit konsolidierte Ben Ali seine Ein-Mann-Herrschaft und die Struktur des Einparteien-Staats. Er herrschte nun als »Staatschef, Regierungschef, Chef des Staatsrats, ... Vorsitzender der Regierungspartei, Oberbefehlshaber der Streitkräfte und Chef des Gerichtswesens sowie Vorsitzender des Verfassungsrats. Der Präsidentenpalast wurde zum Kommando- und Kontrollzentrum des Landes, in dem sämtliche wichtigen Entscheidungen vom Staatschef persönlich getroffen wurden.«[156]

Und in diesem Palast, dem Kommandozentrum für alle Entscheidungen, rückte nun Leila Ben Ali Trabelsi immer stärker ins Zentrum. In der ersten Phase scheint sie überhaupt keine Rolle gespielt zu haben – was ja auch angemessen wäre, denn schließlich war sie zwar seine Geliebte, aber Ben Ali präsentierte sich noch

[155] Ebenda, S. 124.
[156] Ebenda, S. 136.

immer als Kopf einer traditionellen Familie mit Frau und Kindern. Nach der Trennung von seiner ersten Frau wandelte er sich vom Pseudo-Reformer zum autoritären Herrscher; nach seiner Heirat mit Leila (1992) zog er die Zügel der präsidialen Kontrolle noch stärker an. Damit soll kein direkter kausaler Zusammenhang behauptet, sondern lediglich darauf hingewiesen werden, dass sich bei Ben Ali, der sich in den ersten Jahren seiner Präsidentschaft als Reformer profiliert und relativ unauffällig verhalten hatte, offensichtlich eine Persönlichkeitsveränderung vollzog, als parallel dazu sein Privatleben in eine neue Phase eintrat. In seinen früheren Jahren war er eher bescheiden gewesen, hatte sich nicht nach Publicity gedrängt und war nur selten in der Öffentlichkeit aufgetreten.

Leila Ben Ali Trabelsi erwies sich als aus ganz anderem Holz geschnitzt, zumindest nachdem sie durch die Heirat offiziell zur Ehefrau des Präsidenten geworden war. Sie war vorrangig daran interessiert, oder, besser gesagt, besessen davon, eine sichere wirtschaftliche, politische und gesellschaftliche Position zu etablieren, und das nicht für sich selbst, sondern für ihre gesamte Familie. Es war, als hätte sich das Mädchen aus ärmlichen Verhältnissen, das am eigenen Leib erfahren hatte, was arm zu sein bedeutet, geschworen, nicht nur prominent, sondern sogar zur obersten Führerin – Narzisst par excellence – zu werden, besser, schöner, mächtiger und von allen anderen beneidet. Sie wusste genau, was sie tat. 1970 hatte sie gegenüber ihrer Schwägerin Nadjia Djeridia betont: »Du wirst es erleben, Nadjia, ich heirate einen Prinzen, einen König oder einen Präsidenten. Ich werde dein Leben verändern, ich werde dir Häuser kaufen. Du wirst es erleben, du wirst Dienstmädchen und Chauffeure haben.«[157]

---

[157] Ben Chrouda, a.a.O., S. 19.

Allem Anschein nach verfügte sie über das nötige Rüstzeug, ihre Ziele zu erreichen: »Sie hat weitere Trumpfkarten im Ärmel: Geduld, Intuition, Manipulation, Verschwiegenheit, Intrige, Charme, Verführung ... Wie die Mutter, so ist auch die Tochter bestens vertraut mit Aberglauben, Magie, bösen Kräften und Hexerei.«[158]

Unter Einsatz aller ihr zur Verfügung stehenden Ressourcen ging Leila rücksichtslos ans Werk, sich die Macht dauerhaft zu sichern. Zu diesen Ressourcen zählte die Magie, die sie sehr ernst nahm. Einer ihrer Köche schrieb nach der Revolution in einem Buch, es sei tägliche Routine gewesen, ein Chamäleon lebendig auf einem *Kanoun*-Ofen zu verbrennen. Leila erteilte ihm die Order, was er anschließend mit dem Chamäleon zu tun hatte: »Schneide dem Chamäleon die Kehle durch, tauche deinen Finger in das Blut und male einen Kreis um den Knöchel des Staatspräsidenten, als wenn du ein *Kholkhal* [Fußkettchen] anlegen würdest, achte aber darauf, dass der Ring auch wirklich lückenlos geschlossen ist.« Der Koch, der auch die Order befolgte, den Bauch des Chamäleons längs aufzuschneiden, kommentierte: »Dennoch muss ich sagen, dass der Wille des Präsidenten täglich schwächer wurde, seit Leila mit ihren Ritualen begonnen hatte. Unmerklich verschob sich das Kräfteverhältnis zur anderen Seite. Jedes Mal erschien Leila stärker und dominanter. Nichts scheint ihr unmöglich. Dagegen tritt die Schwäche des Präsidenten immer deutlicher zutage.«[159]

---

[158] Beau, a.a.O., S. 29. Siehe auch Ben Chrouda, a.a.O., S. 40: Als Bauprojekte lanciert wurden, ordnete Leila die Opferung von Schafen an, S. 128: Sie liebte es, verkleidet auf Friedhöfen herumzugehen. Zur Beziehung zwischen Magie in primitiven Gesellschaften und in Neurosen siehe Freuds bahnbrechende Studie *Totem und Tabu. Einige Übereinstimmungen im Seelenleben der Wilden und der Neurotiker*, Fischer (Tb), Frankfurt/Main, 1991
[159] Ben Chrouda, a.a.O., S. 15 ff.

Ein solcher Wille zur Macht ist der wichtigste Auslöser für korruptes Verhalten bei einem politischen Führer, bei dem sich häufig eine paranoide Orientierung und antisoziale Züge beobachten lassen.[160] Und genau zu solch einer Figur entwickelte sich die First Lady Tunesiens. Gemeinsam mit ihrem Ehemann setzte sie ihre und seine Verwandten als Funktionäre in einem weit verzweigten landesweiten Netzwerk ein, das alle Aktivitäten von Staat und Wirtschaft durchzog. Die »Großfamilie«, wie Steffen Erdle sie nannte, bestand aus den Ben Alis und den Trabelsis plus all ihren Verwandten. Das waren die Trabelsis: Leila plus Geschwister mit Familien, und die Materis: die Familie von Ben Alis Tochter Nesrine und deren Ehemann Mohamed Sakhr; plus die Shiboubs, Mabrouks und Zarrouks, deren Familienangehörige die Töchter Ben Alis aus erster Ehe geheiratet hatten. Das gesamte Netzwerk bestand aus rund 60 Familien mit mehreren Hundert Mitgliedern.[161]

Leila schaffte es, die Dinge so zu organisieren, dass alle Mitglieder ihrer Großfamilie in das Spinnennetz eng verzahnter Unternehmungen in buchstäblich allen Bereichen des wirtschaftlichen, politischen und gesellschaftlichen Lebens in Tunesien eingebunden waren. Schätzungen zufolge stand mehr als die Hälfte aller tunesischen Unternehmen unter der direkten Kontrolle dieses Netzwerks, das im Volk als »Die Familie« oder »Die Mafia« bekannt war. »Die Familie« hatte Fluggesellschaften, Immobilien, Ländereien, das Transport- und Kommunikationswesen, den Einzelhandel, Internet-Provider und vieles mehr fest in der Hand. Es gab praktisch keinen einzigen wirtschaftlichen Sektor in Tunesien, der nicht von diesem Netzwerk gemanagt wurde. Und das bezieht

---

[160] Kernberg, Otto F., *Ideologie, Konflikt und Führung: Psychoanalyse von Gruppenprozessen und Persönlichkeitsstruktur*, Klett-Cotta, Stuttgart, 2000, S. 177.
[161] Erdle, a.a.O., S. 145 f., Beau, a.a.O, S. 41 ff.

nicht zuletzt den Schwarzmarkt und die »Schatten«-Wirtschaft ein.

Kein Geringerer als US-Botschafter Robert F. Godec lieferte in einer Reihe von Telegrammen vom 23. Juni 2008 an Washington Beweise aus erster Hand für das Bestehen dieser monströsen Mafia-Operation in Tunesien. In den von *Wikileaks* veröffentlichten Zusammenfassungen finden sich unter anderem folgende Aussagen:

1. (S) Laut Jahresbericht von Transparency International und Beobachtungen von Botschaftskontakten nimmt die Korruption in Tunesien zu. Bargeld, Dienstleistungen, Land, Anwesen oder sogar Yachten – Gerüchte besagen, dass Präsident Ben Alis Familie alles haben will und auch bekommt. Zusätzlich zu den Geschichten über zwielichtige Geschäfte der First Lady berichten Tunesier über Korruption auf unterer Ebene, etwa im Umgang mit Polizei, Zoll und verschiedenen Ministerien. Die wirtschaftlichen Folgen sind eindeutig, tunesische Investoren – die den »langen Arm« der Familie fürchten – scheuen neue Investitionen, die inländische Investitionsrate ist weiterhin gering, die Arbeitslosigkeit hoch (Refs G,H) ...

2. (C) Laut Index 2007 von Transparency International besteht der Eindruck, dass die Korruption in Tunesien zunimmt ... Gefragt, ob er die Korruption für besser, schlechter oder gleich halte, stieß XXX wütend hervor: »Natürlich wird sie schlimmer!« ... Sogar die geforderten Bestechungsgelder sind gestiegen ...

3. (S) Präsident Ben Alis Großfamilie wird häufig als Schnittpunkt der Korruption in Tunesien genannt: Oft als Quasi-Mafia bezeichnet, reicht schon ein versteckter Hinweis auf »Die Familie«, um anzudeuten, welche Familie gemeint ist. Anscheinend kann sich die Hälfte der tunesischen Geschäftswelt auf familiäre Verbindungen zu Ben Ali berufen, viele dieser Verwandten

sollen das Beste aus ihrer Herkunft gemacht haben. Ben Alis Ehefrau Leila Ben Ali und ihrer Großfamilie – den Trabelsis – begegnet die Bevölkerung mit größtem Zorn. Neben den zahlreichen Korruptionsvorwürfen gegen die Trabelsis hört man oft abfällige Bemerkungen über ihren Mangel an Bildung, niedrigen gesellschaftlichen Status und verschwenderischen Konsum. Manche Beschwerde über den Trabelsi-Clan ist wohl auf Verachtung für ihr neureiches Verhalten zurückzuführen, doch unter Tunesiern heißt es auch, Rücksichtslosigkeit und Missbrauch des Systems machten die Trabelsi verhasst. Besonders berüchtigt ist Leilas Bruder Belhassen Trabelsi; er soll an weitreichenden korrupten Geschäften beteiligt sein, die von Veränderungen im Vorstand der Banque de Tunisie (Ref B) in jüngster Zeit bis zu Enteignungen und Erzwingung von Bestechungsgeldern reichen. Ungeachtet der Frage seiner Herkunft verfügt Belhassen Trabelsi über enormen Besitz, darunter eine Fluggesellschaft, mehrere Hotels, einer der beiden tunesischen Radiosender, Autofabriken, der Ford-Vertrieb, eine Immobilien-Entwicklungs-Gesellschaft, die Liste lässt sich fortsetzen. (Eine ausführlichere Liste seiner Besitztümer siehe Ref K.) Dabei ist Belhassen nur einer von Leilas bekannten Geschwistern, die alle eigene Kinder haben ...«[162]

Die letzten von *Wikileaks* veröffentlichten Telegramme stammen aus dem Jahr 2009, sie enthalten versteckte Hinweise auf Folter in tunesischen Gefängnissen und offene Aussagen über politische Korruption und mangelnde Freiheiten.

---

[162] Wikileaks Telegramm:
Tunisian Corruption and President Zine el-Abidine Ben Ali,
http://middleast.about.com/od/tunisia/a/tunisia-corruption-wikileaks.htm?p=1. Siehe auch Beau, a.a.O., S. 65 ff. zu Einzelheiten über die Aktivitäten der Familie.

Leilas Lebensstil war in den Augen der tunesischen Bevölkerung in der Tat skandalös. Der Sidi-Dhrif-Palast, den sie im Künstlerdorf Sidi Bou Said hatte erbauen lassen, war mehr Tempel als Wohnsitz. Für den Bau, der fünf Jahre dauerte, wurde die Armee hinzugezogen, die Arbeiter schufteten Tag und Nacht. Mehrere Ministerien mussten besondere Aufgaben übernehmen, zum Beispiel war das Landwirtschaftsministerium für das Anpflanzen von Bäumen verantwortlich. Zu dem riesigen Bau gehörte auch eine nach neuestem medizinischem Standard ausgestattete Privatklinik, in der die chemotherapeutische Behandlung für Ben Ali durchgeführt werden konnte. »Das Personal besteht aus zwei Gouvernanten, fünf Köchen, zwei Konditoren, drei Installateuren, sechs Dienern, zwei Büroangestellten, 16 Zimmermädchen, drei Kindermädchen, zwei Elektrikern, fünf Krankenschwestern, acht Chauffeuren, 32 Leibwächtern, zwei Bademeistern, sechs Gärtnern und acht fest angestellten Malern.«[163] Bei einem Dinner, zu dem der US-Botschafter geladen war, ließ die First Lady zwölf Gänge mit Delikatessen servieren, die eigens aus Frankreich eingeflogen worden waren. Bloß die Hühner, die an El-Materis, ihren Lieblingslöwen, verfüttert wurden, stammten aus heimischer Produktion.[164]

Getreu ihrem Versprechen brachte Leila von 2002 an ihre Familienmitglieder im Palast unter und kaufte ihnen im Jahr 2005 eigene Häuser. Gleichzeitig betrat sie Neuland in einem anderen Bereich: der Archäologie. Regelrecht besessen von dem Wunsch, wertvolle Kunstschätze zu besitzen – einem Wunsch, der auch als »Sucht« beschrieben wurde – nutzte sie ihre Position dazu, Baugesetze zu ändern und Grundstücke, auf denen archäologische

---

[163] Ben Chrouda, a.a.O., S. 43 ff.
[164] Nordhausen, a.a.O., S. 34.

Schätze lagerten, zu enteignen, um das kunsthistorische Erbe des Landes zu plündern.[165]

Darüber hinaus entfaltete Leila angeblich wohltätige Aktivitäten. So gründete sie 2000 den Verein Basma für die Vermittlung von Arbeitsplätzen an Menschen mit Behinderung. 2007 beaufsichtigte sie den Bau der Carthage International School, errichtet auf einem Gelände, das sie unter der Hand von der Regierung erhalten hatte - vom Staat finanziert, versteht sich. Wie US-Botschafter Godec berichtete, scheint Leila den gesamten Komplex an eine belgische Gruppe verkauft und dabei einen Netto-Profit eingestrichen zu haben, denn sie selbst hatte ja kein Geld in das Unternehmen gesteckt. Außerdem wurde sie zur Vorsitzenden des Arabischen Frauenverbands ernannt. Merkwürdigerweise waren nach dem Kollaps des Hauses Ben Ali im Internet zeitweise keine Hinweise auf diese Verbände mehr zu finden.

Ein besonders protziges lukratives Unternehmen in »Frauen-Fragen« war der Elyssa-Club, den sie als privaten Club ausschließlich für Frauen gründete. Inspiriert von einem ähnlich exklusiven Damenclub, in den Suzanne Mubarak sie einmal eingeladen hatte, knauserte Leila bei der Einrichtung des Clubs nicht (mit staatlichen Geldern), es gab »ein Restaurant, einen Festsaal, ein Kino, einen Raum für Kartenspiele, einen weiteren für Schach, der mangels Spielern ständig geschlossen blieb, eine Bücherei, die niemand je benutzen wird, ein Casino, die Küche und Büros, darunter eines für Leila«.[166]

Mit diesen und ähnlichen Initiativen gelang es Leila, sich zumindest im Ausland als entschlossene Verfechterin der Frauenrechte zu präsentieren. Damit sollte wohl bewusst ein Bild von »Liberalismus« in Tunesien erzeugt werden, um die Berichte über

---

[165] Ben Chrouda, a.a.O., S. 118.
[166] Ebenda, S. 128.

ständige Menschenrechtsverletzungen zu konterkarieren. In dem Buch *Régente* wird die überzeugende These präsentiert, Ben Alis Regime habe den »Staats-Feminismus« eingeführt, um die internationale Öffentlichkeit von den schweren, täglich verübten Menschenrechtsverletzungen gegen die Zivilbevölkerung abzulenken.

Leila betrieb diese feministische Offensive direkt und überzeugend. Sie wurde Vorsitzende der »Organisation arabischer Frauen, des Zentrums arabischer Frauen für Promotion und Forschung, der Konferenz der Nationalen Union tunesischer Frauen, des Weltkongresses der Frauen in Führungspositionen und des Basma-Verbands für die Förderung von Menschen mit Behinderung ...«.[167] Am 20. Jahrestag des Putsches ihres Ehemanns organisierte sie eine Konferenz zum Thema »Republikanische Regierung und die Rolle der Frau bei der Verwurzelung von Werten und Staatsbürgerschaft und der Stärkung des Entwicklungsprozesses.«[168]

Eindeutig war Leila die Patin der Familie, die alle Aktivitäten – eingeschlossen die ihres Ehemanns – »inspirierte« und lenkte. Aus klinischen Studien über narzisstische Beziehungen ist das Phänomen bekannt: »... narzißtische Frauen ... identifizieren sich voll und ganz mit einem solchen idealisierten Mann, sehen sich selbst unbewusst als seine eigentliche Inspirationsquelle und *haben am Ende womöglich die Fäden in der Hand und regeln sein Leben für ihn.*«[169]

MADAME LA PRÉSIDENTE

Leila war Herrin über das tunesische Präsidentenamt und den Präsidenten selbst, ihren Ehemann Ben Ali. Dessen sich ver-

---

[167] Beau, a.a.O., S. 27.
[168] Ebenda, S. 28.
[169] Kernberg, *Liebesbeziehungen* ..., a.a.O., S. 227, Hervorhebung durch die Autorin.

schlechternden Gesundheitszustand nutzte sie dazu, Vertretern der Regierung zu befehlen, sie als Chefin zu behandeln. Beau und Graciet beschreiben, wie Leila während einer Erkrankung Ben Alis einmal dessen engste Berater, Außenminister Abdelwaheb Adallah und den Generalsekretär des Präsidenten, Adel Aziz Ben Dhia, einbestellte, um ihnen ihre Order zu erteilen: »Sie wissen so gut wie ich, dass der Präsident eine depressive Phase durchmacht, weil er sich im Dienst für das Land aufgerieben hat. Deshalb bitte ich Sie, ihn sanft zu behandeln und ihn nicht mit Nachrichten oder Dossiers zu belasten, die seinen Zustand verschlechtern könnten. Sie können sich immer und in allen Fragen zunächst an mich wenden. Ich werde wissen, wie man ihm die Dinge präsentiert.«[170]

Hier gab Leila führenden Vertretern der Regierung Anweisungen, denen Folge zu leisten war. Sie war der Boss und wollte zuallererst informiert werden. Ansonsten lag das eigentliche tägliche Regierungsgeschäft in den Händen einer Gruppe von rund vierzig sogenannten Beratern des Präsidenten. Allesamt gesichtslos und anonym, bildeten sie eine echte Parallelregierung.

In der Öffentlichkeit entstand über sie und ihre unmittelbare Entourage der Eindruck, der alternde und kränkelnde Präsident überlasse zunehmend die Macht seiner ehrgeizigen Frau. Trotz seiner Krebserkrankung war Ben Ali bemüht, weiter in der Öffentlichkeit zu erscheinen, er färbte sich weiterhin die Haare und schnupfte Kokain, bevor er bei Kabinettssitzungen den Vorsitz übernahm. Am liebsten verbrachte er jedoch seine Zeit mit seinem Sohn und Erben Mohammad. »Zurzeit regiert Leila«, bemerkten seine Angestellten, »manche Szenen wirken auf uns, als sei der Staatschef senil, womit Leila spielt und worüber sie erfreut ist.«[171]

---

[170] Beau, a.a.O., S. 30 f.
[171] Ben Chrouda, a.a.O., S. 67 f.

BEN ALI AUF DER BÜHNE

Auch wenn in Tunesien allgemein die Ansicht des erwähnten Taxifahrers geteilt wurde, dass Ben Ali völlig von seiner Frau und der Familie beherrscht wurde, ist damit ein Narzissmus auf seiner Seite keineswegs ausgeschlossen. Wie Mubarak wurde er in eine große und arme Familie hinein geboren. Sein Vater war Analphabet und verdiente sein Geld als Hafenarbeiter.[172] Ben Ali betrachtete das Militär als einzige Chance für eine Karriere und trat deshalb bereits mit 15 Jahren in die Armee ein. Bevor er an Leila geriet, hatte er bereits deutlich die Tendenz gezeigt, andere beherrschen zu wollen, als er sich einflussreiche Posten im Bereich Militär und Geheimdienst verschaffte. Ende 1977 wurde er Direktor für Nationale Sicherheit im Innenministerium und kurz danach schlug er einen Generalstreik der UGTT nieder, wobei es 200 Todesopfer gab.[173] Man sollte auch nicht vergessen, dass Ben Ali 1984, als die sogenannten Brot-Unruhen ausbrachen, Staatssekretär für Verteidigung und zwei Jahre später Innenminister war. Als Botschafter in Polen wurde er 1980 Zeuge der brutalen Unterdrückung der Gewerkschaft Solidanosć, später sollte er selbst ähnliche Methoden gegen Islamisten und die revolutionäre Bewegung von 2010 anwenden.[174] Ben Ali sorgte dafür, dass unter ihm das Innenministerium zu einem Superministerium wurde, dem 150.000 Polizisten unterstanden – bei einer Gesamtbevölkerung von zehn Millionen!

Dass er eine totalitäre Diktatur errichtete, die er mit Polizeistaatsmethoden durchsetzte und damit seine Ein-Mann-Herrschaft sicherte, entspricht dem Standardprofil eines narzisstischen Führers, das wir bereit bei Gaddafi und Mubarak beobachtet haben.

---

[172] Nordhausen, a.a.O. S. 22.
[173] Ebenda.
[174] Erdle, a.a.O., S. 96.

Konfrontiert mit dem Volksaufstand vom Dezember 2010 gelang es selbst seiner Frau Leila nicht mehr, ihn vor der gerechtfertigten Wut einer Bevölkerung, die jahrzehntelang unterdrückt und geplündert worden war, abzuschirmen. Auch wenn er nie ein charismatischer Redner gewesen war und das Licht der Öffentlichkeit stets lieber gemieden hatte – am 28. Dezember musste Ben Ali sich seinen Bürgern stellen.

In dieser ersten von insgesamt drei Reden zeigte er Reaktionen, die in der klinischen Literatur genau beschrieben sind. Er gab sich ungerührt vom tragischen Selbstmord Mohammad Bouazizis, der die Massenproteste ausgelöst hatte, wirkte feindselig und abgehoben von der Realität.

»Die Ereignisse [wurden] durch einen sozialen Fall ausgelöst«, so begann er, »dessen Umstände und psychologische Faktoren wir verstehen und dessen Folgen wir bedauern. Doch angesichts der übertriebenen Wendung, die die Ereignisse genommen haben, durch Manipulationen von bestimmten Stellen, die dem Vaterland nicht wohlgesinnt sind und die sich ausländischer Fernsehsender bedienen, die falsche und ungeprüfte Behauptungen verbreiten, die Ereignisse dramatisieren oder schlicht erfinden und Tunesien verleumden, ist es erforderlich, einige Fragen zu klären und zu bestätigen, was wirklich vor sich geht:

Erstens: Wir können nachvollziehen, was ein Arbeitsloser empfindet, besonders, wenn er Arbeit sucht, seine soziale Lage schwierig und seine psychische Struktur fragil ist, was ihn zu verzweifelten Schritten veranlassen kann, um auf seine Lage aufmerksam zu machen.

Ben Alis Darstellung von Bouazizis verzweifelter Lage als »sozialem Fall« und Person von »fragiler psychischer Struktur« ist gefühllos und zudem falsch. Sie ist Beweis seiner Unfähigkeit zur Empathie – wie von einem Narzissten nicht anders zu erwarten. Ebenfalls in der für diese Störung typischen Manier fand er sofort einen Sündenbock: »politische Manipulation von bestimmten Stellen« unter Mithilfe der ausländischen Presse (sprich *Al Jazeera*).

Ben Ali schien sich auf die wirklichen Sorgen seiner Bevölkerung zu beziehen, als er die Arbeitslosigkeit ansprach. Er schränkte jedoch sofort ein, diese sei »ein großes Problem in vielen Ländern der Welt«. Tunesien habe eine große Anzahl von Hochschulabsolventen, auf die das Land stolz sein könne, und: »Der Staat wird alles Erdenkliche tun, um Lösungen zu finden, die Suche nach Arbeitsplätzen erfolgreich zu machen ... und wird in der Zwischenzeit alles daransetzen, Löhne und Haushaltseinkommen weiter zu erhöhen ...« Doch anstatt konkrete Maßnahmen anzubieten, die seinen Versprechungen Glaubwürdigkeit verliehen hätten, setzte er seine Tirade gegen den vermeintlichen Feind fort:

»Dementsprechend werden wir unter keinen Umständen erlauben ... dass Einzelfälle oder zufällige Ereignisse genutzt werden, um auf Kosten der Interessen der nationalen Gemeinschaft, ihrer Errungenschaften und Leistungen, vor allem Eintracht, Sicherheit und Stabilität, eng gesteckte politische Ziele zu erreichen.«

»Es ist nicht hinnehmbar, dass eine Minderheit von Extremisten und Unruhestiftern im Solde des Auslands, die gegen die Interessen des Landes agiert, zu Gewalt und Unruhe auf den Straßen greift, um ihren Ansichten Ausdruck zu geben ...«

»Es ... hält Investoren und Touristen ab – mit negativen Folgen für die Schaffung von Arbeitsplätzen ...«

Solche Worte aus dem Munde eines Mannes, der genauso gut wie jeder andere in Tunesien wusste, dass das wirkliche Hindernis für Investitionen und die Schaffung von Arbeitsplätzen in der Mafia-Wirtschaft der Familie lag, mussten verlogen und zynisch klingen. Nachdem er zunächst noch einmal betont hatte, »Meinungs- und Redefreiheit zu respektieren« (nach 23 Jahren brutaler Unterdrückung!), besaß Ben Ali die Unverfrorenheit, mit den Worten zu schließen: »Wir bleiben der sozialen Dimension unserer Entwicklungspolitik verpflichtet ...« Ein objektiver Beobachter wäre unweigerlich zu dem Schluss gekommen: Dieser Mann war völlig abgehoben von der Realität.

Erst fast zwei Wochen später brachte der tunesische Staatschef die innere Stärke auf, sich erneut an die Öffentlichkeit zu wenden – nach täglichen Demonstrationen und zahllosen Opfern des brutalen Polizeieinsatzes. Auch bei dieser Rede am 10. Januar 2011 behauptete er, mit noch größerer Emphase, ausländische Agitatoren seien verantwortlich. Die »gewaltsamen Zwischenfälle« gingen auf das Konto »vermummter Banden«, die »sogar Bürger in ihren Häusern angriffen, ein nicht zu tolerierendes terroristisches Vorgehen.« Die aufrührerischen »Parteien zögern nicht, auch unsere Kinder mit hineinzuziehen«, um »Gewalt zu stiften«, Lügen zu verbreiten und sich den Selbstmord – »einen Vorfall, den wir alle bedauern« – zunutze zu machen. Dennoch handele es sich bei den Verantwortlichen um »eine kleine Gruppe feindseliger Elemente«, die »aus Neid auf die wirtschaftliche Erfolgs-Story Tunesiens« handelten, um »böswillige Elemente« oder »feindliche Elemente im Sold des Auslands, die ihre Seelen an Extremismus und Terrorismus verkauft haben«, und so fort. Ben Ali unterstrich seine Absicht, auch zukünftig mit Polizeigewalt zu reagieren, erneut mit den Worten: »Das Gesetz wird das letzte Wort haben. Jawohl, das Gesetz wird das letzte Wort haben.«

Ben Ali versuchte, seinen unzufriedenen Bürgern etwas Konkretes anzubieten, indem er versprach, »die Beschäftigungskapazitäten zu verdoppeln«, nämlich bis 2012 auf bis zu 300.000 Arbeitsplätze. Doch das beeindruckte niemanden, denn schließlich hatte er dasselbe bereits vor mehr als 20 Jahren versprochen, ohne dass es irgendwelche greifbare Veränderungen gegeben hätte.

Ben Ali schloss mit herzlichem Dank an »meinen lieben Bruder Revolutionsführer Muammar Gaddafi, den Führer der libyschen

Revolution« – angeblich wegen der Aufnahme tunesischer Flüchtlinge, die der Gewalt entkommen wollten. Nicht zufällig war es dann auch Bruder Muammar, der später anbot, ihm ein Flugzeug zur Verfügung zu stellen, mit dem er Tunesien verlassen könne.

Bei seiner Rede am 13. Januar herrschte ein anderes Klima. Zum einen zeigte das Fernsehen den Präsidenten stehend, während er zuvor stets hinter seinem Schreibtisch gesessen hatte. Seine Körpersprache verriet seine Aufregung: er gestikulierte wild mit Händen und Armen, seine Stimme klang bisweilen merklich höher.

Das Bedeutsamste bei dieser Rede, die seine letzte sein sollte, war jedoch die Sprache, die er wählte: Anstelle des klassischen Hocharabisch (al fuṣḥaa), in dem er seit 1987 zumeist gesprochen hatte, kündigte er nun an, »zu seinem Volk in der Sprache aller Tunesier [zu] sprechen«. Das Fuṣḥaa hatte Ben Ali schon bei seiner ersten Rede nach dem Putsch gegen Bourguiba, der verschiedene Mischformen des Arabischen oder Französisch gesprochen hatte, wieder eingeführt. Durch Ben Ali wurde das Fuṣḥaa wieder zur einzigen Form des Arabischen, das bei öffentlichen Reden verwendet wurde. Hatte er es einst benutzt, um den Wandel in eine neue Zeit zu signalisieren, so kehrte er jetzt zu der Sprache der einfachen Menschen zurück, in dem Versuch, mit einer Bevölkerung zu kommunizieren, die er jahrelang nicht beachtet hatte.[175]

Aus Sicht der Kommunikationsexperten war Ben Alis Verwendung des Dialekts ein verzweifelter Versuch, eine Verbindung zu seinem Volk herzustellen. Doch er hatte längst jeden Kontakt zur

---

[175] »Ben Ali speaks in Tunisian ›for the first time‹«, LanguageLog, 14. Januar 2011, http:languagelog.ldc.upenn.edu/nll/?p=2905. Interessant ist, dass die Demonstranten während der Revolution in vielen Sprachen und Dialekten miteinander kommunizierten, nicht nur in Fuṣḥaa und tunesischen Dialekten, sondern auch auf Französisch und Englisch. Sonia Shiri, »The Language of the Tunisian Revolution: Slogans, Tweets and Facebook Posts«, MESA conference, 3. Dezember 2011.

Realität verloren und erkannte nicht, wie weit sich die Menschen bereits von ihm entfernt hatten. Dadurch, dass er Dialekt sprach, mag er geglaubt haben, in die Offensive zu gehen, was jedoch seine Wirkung verfehlte. Es soll Leilas Idee gewesen sein, im Dialekt zu sprechen.

So viel zur Form. Inhaltlich versuchte Ben Ali bei seiner letzten Rede, eine menschliche Reaktion auf die dramatischen Ereignisse zum Ausdruck zu bringen, indem er geradezu hysterisch auf den bereits vertrauten Themen beharrte: Die Gewalt gehe von kleinen Gruppen aus, alle Tunesier sollten zum Wohl des Landes zusammenstehen. Seine wiederholten Sätze »Ich habe Euch verstanden, ich habe Euch verstanden« und »Schmerzhaft empfinden wir die Entwicklungen, sehr schmerzhaft ... sehr traurig«, wirkten wie inständige Bitten an seine Zuhörer. Gleichzeitig insistierte er, kleine Gruppen organisierten die Gewalt, es sei ein unmoralisches Vorgehen, ja, ein Verbrechen. Er rief zur Einheit gegen solche Gruppierungen auf.

Dafür, dass er nach fast einem Monat von Massenunruhen, in deren Verlauf 338 Menschen getötet und 2147 verletzt worden waren und die Zahl der Demonstranten dennoch in den Tagen vor seiner Rede täglich anschwoll, so zu den Menschen seines Landes sprach, gibt es nur ein Wort: Realitätsverlust.[176] Sein Volk fordert seinen Rücktritt und er ruft zu nationaler Einheit gegen kleine Gruppen auf, die angeblich Zwietracht und Gewalt säen!

Genauso wie Mubarak versuchte Ben Ali, seine 50 Jahre im Dienst für das Land zu verherrlichen; unzählige Opfer habe er auf seinen militärischen und politischen Posten gebracht. Und er schlug ähnliche Töne an wie Mubarak: »Groß, sehr groß und sehr tief ist meine Traurigkeit. Schluss mit der Gewalt, es reicht!«

---

[176] »Report: 338 killed during Tunisia revolution«, ahramonline, 8. Mai 2012, http://english.ahram.org.eg/News/41148.aspx.

Im nächsten Atemzug gab er bekannt, er habe der Polizei Order gegeben, keine scharfe Munition mehr gegen die Bürger zu verwenden – was einem Geständnis gleichkam, dass solche Munition bisher zum Einsatz gekommen war und deshalb die Opfer, die er angeblich bedauerte und betrauerte, auf das Konto seiner eigenen Polizei unter seinem Befehl gingen. Er versprach die Einberufung einer »unabhängigen Kommission« zur Untersuchung der Todesfälle, die Einführung der Pressefreiheit für sämtliche Medien einschließlich des Internets, die Stärkung von Demokratie und Pluralismus und so weiter. Dass er Demonstrationen – nach vorheriger Anmeldung – tolerieren werde, wirkte reichlich absurd, angesichts der Tatsache, dass das ganze Land seit zweieinhalb Wochen gegen ihn auf die Straße gezogen war, ohne sich auch nur im Geringsten um eine bürokratische Genehmigung zu scheren. Auch dies zeigt, wie weit er den Kontakt mit der Realität verloren hatte.

Ben Ali gab weitere, seiner Ansicht nach historische Entscheidungen bekannt, beispielsweise die, 2014 nicht mehr für das Amt des Präsidenten zu kandidieren. Somit werde es »keine Präsidentschaft auf Lebenszeit geben. Keine Präsidentschaft auf Lebenszeit«, wiederholte er offenbar im Zustand geistiger Verwirrtheit.

Der Bericht ehemaliger Angestellter über Ben Alis letzte Tage in Tunis enthält – wahr oder nicht – eine Menge faszinierender Einzelheiten. Besonders pikant ist, dass er versuchte, die Massen zu besänftigen, während Imed, Leilas Neffe (oder vielleicht ihr Sohn), Schlägerbanden organisierte, die brutal gegen Demonstranten vorgingen und dadurch die Spannungen erhöhten. Mit aschfahlem Gesicht stellte Ben Ali ihn zur Rede. Auch Leila bot er die Stirn, er beschuldigte sie, Ursache des Aufstands zu sein.

Plötzlich gibt der Staatschef Leila einen brutalen Schubs:
»Es ist alles deinetwegen! Deinetwegen, deinetwegen!«
Leila dreht sich um, die Vorwürfe werden lauter.
»Geh ...«

Halima (Ben Alis Tochter) schließt sich der Gruppe an, unter Tränen ruft sie:

»Scheidung, Scheidung, brich den Kontakt zu den Trabelsis ab! Wirf sie alle ins Gefängnis, rette deine Haut und rette dein Volk!«[177]

Als sich die Krise verschärfte und erkennbar wurde, dass das Ende nahte, bedrängt Halima Ben Ali erneut, die Trabelsis zu opfern, was er jedoch nicht tat, vielleicht nicht tun konnte. Im genannten Augenzeugenbericht wird auch gesagt, Leila habe Ben Ali unter Druck gesetzt, das Thema Trabelsi bei seiner letzten Rede nicht zur Sprache zu bringen.

Während die Menge bejubelte, dass Ben Alis Tage vorüber waren, bereitete sich die Familie hastig auf die Flucht vor. Ben Ali baute psychisch völlig ab; er musste vom Sicherheitspersonal dazu gedrängt werden, das Flugzeug zu besteigen, das nach unbestätigten Gerüchten von Bruder Muammar für den Flug nach Saudi Arabien zur Verfügung gestellt worden war. Offiziellen Berichten zufolge reiste er in der Präsidentenmaschine. Schon bald nach seiner Ankunft in Jiddah wurde gemeldet, Ben Ali habe einen Schlaganfall erlitten und sei (zu seiner Sicherheit) unter falschem Namen in ein Krankenhaus eingeliefert worden. Ob der Präsident nun wirklich einen Schlaganfall erlitt, kann zwar hier nicht überprüft werden, die klinische Literatur bestätigt aber, dass Krankheit häufig eine Flucht vor der Realität darstellt.

---

[177] Ben Chrouda, a.a.O., S. 159.

Herrschen 5

ALI ABDULLAH SALIH

GESTALT WIE AUS EINER SHAKESPEARE'SCHEN TRAGÖDIE

Ein Beobachter mit europäisch geprägtem kulturellem Hintergrund wird beim Anblick eines jemenitischen Präsidenten Ali Abdullah Salih, der verzweifelt seinen Anspruch auf Macht und Position verteidigt, an Figuren aus Shakespeares größten Werken erinnert. Etwa an König Lear auf der Heide, der sich – von den bösen Töchtern seiner Autorität und Entourage beraubt – an seinen königlichen Status klammert. Oder an Richard III, der praktisch allein auf dem Schlachtfeld, ohne Pferd, in höchster Not nach jemandem ruft, der ihm ein Ross verschafft: »Ein Königreich für ein Pferd!« Fast mit Händen zu greifen ist der Vergleich zu Hamlet, der innerlich zu schwach ist, um eine Entscheidung zu treffen und danach zu handeln, und damit eine Tragödie auslöst.

Der kulturelle Kontext erscheint zunächst vielleicht weit hergeholt. Doch der Vergleich mit Shakespeare wird plausibel, wenn man bedenkt, dass die genannten tragischen Helden – die davon überzeugt waren, man habe sie durch Komplotts und Verschwörungen zu Fall gebracht –, letztendlich selbst für ihr Schicksal verantwortlich waren. König Lears wahnsinnige Entscheidung, sein Königreich aufzuteilen, und Richard III blutrünstige Gier nach Macht führten sie ins Verderben.

Genauso verhält es sich bei dem jemenitischen Staatschef, der so gern Präsident auf Lebenszeit geblieben wäre. Die Ursachen für die vielen Demonstrationen, bei denen ab Januar 2011 sein Rücktritt gefordert wurde, müssen in seiner Politik und dem Führungsstil gesucht werden, den er 30 Jahre lang an den Tag gelegt hat.

Hinsichtlich Werdegang, Karriere und Errichtung einer politischen Ordnung weist Salih erstaunliche Ähnlichkeiten zu Mubarak und Ben Ali auf – entsprechend verhielt er sich auch in der Krise ähnlich wie seine nordafrikanischen Nachbarn. Natürlich sind alle drei eigenständige Persönlichkeiten, dennoch gibt es bei allen dreien geradezu unheimliche Hinweise auf Persönlichkeitsstörungen wie Narzissmus, Paranoia und Hysterie.

AUS ARMEN VERHÄLTNISSEN ZUR MACHT

Wie Gaddafi, Mubarak und Ben Ali wurde auch Ali Abdullah Salih in eine sehr arme Familie in Almardh hineingeboren. Ohne die Oberschule besucht zu haben, trat er in die Armee ein, weil sich ihm nur dort die Chance bot, etwas aus sich zu machen. Es ist nicht ganz klar, wie alt er damals war, weil zwei unterschiedliche Geburtsdaten genannt werden: Seine offizielle Biografie nennt 1946 als Jahr der Geburt, andere Quellen sprechen von 1942.[178] Träfe das erste Datum zu, so wäre er 1958 bei seinem Eintritt in die Armee erst zwölf Jahre alt gewesen – nach heutigen Menschenrechtskriterien ein Kindersoldat. Und selbst wenn er 1942 geboren wurde, wäre er mit 16 Jahren noch immer ein sehr junger Soldat gewesen. Während der Revolution wurden im Internet wilde Geschichten über Salihs familiären Hintergrund verbreitet, etwa die, er sei ein uneheliches Kind gewesen, dessen Vater die Familie im Stich gelassen habe. In offiziellen Biografien heißt es, er sei von seinem Stiefvater Salih, dem Bruder seines verstorbenen Vaters, großgezogen

---

[178] Seine offizielle Biografie war einsehbar unter http://www.yemennic.net/English%20site/SITE%20CONTAINTS/presedency/President/Biog.pres.htm. Siehe auch http://www.presidentsaleh.gov.ye/shownews.php?lng=en&_newsctgry=2.

worden, doch Einzelheiten wie Namen von Familienangehörigen werden nicht genannt. Über seine führende Rolle bei der Revolution von 1962 und die 1963 im Bürgerkrieg erlittenen Verletzungen kursieren Heldengeschichten. Auch hier werfen – je nach angegebenem Geburtsdatum – sein damaliges Alter und sein Rang Fragen über die Glaubwürdigkeit solcher Berichte auf. Doch wie immer die Einzelheiten auch aussehen mögen: Daran, dass Salih in ärmlichen Verhältnissen aufwuchs und die Schrecken des Krieges schon in jungen Jahren kennenlernte, besteht kein Zweifel.

Wie Gaddafi und Mubarak vollzog auch Salih einen rapiden Aufstieg in der militärischen Hierarchie. Im Juli 1978 wurde er zum Präsidenten der Jemenitischen Arabischen Republik und Obersten Befehlshaber der Streitkräfte gewählt und 1983 als Präsident bestätigt. Nach einer weiteren Beförderung zum Feldmarschall und General wurde er im Mai 1990 Vorsitzender des Präsidentschaftsrats des vereinigten Jemen. 1993, 1994 und 1999 wurde er jeweils wiedergewählt, die Wahl von 1999 war die erste direkte Präsidentschaftswahl im Jemen. Ohne Gegenkandidat erhielt er 99,2 Prozent der Stimmen. Darüber hinaus hatte das Parlament 1999 die Amtszeit des Präsidenten von fünf auf sieben und die Legislaturperiode des Parlaments von vier auf sechs Jahre verlängert. Dem Parlament wurde ein vom Präsidenten ernannter Beirat mit gesetzgeberischen Vollmachten zur Seite gestellt. 2002 hatte Salih zunächst erklärt, sich 2006 nicht zur Wiederwahl zu stellen, dann jedoch sich dem »Druck der Öffentlichkeit« gebeugt und die Wahl mit 77,2 Prozent der Stimmen gewonnen. Seine Absicht, 2013 nach dem Ende der laufenden Amtszeit erneut zu kandidieren, wurde zum Auslöser der Revolution im Jemen.

DIE FAMILIE

An Ali Abdullah Salih zeigt sich deutlich, wie Macht korrumpiert. Genauso wie Ben Ali und seine Frau Leila Trabelsi organisierte auch Salih den Staat wie ein Familienunternehmen – vielleicht als Reaktion auf seine ungewöhnlichen Familienverhältnisse. Er verlieh dem Begriff Nepotismus eine neue Bedeutung: Abgeleitet vom italienischen *nipote,* zu Deutsch Neffe, steht das Wort Nepotismus für die Praxis, Familienangehörigen Privilegien einzuräumen. So ist es in der Geschichte häufig genug vorgekommen, dass ein Papst, der wegen der Verpflichtung zum Zölibat keine Kinder haben durfte, seine illegitimen Nachkommen als »Neffen« behandelte und ihnen besondere Vorrechte gewährte. Salih hat seine Neffen in Spitzenpositionen gebracht; kein Wunder, dass die Opposition in den Ruf nach seinem Rücktritt auch die Forderung einschloss, seine Verwandten – besonders seine Neffen – ebenfalls in die Wüste zu schicken.

Die Verteilung von Macht und Privilegien unter den Mitgliedern des Salih-Clans erinnert an das System Ben Ali/Trabelsi, mit dem Unterschied, dass der Jemen, anders als Tunesien, ein bettelarmes Land ist. Die Unternehmungen, Geldmittel und Institutionen, die aufgeteilt werden, mögen deshalb weniger lukrativ sein als in Tunesien, doch Prinzip und Vorgehen der Korruption bleiben dieselben. Je nach herangezogener Quelle zählten zur Machtstruktur der Salih-Familie die folgenden Personen: Sein Sohn, sieben Halbbrüder, fünf Neffen und elf Schwäger.[179] Sie übernahmen be-

---

[179] *The New York Times,* 5. Januar 2010, In Yemen, U.S. Faces Leader Who Puts Family First; Ali Abdullah Saleh Family in Govt and Business, http://armiesofliberation.com/archives/2006/04/08ali-abdullah-saleh-family-in-yemen-govt-and-business,

eindruckende Posten: Sein Sohn, Ahmed Ali Abdullah Salih, befehligte die 30.000 Mann starken Republikanischen Garden und die
Sondereinsatzkräfte. Drei Neffen, Söhne seines verstorbenen Bruders und allesamt im Range eines Oberst, bekleideten führende
Posten im Sicherheitsbereich. Yahya Mohammed Abdulah Salih
war Generalstabschef der Zentralen Sicherheit, die angeblich die
großen Städte, darunter auch Sanaa, unter ihrer Kontrolle hatte
und für Terrorbekämpfung zuständig war. Tareq Mohammed Abdullah Salih war Kommandeur der Sondereinheiten, Ammar Mohammed Abdullah Salih stellvertretender Chef der Nationalen
Sicherheitsbehörde. Ein weiterer Neffe, Tawfick Salih Abdullah
Salih, leitete die National Tobacco and Matches Company. Yahya
wirkte auch im wirtschaftlichen Bereich, und zwar im Erdöl-
Dienstleistungsunternehmen Almass und beim chinesischen Unternehmen Ha Wi Cable.[180]

Die Halbbrüder nahmen hohe Positionen beim Militär ein: Brigadegeneral Mohammed Salih Al-Ahmar war Kommandeur der
Luftwaffe, Brigadegeneral Ali Salih Al-Ahmar war Chef des Gene-
ralstabs, und Brigadegeneral Ali Mohsen Al-Ahmar, dessen genaue
Beziehung zur Familie nicht ganz klar ist, befehligte die Erste Pan-
zerdivision sowie die Nordwestliche Militärische Zone. Weitere
führende Posten beim Militär waren in der Hand von Mitgliedern

---

http://arabrevolution.posterous.com/updated-full-list-of-saleh-family-relativ,
und
http://commentmideast.com/2011/04/yemen-a-family-business/, Dresch, Paul,
A History of Modern Yemen, Cambridge University Press, 2000, 2002, S. 149, 189,
201 f.
[180] Es ist bemerkenswert, dass Salihs Nepotismus bis in die ersten Jahre seiner
Amtszeit zurückreicht. Ende der 1970er Jahre war sein Halbbruder Ali Salih
zuständig für Hizyaz, »das Tor von Sanhan«, später wurde er Chef der Republikanischen Garden. Salihs leiblicher Bruder Mohammed Abdulla Salih war Chef
der Zentralen Sicherheit, Dresch, a.a.O., S. 149.

des Hashed-Stamms aus dem Dorf Sanhan, dem auch Salih angehört.

Unter den Halbbrüdern und Schwägern fanden sich weiterhin hohe Industrie-Kapitäne, die Führungspositionen bei Erdöl- und Ingenieurbetrieben oder im Bereich Landwirtschaft, Bau, Transport, Infrastruktur, Pharmaindustrie besetzten. Auf Regierungsebene gab es Schwäger im Außenministerium und den Ministerien für Jugend und Sport, Planung und internationale Zusammenarbeit, außerdem im Präsidentenpalast und im diplomatischen Corps. Darüber hinaus bestanden eheliche Beziehungen der Großfamilie Salih zu prominenten Familien wie den Bayt al-Qadi. Alle diese Verwandten traten nach dem Machtwechsel von ihren Posten zurück oder wurden entlassen.

Gegen diese jemenitische Version des Trabelsi-Clans richtete sich Anfang 2011 der Aufstand der Opposition. Nach Salihs vergeblichem Versuch, die Verfassung dahingehend zu ändern, dass ihm eine weitere Amtszeit ermöglicht worden wäre, kursierten Gerüchte, er beabsichtige – genauso wie Mubarak –, nach Ablauf seiner Amtszeit 2013 seinen Sohn zu seinem Nachfolger zu machen. Das wurde jedoch von allen Seiten abgelehnt. In ihrem Fünfpunkteplan für den Machttransfer forderte die Koalition der Oppositionsparteien, die Joint Meeting Parties, die Absetzung von 30 Personen, darunter viele der oben genannten. An erster Stelle stand natürlich Präsident Ali Abdullah Salih, der selbst ebenso rüde reagierte wie die pompösen Führer in Tunis und Kairo. Voller Arroganz wies er bei einem Fernsehauftritt am 23. Januar die Nachfolgegerüchte als »Unverschämtheit« zurück. Im gleichen Atemzug erhöhte er die Gehälter der Streitkräfte, offenkundig in dem Versuch, ihnen beim Vorgehen gegen die Demonstranten den Rücken zu stärken.

Bei der lückenlosen Kontrolle, die seine Familie über Polizei, Sondereinsatzkräfte und Streitkräfte ausübte, zeigte Salih keine Skrupel, den Schießbefehl gegen friedliche Demonstranten zu erteilen. Nach seinen Worten habe er den Sicherheitskräften solche Befehle »nur für den Fall der Selbstverteidigung« gegeben – eine offenkundige Lüge, denn die Demonstranten waren ja nicht bewaffnet. Zu den Kräften der Unterdrückung gehörten bezahlte Schläger und Scharfschützen, die von Dächern herunter in die Menge feuerten. Bis Ende Februar waren mindestens 12 Todesopfer zu beklagen, die Zahl der Opfer stieg von Tag zu Tag. Am 18. Mai wurden dann bei einem Angriff auf die Universität 42 Menschen getötet, die meisten durch Kopf- oder Genickschuss. Dieser Vorfall – ein Arzt sprach von einem »Massaker« – veränderte den politischen Kontext; führende Mitglieder des Establishments traten aus moralischer Entrüstung zurück. Salih rief den Notstand aus.

EIN SCHWANKENDER NARZISST

Schon seit Beginn der Proteste – im weiteren Verlauf immer deutlicher – legte Salih ein ähnliches Verhalten wie Gaddafi an den Tag: Er organisierte regierungsfreundliche Demonstrationen, um sein eigenes Ansehen zu stärken. Der Opposition begegnete er mit Verachtung und flüchtete sich in Verschwörungstheorien. Mit seinen Gesprächspartnern kokettierte er in einer Art Katz-und-Maus-Spiel, das lediglich zum Zweck hatte, Zeit zu gewinnen und sich gegen das Unausweichliche zu stemmen. Mit jedem Tag, der verging, verlor er zusehends den Kontakt zur Realität.

Zu den »regierungsfreundlichen« Demonstrationen versammelten sich wiederholt Tausende in der Hauptstadt Sanaa – anfänglich erhielten die Teilnehmer den Gegenwert von drei Dollar pro Tag, plus Essen und eine Tagesration Khat, der im Jemen beliebten Droge.[181] Anfang April wurden dann auch Demonstranten per Bus

---

[181] *Frankfurter Allgemeine Zeitung*, 2. März 2011.

aus anderen Städten herangekarrt; Presseberichten zufolge erhielten Einwohner von Sanaa inzwischen 250 Dollar, von auswärts Angereiste 300 bis 350 Dollar.[182] Solche Beträge stellen in einem Land, in dem 40 Prozent der Menschen von weniger als zwei Dollar täglich leben müssen, ein Vermögen dar. Für die Kameras des Staatsfernsehens und die ausländische Presse sorgfältig in Szene gesetzt, skandierten diese versammelten Demonstranten voll Jubel: »Das Volk will Ali Abdullah Salih!«

Salih, der sich in der künstlich inszenierten Lobhudelei der Massen badete, verleumdete die Opposition als »Provokateure«. Triumphierend erklärte er am 21. März: »Wir sind noch hier!«, die Mehrheit des Volkes unterstütze ihn. »Diejenigen, die zu Chaos, Gewalt, Hass und Sabotage aufrufen, sind nur eine winzige Minderheit.« Am 25. März rief er versammelten Unterstützern zu, seine Gegner seien eine »kleine Minderheit von Drogendealern und Geldwäschern«, deren Anführer seien »Abenteurer und Verschwörer, die über die Leichen der Märtyrer und Kinder« zur Macht gelangen wollten.[183]

Zuvor hatte er offiziell die USA und Israel beschuldigt, im Jemen und in der gesamten arabischen Welt Unruhe zu schüren. »In Tel Aviv gibt es eine Operationszentrale, deren Ziel es ist, die arabische Welt zu destabilisieren«, und dieses Hauptquartier werde »vom Weißen Haus gesteuert«. Aber: »Mr. Obama, Sie sind Präsident der Vereinigten Staaten und nicht der arabischen Welt.«[184] Am 21. Februar hatte er vor der Presse erklärt: »Der Richter ist das Volk, nicht die amerikanische Botschaft, die Vereinigten Staaten oder die EU.«

---

[182] *Asharq Al-Awsat*, 1. April 2011.
[183] *Frankfurter Allgemeine Zeitung*, 26. März 2011.
[184] *TIME*, 14. März 2011. Wie die *New York Times* am 2. März berichtete, hatte Salih gegenüber Washington sein »Bedauern über Missverständnisse« bezüglich dieser Bemerkungen zum Ausdruck gebracht.

Später nannte er führende Angehörige der Streitkräfte, die zur Opposition übergewechselt waren, »dumm«, er verurteilte ihre »Dummheit« als »Reaktion auf die Ereignisse vom Freitag«. »Ereignisse vom Freitag« war eine grausame Beschönigung für das Universitäts-Massaker – das Rücktritte auf hoher Ebene zur Folge hatte. In derselben Rede hielt Salih an der Illusion der Macht fest: Den Abtrünnigen unter den Militärs bot er eine »Amnestie« an – als verfügte er noch immer über die Macht, sie strafrechtlich zu verfolgen!

Dieselbe Selbstherrlichkeit äußerte sich in dem ständig wiederholten Satz: »Nach mir die Sintflut«. Bei einem Treffen mit loyalen Militärs drohte er am 22. März mit Bürgerkrieg. »Wer durch einen Putsch an die Macht gelangen will«, sagte er an die Adresse der Abtrünnigen, »der sollte wissen, dass dies die Lage nicht stabilisieren wird. Das Land wird nicht stabil, es wird zum Bürgerkrieg kommen, einem blutigen Krieg. Sie sollten es sich also gut überlegen.« Wenige Tage später erklärte er im Fernsehsender *Al Arabiya*, er werde die Macht nicht an das »Chaos« – gemeint war die Opposition – übergeben. Am 26. März erklärte er den Jemen zur »tickenden Zeitbombe«, ohne ihn werde ein Bürgerkrieg ausbrechen.

INNERE SPALTUNG

Am interessantesten trat seine Persönlichkeitsstruktur in dem Katz-und-Maus-Spiel zutage, das er mit der Opposition und der internationalen Gemeinschaft zu spielen versuchte hinsichtlich möglicher diplomatischer Lösungen der Krise. Darin wurde nämlich nicht nur Salihs Art, politisch zu manövrieren, erkennbar, sondern auch eine tiefgehende innere Spaltung.

Von Anfang an war klar, worum es ging: Die Opposition, die ursprünglich von Jugendlichen und Studenten gebildet worden war und sich inzwischen zu einer breiten Massenbewegung von Menschen aller gesellschaftlichen Schichten entwickelt hatte, ging auf die Straße, um den Regimewechsel zu erzwingen, den sie mit dem Stimmzettel nie hatte bewirken können, weil die Wahlen stets manipuliert wurden. Die Menschen bestanden auf politischen Reformen, angefangen von der Ablösung des derzeitigen Regimes, Salih und seiner Familie, und gefolgt von echten Wahlen. Anfang Februar hatte Salih noch angekündigt, sein Amt aufzugeben, ohne auf einer dynastischen Nachfolge zu bestehen – allerdings erst 2013 mit Ablauf seiner Amtszeit. Bei einem Treffen Anfang März präsentierte die Opposition, die Joint Meeting Parties (JMP), ihren Fünfpunkteplan. Darin war vor allem vorgesehen, dass Salih Ende 2011 die Macht abgeben sollte. Am 5. März veröffentlichte das Büro des Präsidenten die Erklärung, er werde nicht vor 2013 weichen. Zwei Tage später sprachen Salih-Insider von »vorläufiger Akzeptanz« des Plans, später war nur noch von »positiver Aufnahme« die Rede.

Am 10. März versprach Salih bei einer Ansprache eine Änderung der Verfassung, durch die dem Parlament mehr Vollmachten übertragen worden wären. Der Verfassungsentwurf sollte von Vertretern der Politik und Gesellschaft – vermutlich ausgewählt vom Präsidenten – ausgearbeitet und dem Volk anschließend in einem Referendum zur Annahme vorgelegt werden. Die Antwort der Opposition bestand aus einem einzigen Satz: »Gehen Sie, Salih. So lautet unsere Forderung.«

Nachdem bereits hochrangige Militärs und Diplomaten übergelaufen waren und sich immer mehr Journalisten, Ärzte und Akademiker der Opposition anschlossen, erklärte Salih nach Angaben seines Sprechers Ahmed al-Sulfi am 21. März bei einer Versammlung von Stammesfürsten, Militärs und hohen Beamten, er werde sein Amt am Ende des Jahres aufgeben. Zwei Tage später richtete er einen Brief an die einzelnen Gruppen der Opposition, in dem er die neue Verfassung plus Referendum und anschließende Wahlen noch für 2011 vorschlug. Energische Aufrufe der Opposition zum sofortigen Rücktritt beantwortete Salih mit: Ja, gut, aber ... Am 24. März versprach er seinen Rücktritt, die Macht werde er jedoch nur in fähige Hände übergeben. »Ich werde die Macht in sichere Hände übergeben«, sagte er, »und nicht an böswillige Kräfte, die sich gegen unser Vaterland verschwören.«

Noch keine 24 Stunden waren verstrichen, da dementierte ein Sprecher des Präsidenten offiziell die Berichte, Salih werde zurücktreten. Am 27. März sprach Salih selbst bei einem Treffen mit der Führung seines Allgemeinen Volkskongresses (General People's Congress, GPC) das Thema an: »Ich könnte die Macht abgeben ... sogar schon in wenigen Stunden, vorausgesetzt, Respekt und Prestige bleiben gewahrt. Ich muss das Land ans sichere Ufer steuern ... Ich bleibe im Amt, um es friedlich zu übergeben.« Es folgten Berichte in *Al Jazeera* und anderen Medien, wonach Salih nur wenige Stunden später bei einem Treffen mit Stammesfürsten versichert habe, er werde bis 2013 bleiben! Schleunigst schloss sich seine Regierungspartei dem an und betonte, Salih werde auch Vorsitzender des GPC bleiben. Anderen Berichten zufolge könne sich er zwar mit einem Rückzug noch im Jahr 2011 einverstanden erklären, verlange aber weiterhin die Kontrolle über seine Partei.

Am 2. April unterbreitete die Opposition JMP Salih einen reellen, rationalen Vorschlag für eine friedliche Machtübergabe. Nach ihrem Fünfpunkteplan sollte Salih zunächst die Macht an seinen Vizepräsidenten übergeben, der eine Neuorganisation der verschiedenen Sicherheitsbehörden (Nationale Sicherheitsbehörde, Zentrale Sicherheitskräfte und Republikanische Garden) vornehmen würde. Anschließend sollte gemeinsam mit der JMP und Vertretern aller politischen Gruppen ein nationaler Übergangsrat gebildet werden, dem die Formulierung eines Entwurfs einer neuen Verfassung obliegen würde. In der Zwischenzeit sollte die wirtschaftliche und politische Entwicklung übergangsweise von einer Regierung der nationalen Einheit gesteuert werden.

Nur wenige Tage später legte der Gulf Cooperation Council GCC eine eigene Initiative vor, die im Wesentlichen mit dem Plan des JMP übereinstimmte: Auch hier wurde die Übergabe der Macht an den Vizepräsidenten und, vorübergehend, an einen breit im politischen und gesellschaftlichen Spektrum verankerten Führungsrat gefordert, der drei Monate lang die Amtsgeschäfte leiten und Wahlen vorbereiten sollte.[185] Einigen Quellen zufolge hatte Salih dem Plan am nächsten Tag zugestimmt, doch die späteren Ereignisse straften solche Berichte Lügen. Obwohl Salih in diesem Vorschlag de facto Immunität zugesichert wurde, lehnte er ihn öffentlich ab. Am 8. April sprach er im staatlichen Fernsehen von einem »Putsch gegen die Demokratie« und einer »eklatanten Einmischung in Angelegenheiten des Jemen«. Darüber verständlicherweise verstimmt, kamen die GCC-Außenminister am 10. April zu einem Treffen zusammen, bei dem sie Salih offen aufforderten, die Macht an seinen Vizepräsidenten zu übergeben und den Weg für eine Übergangsregierung freizumachen.

Am 11. April meldete die Website *Antiwar.com*, Salih habe den Vorschlag des GCC unterstützt, allerdings unter der Bedingung, dass der Machttransfer auf »verfassungskonforme Weise« vor sich gehe. Diese Formulierung bedeutete, dass ein Regimewechsel nur durch Wahlen zustande kommen könnte, und die waren bekanntlich erst für 2014 geplant! Die Opposition war gegen die vom GCC angebotene Immunität, doch das erübrigte sich, da Salih ja bereits abgelehnt hatte.

Die Opposition, die angesichts der schwankenden Haltung des Präsidenten die Geduld verlor, setzte ein Ultimatum für den 14.

---

[185] Der vernünftige und großzügige Vorschlag des GCC wurde am 22. April 2011 in *Asharq Al-Awsat* zusammengefasst.

April. Damit blieben Salih zwei Wochen Zeit, die Macht zu übergeben. Er antwortete bereits am folgenden Tag bei einer kurzen Rede vor Anhängern in Sanaa: Die Opposition, die er als Haufen von »Banditen« und »Lügnern« beschimpfte, solle in einen Dialog mit ihm eintreten. »Wir fordern die Opposition auf, ihrem Gewissen zu folgen und in einen Dialog einzutreten, bei dem eine Einigung über Sicherheit und Stabilität des Landes erzielt wird.« (Er beschuldigte die Demonstranten, unter Verstoß gegen religiöse Normen die Geschlechter zu vermischen – ein Vorwurf, der lebhafte Reaktionen auslöste. Als Zeichen des Protests gingen nun Tausende Frauen auf die Straße.)

Der GCC gab nicht auf, sondern unternahm einen neuerlichen Vorstoß zu einer Lösung. Am 17. April kam es in Riad zu einem Treffen, an dem neben den Außenministern der Mitgliedsländer auch Vertreter des Gemeinsamen Forums der jemenitischen Opposition teilnahmen, darunter ein ehemaliger Außenminister und vier Vorsitzende politischer Parteien. Nach dem von ihnen präsentierten Vorschlag sollte Salih das Präsidentenamt innerhalb von 30 Tagen räumen und die Macht an seinen Vizepräsidenten übergeben. Es war die Rede von einer Regierung der nationalen Einheit und Präsidentschaftswahlen in spätestens zwei Monaten. Außerdem sah der Plan die Entlassung der Chefs von drei führenden Sicherheitsbehörden vor, allesamt Verwandte von Salih: Ahmed Ali Abdullah Salih, Ammar und Yahya. Bedeutsam für Salih war, dass ihm der GCC mit Zustimmung der Opposition Immunität vor Strafverfolgung zusicherte.

Am 22. April nahm Sali den Vorschlag unter dem Vorbehalt an, dass alles »entsprechend der Verfassung des Jemen« vor sich gehe, das heißt, dass er bis 2013 im Amt bleibe. Mit dieser Antwort holte er erneut zum Schlag gegen alle seine Gegner aus, die er des »Komplotts gegen Freiheit, Demokratie und politischen Pluralismus« beschuldigte. Einen Tag später informierte ein Assistent des

Präsidenten, Tariq Shami, den Fernsehsender *Al Jazeera*, Salih habe dem Plan des GCC »in vollem Umfang« zugestimmt, sofern dieser auch von der Opposition mitgetragen werde. Doch 24 Stunden später erklärte Salih in einem *BBC*-Interview erneut das Gegenteil: »Wem soll ich [die Macht] übergeben – etwa denen, die einen Staatsstreich versuchen? Nein, wir setzen auf Wahlurnen und Referendum.« Und er versprach, ausländische Beobachter einzuladen.

Die Farce setzte sich bis in den folgenden Monat fort. Am 6. Mai hätten eigentlich jeweils 15 Vertreter beider Seiten eine Vereinbarung unterzeichnen sollen, doch Salih machte im letzten Moment einen Rückzieher. Für die Vertreter des Staates Jemen und die Opposition wurde mit dem 18. Mai ein neues Datum für eine vom GCC vermittelte Einigung angesetzt. Wieder reagierte Salih ausweichend, schließlich sei nicht gewährleistet, dass die jungen Leute auf der Straße Ruhe geben würden, wenn Vertreter der Opposition unterzeichneten. Es ist leicht nachvollziehbar, dass GCC-Generalsekretär Abdullatif al Zayani daraufhin verärgert aus dem Jemen abreiste.

Nachdem die Vertreter der Opposition am 22. Mai ihre Unterschrift unter das Dokument gesetzt hatten, versammelten sich die Botschafter der GCC-Länder, der USA und der EU, um an der feierlichen Zeremonie anlässlich der Unterzeichnung teilzunehmen, bei der Salih den Vorsitz führen sollte. Doch dieser lehnte erneut ab. Im Staatsfernsehen erklärte er seine Weigerung damit, die Unterzeichnung habe nicht in seiner Gegenwart stattgefunden. Anlässlich einer Feierstunde der Armee sagte er, die Vereinbarung käme einem Staatsstreich gleich und al-Qaida werde sein Land übernehmen, wenn er das Dokument unterzeichnete.

Als die Spannungen zwischen Salihs verbleibenden Truppen und der Miliz unter Führung von Sadeq al Ahmar, dem Chef der Hashid-Stämme, eskalierten und in einen Bürgerkrieg auszuarten drohten, signalisierte Salih erneut seine Bereitschaft, eine Vereinbarung im Sinne des GCC-Abkommens zu unterzeichnen. Doch auch aus diesem Versprechen wurde nichts.

Am 3. Juni erreichte der Konflikt seinen Höhepunkt: Bei einem Bombenangriff auf sein Hauptquartier wurde Salih schwer verletzt, er erlitt massive Verbrennungen. Daraufhin zog er sich zur medizinischen Behandlung nach Saudi-Arabien zurück. Noch von der Intensivstation versandte er Botschaften, in denen er die baldige Rückkehr nach Sanaa ankündigte. Dort wurde inzwischen die Opposition immer stärker. Am 19. Juni formulierten führende Vertreter von Klerus und Stämmen eine gemeinsame Petition, in der wegen mangelnder Geschäftsfähigkeit Salihs dessen Absetzung und Neuwahlen gefordert wurden. Zu den einhundert Unterzeichnern zählte der prominenteste Vertreter der Geistlichkeit im Jemen, Scheich Abdul-Majid Al-Zindani, Vorsitzender der islamischen Partei Islah. Zur gleichen Zeit demonstrierten die Massen auf den Straßen mit der Forderung, Salihs Sohn, der inzwischen den Platz des Präsidenten eingenommen hatte, außer Landes zu jagen.

Bei seinem ersten Fernsehauftritt nach dem Attentat erklärte sich Salih bereit, die Macht »im Rahmen der Verfassung« zu teilen – was im Klartext einer Absichtserklärung gleichkam, bis 2013 im Amt zu bleiben. Nach acht großen Operationen kehrte er am 23. September aus Riad in den Jemen zurück, angeblich »mit Friedenstaube und Olivenzweig im Gepäck«.[186] Seine Versprechungen auf

---

[186] In der internationalen Presse wurde weithin die Vermutung geäußert, zwischen den USA und Salih sei eine Art Gegenleistung vereinbart worden, um ihm die Rückkehr ins Land zu ermöglichen. Teil der Vereinbarung soll gewesen sein, dass Salih Informationen über den Aufenthaltsort des Jemen-Amerikaners Anwar al-Awlaki geliefert hatte, die zu dessen Ermordung bei einem Drohnenangriff am 30. September und zwei Wochen später zur Ermordung seines Sohnes geführt hatten. Am 9. Oktober schrieb die *New York Times*: »Die Regierung Salih betont ihre Rolle, den USA entscheidende Informationen über den Aufenthalt des in den USA geborenen Geistlichen Anwar al-Awlaki geliefert zu

einen Waffenstillstand verpufften in einer Eskalation bewaffneter Angriffe auf die Kräfte der Opposition, bei der 100 Menschen den Tod fanden. Seine erneute feierliche Versicherung, den Friedensplan des GCC umzusetzen, war nichts als grausame Lüge.

Diese Farce zog sich über Monate hin, die Zahl der Opfer des Konflikts stieg. Am 8. Oktober schließlich signalisierte Salih, dass er innerhalb weniger Tage abtreten könne. Doch schon 24 Stunden später erklärten Regierungsvertreter, der Außenminister halte sich in den Vereinigten Arabischen Emiraten auf, wo er wieder einmal einen neuen Plan vorstellen wolle. Bei einer Rede am 5. November verwendete Salih die ebenso wortreiche wie vage Formulierung: »Wir betonen die Absicht, auch weiterhin die Bemühungen von Vizepräsident Abd-Rabbu Mansour Hadi zu unterstützen, die er im Rahmen seines Mandats für den Abschluss eines Dialogs mit der Opposition und zur Unterzeichnung der Golf-Initiative unternimmt, sowie deren operationellen Mechanismus ... um einen legitimen, friedlichen und demokratischen Übergang zu gewährleisten und vorgezogene Präsidentschaftswahlen abzuhalten«. Bei einem Interview mit *France24* schwor er, innerhalb von 90 Tagen nach Unterzeichnung der GCC-Vereinbarung zurückzutreten. »Ich kenne die Schwierigkeiten, das Negative und das Positive. Ich werde mich nicht an das Amt klammern«. Und in einer Art Freud'schen Versprechers setzte er noch hinzu: »Ich halte jeden für verrückt, der an der Macht klebt«. Eine klinische Analyse solcher Äußerungen ergibt, dass sich hier plötzlich eine Dissoziation zeigt, ohne dass sich der Betreffende einer Verbindung zu seinem Verhalten oder seinen Erklärungen bewusst wäre. Könnte Salih bei all seinem Machthunger je der Gedanke kommen, er könnte verrückt sein?

---

haben, die es der CIA ermöglichten, ihn Ende September durch einen Drohnen-Angriff zu töten.«

Natürlich kann man über Sinn und Unsinn der Vorschläge zur Beilegung der Krise streiten, aber darum geht es hier nicht. Wie die Ereignisse belegen, war Präsident Salih psychisch weder gewillt noch in der Lage, sich rational damit zu beschäftigen. Wäre er es gewesen, so hätte er die Vor- und Nachteile sorgsam abgewogen und dann entschieden, solange seine vitalen Interessen – sein physisches und mentales Wohlergehen und seine Sicherheit (einschließlich der Immunität) – gewahrt wären, in Würde abzutreten und anderswo eine Zukunft zu suchen. Genau das hätte ihm das sehr generöse Angebot des GCC garantiert, doch in seiner psychischen Verfassung war das für ihn nicht akzeptabel.

Nach Einschätzung von Psychiatern war das Hamlet-ähnliche Schwanken des Präsidenten mehr als nur ein Spielen auf Zeit. Seinem eigenen subjektiven Empfinden nach verschlechterte sich die Lage beständig und ein Teil seiner Persönlichkeit stand in Konflikt mit einem anderen Teil. In dieser inneren Spaltung gefangen, war er buchstäblich unfähig, eine Entscheidung zu treffen.[187] Doch dann setzte er am 23. November, scheinbar überraschend, seine Unterschrift unter die vom GCC ausgearbeitete Vereinbarung, die den Machttransfer an den Vizepräsidenten innerhalb von 30 Tagen und im Gegenzug Immunität für ihn und seine Familie vorsah.

---

[187] In Bemerkungen, die von *Wikileaks* veröffentlicht wurden, beschrieben US-Diplomaten Salih als »gerissenen, respektlosen und bisweilen launischen jemenitischen Autokraten«. Seine Launen zeigen sich an der ständig wechselnden Haltung im Verlauf der Krise. Dass er »gerissen« ist, kann man Berichten über sein betrügerisches Verhalten hinsichtlich der Beziehungen zu den USA entnehmen. So betonte Salih beispielsweise in Gesprächen mit US-General David H. Petraeus nach US-Raketenangriffen auf al-Qaida-Stellungen im Jemen seine offizielle Linie, wonach dies keine amerikanischen, sondern jemenitische Luftangriffe gewesen wären. »Wir werden auch weiterhin sagen, dass es unsere, nicht Ihre, Bomben waren«, versicherte er. Und für den Fall, dass in den Stellungen amerikanische Munition gefunden werde, würde die jemenitische Seite einfach behaupten, dabei handele es sich um alte Ausrüstung, die von den USA gekauft worden sei.

Immenser Druck der USA und der Saudis war vonnöten gewesen, ihn zu diesem entscheidenden Schritt zu bewegen. Doch selbst eine Unterschrift auf der gepunkteten Linie war noch keine Garantie dafür, dass er tatsächlich den Schritt vollzogen hatte. Denn Salih beanspruchte und erhielt das Recht, für die Dauer des Übergangs den Titel »Ehrenpräsident« zu tragen. Oberflächlich betrachtet mag dies wie ein lachhaftes Zugeständnis wirken, das nur gewährt wurde, um dem klinischen Nichtwahrhabenwollen des jemenitischen Präsidenten Genüge zu tun. Vom psychologischen Standpunkt ermöglichte es Salih, die Illusion der Macht aufrecht zu erhalten. Doch gleichzeitig scheint er dafür gekämpft zu haben, diese Illusion Wirklichkeit werden zu lassen. Am 10. Dezember klagte Nobelpreisträgerin Tawakul Karman in einem Interview mit der *Frankfurter Allgemeinen Zeitung*, derselbe Salih, der die Vereinbarung zur Machtübergabe unterzeichnet habe, sei immer noch da und regiere durch einen Vizepräsidenten, der ihn bei allen Entscheidungen zu Rate ziehe. Sie monierte, die neue Übergangsregierung der nationalen Einheit bestehe zur Hälfte aus Vertretern des »korrupten Regimes« und erhob die Forderung, Militär und Sicherheitsapparat der Aufsicht einer unabhängigen Kommission zu unterstellen. Darüber hinaus klammerten sich Salihs Familienmitglieder ungeachtet der Forderungen der Revolution an ihre Posten – solange es ging.

»JEDER ZOLL EIN KÖNIG«

Auffällig an Salihs Verhalten während der Revolution war die Weigerung anzuerkennen, dass ihm die Dinge entglitten und der gesamte Machtapparat vor seinen Augen zerbröckelte. Dank psychischer Verteidigungsmechanismen gelang es ihm, einfach auszublenden, was um ihn herum geschah.

Es begann Ende Februar, als Vertreter der Stämme Hashid und Baqil sich von Salih distanzierten, der selbst den Hashid angehört. Nach dem Universitätsmassaker vom 18. März trat der Tourismusminister zurück, gemeinsam mit dem jemenitischen Botschafter im Libanon und dem stellvertretenden Erziehungsminister. Damals feuerte Salih sein gesamtes Kabinett, möglicherweise als vorbeugende Maßnahme, da er wusste, dass es zu einem Massenrücktritt kommen würde. Sieben weitere Botschafter quittierten am 21. März den Dienst, darunter auch der wichtige Vertreter in Saudi-Arabien. Tage später ging der Botschafter bei den Vereinten Nationen, zusammen mit den Ministern für Menschenrechte und religiöse Angelegenheiten und dem Direktor der Nachrichtenagentur *SABA*. Ebenfalls am 21. März hatten fünf jemenitische Botschafter in Europa – in Frankreich, Belgien, der Schweiz, Deutschland und Großbritannien – ihr Amt niedergelegt, ebenso die Botschafter in Jordanien, Syrien und Kuba. Gleichzeitig setzte sich Generalmajor Ali Mohsen Salih zusammen mit einem weiteren General und drei Regionalkommandeuren ab – für das Regime ein potenziell vernichtender Schlag. Die Nachricht, dass der Geistliche und Politiker Scheich Adbul-Majid al-Zindani den Demonstranten seine Unterstützung zugesichert hatte, muss ein weiterer Schock gewesen sein. Kurz danach trat auch noch Abdel-Malik Mansour, der Vertreter bei der Arabischen Liga, zurück.

Mitte April schloss sich eine Gruppe hoher Offiziere dem Protest an. Darunter waren Angehörige der Luftwaffe, der Zentralen Sicherheit und der Republikanischen Garden. Wenige Tage später, am 18. April, brachte *Al Jazeera* den Bericht über die Gründung einer neuen Partei durch ehemalige Mitglieder der Regierungspartei. Zu den Gründern dieser neuen Organisation, die die Opposition unterstützte, gehörten drei frühere Regierungsangehörige: Ex-Transportminister Khalid al Wazit, Ex-Tourismusminister Nabil al Faqih, der bisherige Minster für Menschenrechte Huda al Ban sowie 20 ehemalige Abgeordnete der Partei General Peoples Congress.

Tagtäglich musste Ali Abdullah Salih, Präsident der Republik Jemen, nun Nachrichten verdauen, wonach sich Hunderttausende Bürger in Sanaa und anderen Städten versammelten, die seinen Rücktritt forderten, und die Botschafter in den einflussreichsten Ländern ihm die Gefolgschaft verweigerten.

Stammesführer Sadeq al Ahmar fand eine geradezu poetische Formulierung, als er sagte, Salih werde »sein Land barfuß – das heißt aller gesellschaftlichen und politischen Unterstützung beraubt – verlassen«. Wie sich herausstellte, war Salih nach dem Attentat vom 3. Januar gezwungen, unter noch weit schrecklicheren Umständen außer Landes zu gehen, vielleicht nicht barfuß, aber mit nackter und zudem schwer verbrannter Haut.

Bei der ersten kurzen Fernsehansprache nach seiner Rückkehr aus der medizinischen Behandlung erschien er mit einem Kopftuch, das seine Wunden verdeckte und versuchte verzweifelt, sich noch immer als Führer des Jemen zu präsentieren. Da saß Salih im fernen Riad, wie König Lear auf der Heide inmitten eines Sturms biblischen Ausmaßes – Lear war nicht nur vollkommen der königlichen Insignien, Hermelinmäntel, Krone usw. beraubt, sondern hatte auch seine Entourage verloren: Sicherheitstruppen, Palastwache, alle. Die Töchter hatten seine Gefolgschaft von 100 auf 50, von 50 auf 25 und schließlich auf eine Person reduziert. Nur dass »jeder Zoll ein König ist«, hält Lears Illusion von Macht und Größe aufrecht, eine Illusion, die sein ergebener Diener Kent nährt. Obwohl Lear längst alle politische Macht eingebüßt hat und nun auch noch den Verstand verliert, versichert ihm der loyale Kent, er sei der König, den er mit »Eure Majestät« anredet, wie es das Zeremoniell verlangt. Auch ein paar hartgesottene Loyalisten in Sanaa, die den Präsidenten verletzt und verbrannt im Fernsehen gesehen hatten, begrüßten das Auftreten des Präsidenten. Bei seiner Rückkehr in die Hauptstadt des Jemen griffen sie zu den Waffen, in einem letzten verzweifelten Versuch, seine Position als »Staatsoberhaupt« zu verteidigen. Am Ende blieb Salih der tröstliche Gedanke, dass er ja selbst nach der Unterzeichnung der GCC-Vereinbarung immer noch den Titel »Ehrenpräsident« trug, oder etwa nicht? Und noch Ende Januar 2012 im amerikanischen Exil – offiziell zur medizinischen Behandlung – hing er der Illusion nach, er könne noch immer in den Jemen zurückkehren.

Wenn es nach Salihs Willen geht, wird sein »Rückkehr« in den Jemen eine Rückkehr für immer sein. Laut Presseberichten vom Frühjahr 2013 plante der ehemalige Präsident, dort ein zu seinen Ehren eingerichtetes Museum zu eröffnen.[188] Das Museum in der 2008 für fast 60 Millionen Dollar gebauten Salih-Moschee umfasst zwei Säle mit ungefähr 200 Exponaten, darunter Geschenke, die Salih während seiner Amtszeit erhalten hatte, und persönliche Erinnerungsstücke. Zu Ersteren zählt eine »Wüstenlandschaft aus Gold – komplett mit Kamelen und Palmen«. Unter den Erinnerungsstücken finden sich Gegenstände aus der Zeit nach dem Mordanschlag vom Juni 2011. Herzstück der Ausstellung ist ein Schaukasten mit seiner verkohlten Hose, seiner zerbrochenen Brille und Granatsplittern, die aus seinem Körper herausoperiert wurden und jetzt in kleinen durchsichtigen Fläschchen gezeigt werden. Fotos, Gemälde und Porträts zeigen Salih in seinen besseren Tagen, zusammen mit führenden Politikern aus aller Welt. Wenn die Pressemeldungen über das Museumsprojekt zutreffen, so verfügt Salih noch immer über ein Vermögen von 27 Millionen Euro und führt den Vorsitz über den Allgemeinen Volkskongress.

---

[188] Tik Root, »Yemen's deposed President has built a museum dedicated to himself«, VICE, 10 April 2013, http://www.vice.com/gr/read/yemens-ex-presient-has-built-a-museum-of-himself

Im Februar 2013 sprach er sogar bei einer Demonstration. Seine Facebook-Seite zeigt angeblich mehrere Tausend »Likes«. [189] Kurz: Er wurde zwar abgesetzt, besteht aber darauf, immer noch der Führer zu sein.

Im Januar 2014 lebte Salih im Jemen, wo man ihm Immunität gewährt hatte. Wie Analysten und Diplomaten berichten, versuchte er immer noch, hinter den Kulissen Einfluss auf den Gang der Dinge zu nehmen. [190]

Als Wachen auftreten, um den tobenden König Lear wegzuführen, antwortet dieser: »Brav will ich sterben, wie ein schmucker Bräut'gam; was? Will lustig sein; kommt, kommt ich bin ein König, Ihr Herren, wisst Ihr das?«

---

[189] Ebenda.
[190] Worth, Robert F., »Even Out of Office, a Wielder of Great Power in Yemen«, *The New York Times*, 1. Februar 2014.

Herrscher 6

BASCHAR AL-ASSAD

»Wenn Sie über Tunesien und Ägypten sprechen wollen – dafür sind wir nicht zuständig, schließlich sind wir keine Tunesier und auch keine Ägypter ...«, so die Worte von Syriens Präsident Baschar al-Assad bei einem Interview mit dem *Wall Street Journal* am 30. Januar 2011. Zwei Wochen zuvor war Zine Abidine Ben Ali aus Tunesien nach Saudi-Arabien geflohen; zwei Wochen später sollte Ägyptens Präsident Hosni Mubarak abtreten und sich nach Sharm el Sheikh zurückziehen. Als Grund für die Aufstände in beiden Ländern nannte Assad die »Verzweiflung« unter der arabischen Bevölkerung, Verzweiflung über wirtschaftliche Missstände genauso wie über das Scheitern des Friedensprozesses in der Region. In Syrien sei die Lage jedoch anders. »Bei uns sind die Umstände schwieriger als in den meisten arabischen Ländern«, betonte er, wohl unter Anspielung auf die politischen Bündnisse seines Landes, die von den USA mit Argwohn beobachtet wurden, »und dennoch ist Syrien stabil. Warum? Man muss den Überzeugungen der Menschen sehr nah sein. Das ist das Entscheidende. Wenn sich die Politik von den Überzeugungen und Interessen der Menschen entfernt, bildet sich dieses Vakuum, das Unruhen nach sich zieht«.

Eineinhalb Monate später erfasste die Welle der Revolution auch Syrien, es kam zu kleinen Protestaktionen in Damaskus und Daraa. Am 18. März feuerten Sicherheitskräfte auf Demonstranten, drei wurden getötet. Es war die erste Salve in einer Konfrontation, die in den darauffolgenden Wochen, Monaten und Jahren eskalieren sollte. Ganz grob lässt sich der Konflikt in sechs Phasen unterteilen: die erste von März 2011 bis zum Juni desselben Jahres, die zweite von Juni bis Ende 2011, die dritte von Januar bis Mitte Juli 2012, die vierte vom Ende des Sommers bis Dezember 2012, die fünfte von Januar 2013 bis September und die sechste seit Oktober

2013. Zu Anfang hätte Baschar noch politisch mit der gewaltlosen Opposition umgehen können, doch die militärische Reaktion der Hardliner um seinen Bruder Maher, Chef der Präsidentschaftsgarden, setzte sich durch. Die Führungskonstellation wird später noch eingehend untersucht, an dieser Stelle reicht der Hinweis, dass Baschar al-Assad als Präsident die Macht gehabt hätte, anders zu handeln. Da er es unterließ, kann er für die späteren Entwicklungen verantwortlich gemacht werden.

Psychologisch betrachtet zeigte Baschars Reaktion verschiedene Muster: Er äußerte sich entweder in später veröffentlichten Reden vor ausgesuchtem Publikum (Parlament, Regierung, Universität) oder in Interviews mit Vertretern internationaler Medien. Zwischen den Auftritten lagen jeweils Pausen von bis zu vier Monaten. Es könnte ein Hinweis auf eine »narzisstische Abschirmung« sein, die Tendenz, Konfliktsituationen aus dem Weg zu gehen. Er dementierte Fakten und wies persönliche Verantwortung von sich. Anstatt den Fragen wirklich auf den Grund zu gehen, versteifte er sich immer häufiger auf formalistische Definitionen.

PHASE EINS: REFORMEN UND VERSCHWÖRUNGEN

Die erste Phase begann mit friedlichen Demonstrationen, beispielsweise mit Protesten gegen die Misshandlung von Kindern, die in Daraa regierungsfeindliche Slogans auf Wände gepinselt hatten. Anfänglich hatten Bürger von Präsident Assad gefordert, die versprochenen Reformen in die Tat umzusetzen. Erst nachdem die Konfrontation in Gewalt umschlug und in Daraa, Hama und Dschisr ash-Shughur immer mehr Opfer zu beklagen waren, verlangten sie seinen Sturz. Von Anfang an gab es widersprüchliche Versionen über die Ereignisse, hier und während der gesamten Krise: Vor allem ist umstritten, ob die Regierungstruppen als erste auf friedliche Demonstranten schossen (wie die Opposition und die Mainstream-Presse sagen) oder ob Provokateure unter den

Demonstranten auf Polizei und Soldaten feuerten (wie die Regierung und die regierungsnahe Presse behaupten).[191]

In dieser Zeit sprach Baschar al-Assad dreimal über die Krise, immer vor handverlesenem Publikum. Die Reden wurden im staatlichen Fernsehen übertragen. Nach längerem Schweigen (für das er sich entschuldigte) erklärte er vor Abgeordneten des Parlaments, es gebe eine Verschwörung, »Teil der ständigen Verschwörung gegen dieses Land«. Er sei sicher, seinen Landsleuten sei bewusst, dass »sich Syrien mit einer großen Verschwörung konfrontiert sieht, dessen Tentakel in einige benachbarte und einige weiter entfernt liegende Länder reichen, aber auch hier im Land selbst aktiv sind«. Den Begriff »Revolution« wies er als unangemessen zurück. Er erklärte, die Verschwörer »verwechseln drei Dinge: Verhetzung, Reform und tägliche Bedürfnisse«. Da die Verhetzung jetzt die Oberhand gewonnen habe, seien viele Gutwillige, die Reformen forderten, getäuscht worden. »Sie werden sagen, wir glaubten an Verschwörungstheorien. Es ist aber keine Verschwörungstheorie«, bemerkte er mit spöttischer Stimme, »es gibt eine Verschwörung«. Für syrische Ohren war das angesichts der langen Geschichte von Komplotten und Putschen, die das Land durchgemacht hatte, mehr als plausibel.[192]

---

[191] Siehe beispielsweise Narwani, Sharmie, »Syria: The Hidden Massacre«, 7. Mai 2014, http://rt.com/op-edge/157412-syria-hidden-massacre-2011/ und www.globalresearch.ca, verstreut.

[192] Bevor Hafiz al Assad 1970 an die Macht kam, hatte das Land mehrere Putsche erlebt. In seinem neuen Buch spricht Lesch von der »konzeptionellen Kluft« zwischen Syrien und dem Westen. Diese Rede kommentiert er mit der Bemerkung, der Westen habe die Idee von Verschwörungen aufgegeben, »aber viele Syrer – vielleicht sogar Assad selbst – glauben solche Behauptungen gern«. Lesch, David, Syria: The Fall of the House of Assad, Yale University Press, New Haven and London, 2012, S. 209. Der ehemalige deutsche Diplomat Dr. Gunter Mulack, der von 1999 to 2002 deutscher Botschafter in Syrien war, bestätigte, dass Baschar al Assad an Verschwörungen glaubte. Außerdem habe ihm der syrische Präsident einmal gesagt, die Protokolle der Weisen von Zion wären wahr. Seminar, »Spiegel der Weltpolitik«, Weiterbildungszentrum Ingelheim, Deutschland, 27.-28. Juni 2014.

Bedeutsam ist, dass Bouthiana Shaaban, ehemalige Dolmetscherin für Hafiz al Assad und wichtige politische Beraterin Baschars, eine maßgebliche Rede des Präsidenten angekündigt hatte. Er werde zeigen, dass er die Bedürfnisse der demonstrierenden Jugend verstehe. Sie versprach Reformen im Gesundheitsbereich und im Rechtswesen, Gehaltserhöhungen und die Bildung eines Komitees zur Identifizierung von Gewalttätern sowie einer Kommission, die die Möglichkeit der Aufhebung des Notstands prüfen solle. Dadurch wurde die Erwartung geweckt, Baschar werde sich versöhnlich zeigen. Angeblich erwog er ernsthaft die Alternativen einer weichen Linie und des harten Durchgreifens und entschied sich dann für Letzteres.[193] Als Erklärung hieß es von vielen Quellen, seine Mutter, seine Schwester und sein Bruder hätten ihn dazu bewogen, eine harte Linie zu fahren.[194] Die psychologischen Implikationen davon werden im weiteren Verlauf untersucht.

Wiederholt wurde Baschars Rede unterbrochen durch Beifall, Lobesworte und Gedichte, die Parlamentsabgeordnete aus dem Stegreif rezitierten. Warum schien Assad dabei überwältigt, warum applaudierte er, machte Witze und lachte hysterisch, während Bürger kaltblütig erschossen wurden und Scharfschützen das Feuer auf Trauernde eröffneten, die ihre Toten zu Grabe trugen? Psychiater interpretieren so etwas als unkontrollierte Antwort auf den enormen Druck, der durch die gewalttätigen Konfrontationen aufgebaut wird, als eine Art Sicherheitsventil, das ihn lachen ließ, wo doch Tränen angemessen gewesen wären.

Unter Bezug auf die Reformen nahm er Zuflucht zu der herkömmlichen Erklärung für die bisher unterbliebene Umsetzung: »Viele offizielle Vertreter, besonders ausländische, berichten mir, sie betrachteten den Präsidenten als Reformer, der von seiner Um-

---

[193] Lesch, a.a.O, S. 70.
[194] Dr. Gunter Mulack, a.a.O. Lesch berichtet, er habe während des Aufstands Memoranden an Shabaan geschickt, in denen er ihr geraten habe, Baschar dazu zu bewegen, vor die Fernsehkameras zu gehen und direkt zu seinem Volk zu sprechen. Lesch glaubt, andere hätten dagegen votiert, weil andere arabische Führer, die dies getan hätten, gestürzt worden seien. Lesch, a.a.O., S. 72 f.

gebung gebremst wird. Ich sage ihnen, im Gegenteil, die Menschen um mich herum treiben mich zu diesen Reformen an. Das soll heißen: es gibt keine Hindernisse, es gibt nur Verzögerungen.«

Vor einer genaueren Beschäftigung mit dieser entscheidenden Frage der Reformen sollte jedoch betrachtet werden, was Baschar in einer zweiten großen Rede vierzehn Tage später zu sagen hatte. Inzwischen hatten sich die Proteste ausgeweitet, auch bei den Übergriffen der Sicherheitseinheiten und der von der Regierung gesteuerten Schlägertrupps (Shabiha) mehrten sich Gewalttaten. Als in Daraa am 8. April 27 Demonstranten getötet wurden, meldete die offizielle Nachrichtenagentur *Sana*, 19 Mitglieder der Sicherheitskräfte (»Märtyrer«) seien von »bewaffneten Gruppen«, »die scharfe Munition einsetzen, erschossen worden«. Bis zum 11. April waren mehr als 200 Menschen gestorben, wie aus einem Brief der Menschenrechtsorganisation Damascus Declaration Group an die Arabische Liga hervorgeht. Die Gruppe forderte Sanktionen gegen ein Regime, dem sie vorwarf, das Erbe von Hafiz al-Assad zu verteidigen.

Am 12. April wies die bekannte Menschenrechtsaktivistin Muntaha al-Atrash, Tochter von Sultan Pascha al-Atrash, dem Anführer der Syrischen Revolution, in einem Exklusivinterview mit *Asharq Al-Awsat* die angebliche Verschwörung zurück und erteilte Assad den klugen Rat, zurückzutreten und sich wieder der Medizin zuzuwenden.

Der Präsident hatte Landwirtschaftminister Adel Safar in das Amt des Premierministers berufen und ihn mit der Bildung einer neuen Regierung beauftragt. Vor dieser neuen Regierung sprach Assad nun am 16. April. Wieder hatte er sich Zeit genommen. Gegenüber seinen früheren Äußerungen bedeuteten Inhalt und Stoßrichtung des Vortrags eine Kehrtwende um 180 Grad. Jetzt war nicht mehr von Verschwörungen die Rede, jetzt hieß es Reformen, Reformen und noch einmal Reformen. Nur in einem Zusammenhang sprach er von einer Verschwörung, deren Rolle er aber völlig neu definierte. In Anspielung auf seine erste Rede sagte er:

»Es gibt die Verschwörung. Es gibt die Reformen und die Bedürfnisse. Die Verschwörung gibt es schon, seit Syrien unabhängig agiert und so lange es seine Entscheidungen auf eine Weise trifft, die vielen Parteien nicht gefällt. Und so lange es Gegner oder Feinde gibt, sind Verschwörungen in unserem Umfeld normal. Deshalb *sollten* wir diesen Bereich auch gar nicht groß beachten. Für uns ist es wichtig, die Aufmerksamkeit auf die Stärkung der Sicherheit in Syrien zu richten.« (Hervorhebung M. M.-W.)

Dementsprechend zählte er Reformen und diesbezügliche Versprechen und Verpflichtungen auf: Er werde die Notstandsgesetze aufheben und durch neue Gesetze ersetzen. Dadurch solle der »Prozess des Demonstrierens« geregelt werden, was eine Umstrukturierung der Polizei erforderlich machen könne. Die Regierung solle damit »beginnen«, ein Gesetz über politische Parteien »zu prüfen«; ebenfalls geplant seien neue Gesetze über lokale Verwaltung und die Medien. Syrien brauche nicht nur Reformen, sondern diese müssten auch umgesetzt werden, und zwar jeweils in einem vorgegebenen Zeitrahmen. Baschar wandte sich wirtschaftlichen Fragen zu: Die Forderung der Bürger nach Infrastruktur, insbesondere nach Arbeitsplätzen, sei berechtigt. Er plane deshalb Projekte für Beschäftigung in Landwirtschaft und Industrie, im öffentlichen wie auch im privaten Sektor.

Aus zwei Gründen verfehlte er mit dieser Rede trotz des sehr geschickten Aufbaus sein Ziel: Zum einen durchstreiften Polizei und Schlägertrupps des Regimes noch immer, sogar während seiner Rede, die Straßen. Tatsächlich erreichte die Gewalt am 22. April bis zum Ostersonntag – später machte das Wort vom Karfreitags-Massaker die Runde – ein nie da gewesenes Niveau. Die Polizei eröffnete das Feuer auf friedliche Demonstranten, 80 bis 120 Menschen fanden den Tod. Zum anderen hatte Baschar seit Beginn seiner Amtszeit vor elf Jahren stets dasselbe versprochen. Viele der Konzepte und Vorschläge waren den Menschen noch aus seiner Antrittsrede im Jahr 2000 bestens in Erinnerung.

Nach der Gewalt an den Feiertagen entsandte das Regime Panzer und Tausende Soldaten nach Daraa, wo die Proteste ursprünglich begonnen hatten. Bei dem sorgfältig vorbereiteten Übergriff wurden Elektrizität, Wasser und Handyverbindungen gekappt, bevor die Stadt von Soldaten besetzt wurde. Scharfschützen, die auf Dächern hockten, feuerten Berichten zufolge »auf jeden«, 18 Menschen fanden den Tod. Damit war die Gesamtzahl der Opfer seit Ausbruch der Krise auf schätzungsweise 300 gestiegen. Als Zeichen des Protests trat der Mufti von Daraa, Resk Aldulrahman Abseid, zurück und 233 Mitglieder kehrten der regierenden Ba'ath Partei den Rücken. Ab jetzt sagten Analysten den Zerfall des Regimes voraus, während der internationale Druck auf Damaskus wuchs, keine weitere Gewalt anzuwenden.

Von April bis Mai eskalierte der Konflikt in Daraa und breitete sich nach Latakia, Douma, Homs, Baniya und Kafr Shams aus, stets nach demselben *Modus operandi*: Panzereinheiten der Armee belagerten und besetzten eine Stadt, nachdem zuvor die Versorgung (Elektrizität, Telefon und Wasser) unterbrochen worden war. Schätzungen zufolge waren bis Ende Mai in Syrien 1000 Menschen getötet und 10.000 verhaftet worden. Nach ihrer Entlassung berichteten Häftlinge über grausame Folterungen.

Die Übernahme ziviler Gebiete erreichte ihren Höhepunkt in Dschisr ash-Schughur nahe der türkischen Grenze, wo, laut Berichten, Soldaten, die sich weigerten, auf ihre Mitbürger zu schießen, selbst exekutiert wurden. Desertierende Soldaten und Zivilisten suchten Zuflucht in eilig errichteten Lagern in der Türkei.[195] Die Nachrichten über die Stadt Dschisr ash-Schughur, die am 12. Juni vom Militär zurückerobert wurde, führten zu internationalen Protesten durch den türkischen Ministerpräsidenten Tayyip Erdogan und UN-Generalsekretär Ban Ki Moon.

Am 20. Juni, als Schätzungen zufolge bereits 1400 Opfer zu beklagen waren, erschien Baschar al-Assad endlich wieder in der Öffentlichkeit. Hatte er bei seiner ersten Rede die Verschwörung verurteilt und bei der zweiten Reformen versprochen, so fasste er bei der dritten Rede, dieses Mal an der Universität Damaskus, beides zusammen. »Ich glaube nicht, dass es auch nur einen Tag gegeben hat«, sagte er, »an dem Syrien nicht Ziel von Intrigen war,

---

[195] Der Bericht über desertierende Soldaten von Dschisr ash-Schughur ist ebenfalls umstritten. Siehe »Syria: The Hidden Massacre«, a.a.O., in dem es heißt, über hundert Sicherheitsoffiziere seien von Rebellen getötet worden; s.a. http://syrieninfo.blogspot.de/2013/07/vor-zwei-jahren-in-syrien.html

sei es aus geopolitischen Gründen oder wegen seiner politischen Haltung.« Die Verschwörer gegen sein Land ließen sich in drei Gruppen einteilen: friedliche Demonstranten mit legitimen Anliegen, »Banditen und andere, nach denen wegen verschiedener Verbrechen gefahndet wird«, sowie Extremisten. Nach einer Tirade gegen die Extremisten widmete sich Baschar den Reformvorhaben. Für den August versprach er Parlamentswahlen mit einem neuen Wahlgesetz und einem kommunalen Verwaltungsgesetz. Eine Kommission solle innerhalb eines Monats Vorschläge über die Verfassung vorlegen, möglicherweise mit einer Änderung von Artikel 8, dem die Baath-Partei eine Monopolstellung verdankte.

Um diese »neue politische Realität« zu etablieren, in der die Bürger schon bald den Staat kontrollieren und die Beamten zur Rechenschaft ziehen könnten, gab Baschar die Schaffung einer neuen Institution bekannt: den »Nationalen Dialog«, der den Reformprozess leiten würde.

Eingestreut in seine Rede waren mehrere verräterische Zugeständnisse, die Aufschluss über seine wachsende psychische Unsicherheit gaben. Gleich zu Beginn musste er sich für die auffällige Abwesenheit in der langen Zeit seit seinem zweiten Auftritt in der Öffentlichkeit rechtfertigen. Er habe, wie er gestand, »einige Zeit gebraucht, vor Euch zu sprechen«. Der Grund sei, dass er seine Rede nicht zu einer Plattform für »Propaganda« über Versprechungen habe machen wollen, sondern über Erreichtes reden wolle. Seine Rede solle die zahllosen Gespräche widerspiegeln, die er in der Zwischenzeit mit Bürgern geführt habe. »Schließlich war Glaubwürdigkeit immer die Grundlage meiner Verbindung zum syrischen Volk, eine Verbindung, die auf Taten statt auf Worten und auf Substanz statt auf Form beruht.« Der Sinngehalt dieser Worte wird deutlich werden, wenn wir Baschars politisches Wirken im Amt vom psychoanalytischen Standpunkt untersuchen.

Ein weiterer Hinweis auf innere Unsicherheit war sein Verweis auf »Gerüchte« über ihn und seine Familie, die während seiner Abwesenheit von der politischen Bühne verbreitet worden seien. Solche (nicht näher definierten) Gerüchte entbehrten der Grundlage, sagte er.

Am Ende wandte sich Baschar der Frage seiner persönlichen politischen Rolle in dem Prozess zu. »Wenn einige behaupten, der Präsident solle den Reformprozess leiten, so heißt das nicht, dass er das Volk ersetzen und den Reformprozess allein durchführen könnte. Führung heißt nicht, dass ein Einzelner für sich alleine agiert, sondern vielmehr, dass er in der ersten Reihe stehen und die Menschen mit ihm voran gehen sollten. Führung ist ein Prozess von Konsultation und Interaktion.« Was meinte er damit? Etwa, dass er, der Präsident des Landes, nicht in der Lage wäre, einen Reformkurs festzulegen?

Die Reaktion der Öffentlichkeit auf Baschars Rede an der Universität Damaskus war die Rückkehr auf die Straße. Auch in den Flüchtlingslagern kam es zu Demonstrationen. Erneut versprach er »Reformen« ohne jede Substanz, kündigte die Bildung von »Komitees« und »Kommissionen« an, ohne jeglichen Hinweis darauf, wer ihr angehören oder wie die Mitglieder ernannt werden sollten. Studenten, die in Aleppo demonstrierten, nannten den Präsidenten einen »Lügner«. Was dies aus psychoanalytischer Sicht bedeutet, wird später noch zur Sprache kommen.

PHASE ZWEI: DIE MEDIEN IM STURM EROBERN

Nach seinem Auftritt am 20. Juni 2011 verschwand Baschar al-Assad erneut von der Bildfläche, um erst vier Monate später wieder aufzutauchen. Ende Oktober wagte er es dann, seinem Volk und der Weltöffentlichkeit entgegenzutreten, dieses Mal in dem Versuch, mithilfe einer sorgfältig inszenierten Medienbarrage eine gesäuberte Version der Ereignisse und ein idealisiertes Bild seiner Person zu verbreiten. Große Interviews erschienen im *Telegraph*, in *Rossiya TV* und in der *Sunday Times*. Selbst das amerikanische Fernsehen beehrte er mit einem Auftritt beim Fernsehsender *ABC*.

In der Zwischenzeit hatte die Krise eine dramatische Wende zum Schlechteren genommen. Das verschärfte Vorgehen von Militär und Polizei ließ die Zahl der täglichen Opfer rasant steigen, was die Demonstranten jedoch nicht abschreckte. Die Stadt Hama wurde zum Symbol des Widerstands. 1982 hatte Baschars Vater in Hama Soldaten auf Mitglieder der Moslembruderschaft schießen lassen. Damals kamen nach verschiedenen Schätzungen 5000 bis 35.000 Menschen ums Leben. Hama gilt als Ort, unter dessen Asche es noch immer Blut gibt.[196] Die Offensive begann am 2. August, dem ersten Tag des heiligen Monats Ramadan. Panzer rollten in die Stadt ein, während sich Scharfschützen auf den Dächern postierten. Die Zahl der von Augenzeugen berichteten Opfer wurde inoffiziell auf 40 bis 50 Menschen täglich geschätzt. Ende April hatte es dort friedliche Proteste gegeben, bei denen Demonstranten getötet wurden. Obwohl Baschar am 11. Mai einer Delegation versprach, dass die Verantwortlichen bestraft würden, gab es Anfang Juni weitere Tote. Wieder versprach Baschar einer Delegation, man werde den Opfern Gerechtigkeit widerfahren lassen. Stattdessen kam es nach Massendemonstrationen zum Einmarsch der Armee.[197]

Die Opposition hatte sich mittlerweile politisch, aber auch militärisch organisiert. Mitte September schlossen sich verschiedene Gruppen im Syrischen Nationalrat (SNC) zusammen, der außer Landes (in Ägypten und der Türkei) tagte und Beziehungen zu ausländischen Regierungen aufnahm. Die Demonstranten auf der Straße hatten sich grundsätzlich zur Gewaltfreiheit verpflichtet, jetzt aber verbündeten sich Soldaten und Offiziere, die sich geweigert hatten, auf Zivilisten zu schießen, nach und nach zu einer provisorischen Streitmacht, anfänglich zur Verteidigung der Bürger, später aber auch zum bewaffneten Kampf gegen das Regime.[198]

---

[196] Dr. Mulack, Seminar, 28. Juni 2014.

[197] Javaher-Haghighi, Peyman, Hassan Azad und Hamid Reza Noshadi, *Arabellion: Die arabische Revolution für Freiheit und Brot von Kairo bis Damaskus*, UNRAST-Verlag, Münster, 2013, S. 130 f.

[198] Als die syrische Schauspielerin Fadwa Suleiman später nach Deutschland reiste, um Unterstützung für die FSA zu organisieren, bestand sie darauf, sie sei nur zum »Schutz unbewaffneter Demonstranten« da. »Die syrische Revolution aus erster Hand: Die Ikone der Freiheitsbewegung, die syrische Schauspielerin Frau Fadwa Suleiman, Syrien im Bürgerkrieg« beim Seminar »Der Vielvölkerstaat in der Zerreißprobe«, Theador-Heuss-Akademie, Gummersbach, 17.-18. Mai 2012.

Im November 2011 richtete die Freie Syrische Armee (FSA) die ersten bewaffneten Angriffe gegen militärische Einrichtungen. Beide, die SNC und die FSA, sollten als Instrumente des Auslands fungieren.

Syrien war isoliert, stand international unter politischem und wirtschaftlichem Druck und wurde schnell zum Pariastaat. Assad hatte verschiedene aussichtsreiche Optionen ignoriert, angefangen von einem Friedensplan der Arabischen Liga (und der Türkei) bis zu Vermittlungsangeboten Russlands. Mehrmals erklärte er seine »Zustimmung« zu einem Zeitplan der Arabischen Liga und ließ die Termine dann tatenlos verstreichen. Von der Europäischen Union beschlossene Sanktionen und einseitige Sanktionen der USA brachten die Wirtschaft in Bedrängnis, doch Damaskus hielt unbeirrt an dem eingeschlagenen Kurs fest. Russland wandte sich im UN-Sicherheitsrat gegen eine Resolution zur Verurteilung Syriens und nutzte sein Vetorecht, um eine abermalige Abstimmung zu verhindern wie die, die den Krieg der NATO gegen Libyen möglich gemacht hatte.

Die verschiedenen Szenarien, die im Oktober und November von Denkfabriken, Regierungen und der Presse diskutiert wurden, reichten von einer friedlichen Lösung durch Dialog über Militärputsch oder Palastrevolution gegen Baschar als erste Stufe eines schrittweisen Regimewechsels zur repräsentativen Regierung bis hin zum Bürgerkrieg.[199] Diese letzte Alternative, ein Bürgerkrieg mit Zügen eines Religionskrieges und katastrophalen Auswirkungen in der gesamten Region, war das eindeutig schlimmste, aber bei weitem nicht am wenigsten wahrscheinliche Szenario. Der russische Außenminister Sergei Lawrow war Anfang November der erste, der das Wort öffentlich aussprach.

Jetzt, wo sich die politische Schlinge um seinen Hals zuzog, startete Baschar eine erneute Presseoffensive. Am 29. Oktober 2011 veröffentlichte der *Daily Telegraph* sein erstes Interview mit einer großen westlichen Zeitung seit Beginn des Aufstands in der arabi-

---

[199] »Sicherheitspolitische Erwägungen«, Dr. Heinrich Matthée, strategischer Berater, JISR, Niederlande, Gummersbach, a.a.O., über diese Szenarien.

schen Welt. Erstmals seit der Rede vom 20. Juni trat er damit wieder öffentlich in Erscheinung. An die Adresse westlicher Länder, die »den Druck erhöhen werden«, richtete Baschar fast verbatim dieselbe Worte, die er bereits im Januar 2011 gegenüber dem *Wall Street Journal* gewählt hatte: »Syrien ist in jeder Hinsicht anders als Ägypten, Tunesien oder Jemen. Die Geschichte ist anders. Die Politik ist anders.« Dieses Mal ließ er eine Drohung folgen: »Syrien ist jetzt der Angelpunkt in dieser Region. Es stellt die Verwerfungslinie dar; wer mit dieser Gegend Spiele treibt, provoziert ein Erdbeben ... Wollen Sie noch ein Afghanistan, oder gar zehn Afghanistans?« Er warnte: »Jedes Problem in Syrien wird die gesamte Region in Brand setzen. Wenn der Plan besteht, Syrien zu teilen, so wird die gesamte Region geteilt.« Gefragt nach den Opfern sagte er, die Angriffe richteten sich ausschließlich gegen »Terroristen«.

Seine nächste Beteuerung war entweder eine bewusste Lüge oder Ausdruck einer wahnhaften Fantasie. Er distanzierte sich von den anderen arabischen Führern mit den Worten: »Wir haben nicht den Weg des sturen Regierens eingeschlagen. Nach sechs Tagen [gerechnet vom Beginn der Proteste] habe ich die Reform eingeleitet. Die Menschen waren zunächst skeptisch, dass die Reformen als Opium für das Volk dienen würden, aber als wir sie ankündigten, wurden die Probleme geringer. Das Blatt begann sich zu wenden. Von jetzt an unterstützten die Menschen die Regierung.« Nachdrücklich betonte er, die Reformen, die er in Gang gesetzt habe, gingen zügig voran.

Bei seinem Interview mit dem russischen Fernsehen, das am 30. Oktober 2011 ausgestrahlt wurde, betonte Baschar, ausländische Kräfte würden sein Land nicht angreifen, weil ihnen die Konsequenzen bewusst seien. Syrien sei etwas Besonderes, sowohl geografisch und geopolitisch als auch historisch. Hier stießen zwei »tektonische Platten« aneinander, eine Destabilisierung würde zu einem Erdbeben führen, das die gesamte Region und die Welt in Mitleidenschaft ziehen würde. Baschar zeigte sich dankbar gegenüber Russland, das im UN-Sicherheitsrat ein Veto gegen eine Einmischung eingelegt hatte. Er »rechne auf die russische Haltung und weitere Unterstützung«, um den Sturm zu überstehen.

Baschars Medienbarrage wurde am 20. November 2011 mit einem großen Beitrag in der *Sunday Times* fortgesetzt, der ebenfalls vom russischen Fernsehen aufgegriffen wurde. Was er politisch zu sagen hatte, war nicht neu. Überhaupt ging es bei dieser Pressekampagne nicht in erster Linie um Politik. Vielmehr wollte er sich in der Öffentlichkeit als ein Mann präsentieren, der alles andere war als ein kaltblütiger Mörder. Die Journalistin der *Times* beschrieb ihn mit folgendem Bild: »Man hätte ihn für den jungen Direktor eines Unternehmens halten können. Tatsächlich konnte man sich nur schwer vorstellen, dass der strahlende Mann im dunklen Anzug, der die Mitarbeiter herzlich begrüßte und seinen Aktenkoffer selbst in den Tishreen-Palast trug, etwas anderes sein könnte.« Sie beschrieb »den sanften Tonfall des Führers, der mit leiser Stimme sprach«. »Lächelnd reichte er mir die Hand und führte mich in einen Raum zum Tee. Er hatte zuvor erfahren, dass mein Ehemann erkrankt war und erkundigte sich besorgt, wie es ihm ginge. ›Seien Sie zuversichtlich‹, sagte er mit großer Milde.«

Mit solch kalkulierten Gesten zog Baschar die Diskussion auf eine persönliche, beinahe intime Ebene. Die *Times*-Journalistin schrieb: »Ich fragte ihn, wie er sich als Vater fühle – er hat zwei Söhne im Alter von neun und sechs Jahren und eine achtjährige Tochter – wenn er Bilder von unschuldigen Kindern sehe, die in den Konflikt hineingeraten waren.« Seine Antwort: »Wie jeder andere Syrer empfinde ich Schmerz und Trauer, wenn ich die Söhne meines Landes bluten sehe. Jeder Tropfen vergossenen Blutes macht mich persönlich betroffen.« Und auf ihre Nachfrage, was er Müttern, die Kinder verloren hatten, sagen würde: »Selbstverständlich fühle ich als Vater Mitleid [mit ihnen].« Er habe sich auch mit Familien von Opfern getroffen. Die Journalistin wollte wissen, ob seine Kinder im Fernsehen Bilder der Toten gesehen und ihn um eine Erklärung gebeten hätten. Baschar: »Natürlich sehen sie die, und man muss es ihnen erklären.« Mit der Haltung eines Mannes, der moralisch von so viel Leid berührt ist, versprach Baschar: »Meine Rolle als Präsident – das ist meine tägliche Obsession – besteht darin, Wege zu finden, wie dieses Blutvergießen, das durch bewaffnete terroristische Übergriffe entsteht, gestoppt werden kann ...« Und doch schien ihn diese »Obsession« emotional nicht zu stören. Seine Emotionen schienen abgetrennt von den Ereignissen. »Ich bin von Natur aus ruhig. Ich gehe mit Krisen nicht emotional, sondern sehr ruhig um. Dadurch bin ich produktiver und finde eher eine Lösung. Stress ist schlecht.«

Auch bei seinem Interview mit dem *Telegraph* hatte Baschar sich bewusst als einen ganz normalen Mann präsentiert, in krassem Gegensatz zu den narzisstischen Machthabern von Mubarak bis Gaddafi. Interviewer Andrew Gilligan beschreibt den ungewöhnlichen Rahmen des Gesprächs in Damaskus:

»Wenn du zu einem Treffen mit einem arabischen Herrscher gehst, erwartest du riesige, pompöse Paläste, ganze Bataillone von Wachmännern, ständige Sicherheitsüberprüfungen und ein furchtbar lähmendes Protokoll. Du rechnest damit, für ein paar Minuten gekünstelter Konversation in einem prächtig ausgestatteten Empfangssaal stundenlang warten zu müssen, umgeben von Beamten, Lakaien und Kameras des Staatsfernsehens. Du erwartest einen Monolog, kein Gespräch. Baschar al-Assad, der syrische Präsident, war ganz anders.

Die junge Frau, die das Treffen arrangiert hatte, holte mich in ihrem eigenen Auto ab. Wir fuhren zehn Minuten und bogen dann in eine anscheinend wenig benutzte, von Büschen gesäumte Seitenstraße ein. Es gab keine sichtbaren Sicherheitsmaßnahmen, nicht einmal ein Tor. Nur ein Mann, der wie ein Portier gekleidet war, stand neben einer Hütte. Wir fuhren direkt auf ein einstöckiges Gebäude von der Größe eines mittleren Vorstadt-Bungalows zu. Der Präsident wartete in der Halle bereits auf uns.

Wir, nur wir drei, saßen auf Ledersofas in Assads kleinem Arbeitszimmer. Der Präsident trug Jeans. Es war Freitag, der Haupt-Protesttag in Syrien, der erste Freitag, nachdem der Tod von Oberst Gaddafi bekannt geworden war. Aber der Mann, der im Zentrum stand, der Mann, den sie zerstören wollten, wirkte ziemlich entspannt.«

Baschar beschrieb sein tägliches Leben, um seine immense Beliebtheit zu erklären. »Das Wichtigste, was Beliebtheit rechtfertigt, ist Ihr persönliches Leben. Es ist sehr wichtig, wie Sie leben. Ich lebe ein normales Leben. Ich fahre mein eigenes Auto, wir haben Nachbarn. Ich bringe meine Kinder zur Schule. Deshalb bin ich beliebt.«

Der Gipfelpunkt von Baschars Medienoffensive war ein Fernsehinterview mit niemand Geringerem als Barbara Walters vom US-Fernsehsender *ABC*, das am 7. Dezember 2011 gesendet wurde. Der syrische Präsident wirkte weit weniger selbstsicher und machte den Eindruck eines Mannes unter extremem psychischen Druck. Erklärte Absicht war es, die amerikanischen Medien dazu zu bringen, »die Wahrheit zu sagen«. Seine Ausdrucksweise war weniger flüssig als sonst, einige Male gab er widersprüchliche Erklärungen ab, verfiel beinahe ins Murmeln, als ob er den Faden verloren hätte. Bei der Antwort auf Fragen fixierte er sich geradezu zwanghaft auf Definitionen. Als Walters beispielsweise sagte, Syrien sei isoliert, gab er zur Antwort: »Das hängt davon ab, wie Sie Isolation und Unterstützung beschreiben oder definieren ... Wie definieren Sie Isolation? Wenn Sie es nicht definieren, ist es nur ein Wort.«

Inhaltlich wiederholte er mehrere Punkte, die er schon vorher betont hatte: Die Reformen seien auf dem Weg, eine ganze Reihe neuer Gesetze sei vorgelegt, die Mehrheit des syrischen Volks unterstütze ihn, unter den Demonstranten seien Extremisten, Terroristen und verurteilte Kriminelle, Syrien sei die Verwerfungslinie in der Region, usw.

Am erschreckendsten war seine Distanziertheit von jeglicher persönlicher Verantwortung:

Walters: »Glauben Sie, dass Ihre Kräfte zu hart durchgegriffen haben?«

Assad: »Es sind nicht meine Kräfte, es sind militärische Kräfte, die zur Regierung gehören.«

Walters: »Okay, aber Sie sind die Regierung.«

Assad: »Sie gehören mir nicht. Ich bin Präsident. Das Land gehört mir nicht, also sind es nicht meine Kräfte.«

Walters: »Nein, aber Sie müssen doch die Befehle erteilen?«

Assad: »Nein, nein, nein. Wir haben in unserer Verfassung, im Gesetz, die Aufgabe der Institution, das Volk zu verteidigen, gegen

Chaos oder Terroristen vorzugehen, das ist ihre Aufgabe, laut der Verfassung ...«

...

Walters: »Sie haben – aber wer hat den Befehl gegeben, auf die Proteste zu reagieren?«

Assad: »Sie brauchen keinen Befehl, das ist ihr Job.«

Die wirklich verräterische, wahrscheinlich unabsichtliche Bemerkung Assads war die Verneinung der Tötungsabsicht. »Okay, wir bringen unsere Leute nicht um, das tut niemand«, erklärte er. »Keine Regierung der Welt tötet das eigene Volk, es sei denn, sie werde von einem Verrückten geführt.« Es klang wie bei Salih, als der mit dem Gedanken herausplatzte, jeder, der sich an die Macht klammere, sei verrückt. Auch hier schien eine Dissoziation zum Vorschein zu kommen, ohne dass sich Baschar der Folgen seiner Worte bewusst war.

DIE PHASEN DREI UND VIER:
GEOPOLITIK UND DER KRIEG IN SYRIEN

Mit dem Jahr 2012 begann eine dritte Phase in dem syrischen Drama. UNO, Rotes Kreuz und andere sprachen nun offen vom »Bürgerkrieg«. Internationale Vermittlungsbemühungen kamen in Gang, zunächst durch den früheren UN-Generalsekretär Kofi Annan und später durch den algerischen Diplomaten Lakhdar Brahimi. Vermittelt über Saudi-Arabien und Katar erhielt die FSA vom Westen militärische, finanzielle und politische Unterstützung. Zur FSA gesellte sich eine Vielzahl bewaffneter Gruppen, von einzelnen Mudschaheddin-Kämpfern bis hin zu organisierten Banden von al-Qaida-Terroristen. Ausgerüstet mit modernsten schweren Waffen gingen die vereinigten (wenn auch nicht unter zentralisiertem Kommando operierenden) Aufständischen militärisch in die Offensive. Zu Beginn des Frühlings ging es gegen Damaskus und Aleppo. Ungeachtet der Anwesenheit von UN-Beobachtern tobte der bewaffnete Kampf, hier und in anderen städtischen Zentren. Beide Seiten verübten Gräueltaten, der Konflikt nahm ethnische, religiöse und sektiererische Züge an. Einen Wendepunkt markierte der 18. Juli, an diesem Tag kamen Mitglieder des militärischen Krisenstabs, darunter Baschars Schwager und stellvertretender Stabschef Assef Shaukat sowie der amtierende Verteidigungsminister und dessen Amtsvorgänger bei einem Bombenanschlag in der Zentrale der nationalen Sicherheitsbehörde ums Leben. Angesichts der Verwüstung großer Städte flohen immer mehr Menschen; bis zu 1,5 Millionen wurden zu Flüchtlingen im eigenen Land, fast 500.000 suchten Schutz in Lagern im Libanon, in Jordanien und vor allem in der Türkei. Die türkischen Behörden unterstützten den Aufstand ganz offen, die Spannungen mit Syrien wuchsen, es kam zu Schusswechseln an der Grenze, ein türkisches Flugzeug wurde abgeschossen.

Gegen Ende des Jahres 2012 änderte sich die Lage erneut: Die internationalen Kräfte (USA, Europäer, Saudi-Arabien, Katar und Türkei), die die Protestbewegung für sich beanspruchten und hofften, sie jeweils im Sinne der eigenen Interessen steuern zu können, waren uneins in der Einschätzung der Zusammensetzung der Kämpfer vor Ort. Während Saudi-Arabien und Verbündete bewusst ihre ideologischen Gesinnungsgenossen unter den Dschihadisten förderten, mühte sich der Westen unter Führung der USA darum, offen terroristische Gruppen auszusondern, um einen »legitimen« Widerstand präsentieren zu können. Zu Beginn des Winters beeilten sich die USA, eine »neue« politische Opposition zusammenzustellen, die einigermaßen respektabel wirkte, damit ihr westliche Regierungen eine Form von »Anerkennung« gewähren konnten. Diese vierte Phase trug alle Kennzeichen einer offenen geostrategischen Konfrontation zwischen der Anti-Assad-Front und ihren internationalen Sponsoren auf der einen Seite und dem syrischen Regime und seinen Alliierten (Russland, China, Iran, Hisbollah) auf der anderen.[200] Die Option der NATO, der

---

[200] Zur Opposition: Skelton, Charlie, »The Syrian Opposition: Who's doing the Talking?«
http://www.guardian.co.uk/commentisfree/2012/jul/12/Syrian-opposition-doing-the talking; Abukhalil, As'ad, »Syria: Against the Syrian National Council«, 8. März 2012,

Türkei Patriot-Raketen zu liefern, die im Januar 2013 stationiert werden sollten, wurde im Schnellverfahren durchgesetzt. US-Präsident Obama drohte offen mit einer Militärintervention, sollte Syrien eine »rote Linie« überschreiten und Chemiewaffen einsetzen.

2012 zeigte sich Baschar al-Assad häufiger in der Öffentlichkeit. Der erste Auftritt war am 10. Januar in der Universität Damaskus, danach war zunächst vier Monate lang nichts von ihm zu sehen. Im Sommer gewährte er fünf Interviews, bevor er wieder für zwei Monate verschwand. Im November tauchte er dann mit Interviews in der russischen Presse wieder auf. Bedenken über seine persönliche Sicherheit würden dieses Muster wiederholten Verschwindens erklären, aber psychologisch betrachtet könnte auch ein Element von Konfliktvermeidung beteiligt gewesen sein. Denn dieser Persönlichkeitstyp tendiert dazu, Konflikten aus dem Weg zu gehen. Bei öffentlichen Auftritten offenbart sich eine Abspaltung des eigenen, positiven Selbstbilds von dem gewalttätigen Umgang der Hardliner des Regimes in der Handhabung der Krise.

Bei seiner langen Rede an der Universität beharrte Baschar auf mehreren Themen, die er bei seinen späteren Treffen mit Journalisten wiederholte. Verschwörung und Reformen standen erneut im Vordergrund, aber jetzt mit deutlich anderer Gewichtung. Zunächst sprach er über die ausländische Unterstützung für die FSA, um dann zu erklären: »Dass im Ausland konspiriert wird, ist kein Geheimnis mehr. Was da in Internet-Chats ausgeheckt wird, zeigt

http://www.jadaliyya.com/pages/index/4593/opposition-to-the-syrian-opposition-against-thesy; Landis, Joshua, »Upheaval within the Opposition: Defections, Terrorism and Preparing for a Phase II Insurgency«, *Syria Comment Blog*, 19. März 2012; Hauben, Ronda, »The United Nations and the Houla Massacre: The Information Battlefield«, *Global Research*, 12. Juni 2012; Ramadani. Sami und Samuel Grove, Between Imperialism and Repression, *New Left Project*, 12. Juni 2012; Rosenthal, John, »German Intelligence: al-Qaeda all over Syria«, *Asia Times*, 24. Juli 2012; Dick, Martin, »Islamist rebels challenge National Coalition«, *The Daily Star*, 21. November 2012. Über einen von vielen strategischen Plänen zur Manipulation der Krise siehe Byman, Daniel und Michael Doran, Kenneth Pollack und Salman Shaikh, »Saving Syria: Assessing Options for Regime Change«, *Middle East Memo*, Saban Center at Brookings, März 2012.

sich deutlich vor aller Augen.« Die Arabische Liga hatte Syrien als Mitglied aus- und sich den Sanktionen angeschlossen – für Assad eine willkommene Gelegenheit, der Organisation Verrat an der arabischen Sache vorzuwerfen und im Gegenzug Syriens prinzipienfeste Haltung und seine Leistungen zu preisen: »Hat die Arabische Liga ... einen einzigen Olivenbaum erstattet, den Israel ausgerissen hat, oder den Abbruch eines einzigen palästinensischen Hauses im besetzten arabischen Palästina verhindert?« Und andererseits: »Wer hat insbesondere für die palästinensische Sache mehr getan als Syrien?« In diesem Ton ging es weiter.

Auf die Frage nach den Reformen erklärte er, ihre Umsetzung werde »Terroristen nicht daran hindern, Terroristen zu sein«, sie stünden nicht im Zusammenhang mit der Krise. Er halte die Verpflichtung zu politischer Reform jedoch als »natürlichen Kontext« aufrecht: »Deshalb haben wir im Jahr 2000 eine stufenweise Reform angekündigt«. »Ob wir damit zu spät kamen« oder »warum wir zu spät kamen, ist eine andere Frage.« Zu den Maßnahmen, die er auf den Weg gebracht habe, gehöre die Aufhebung des Ausnahmezustands, die Verabschiedung eines Gesetzes über politische Parteien und ein Gesetz für die örtliche Verwaltung, um Wahlen vorzubereiten. Einzig das Gesetz gegen die Korruption sei verzögert worden. Was die Verfassung anginge, so habe er ein Dekret zur Einrichtung einer Kommission erlassen, die daran arbeite.

Die Reihe seiner Sommer-Interviews eröffnete Baschar am 16. Mai mit einem Auftritt im Sender *Rossiya 24 TV*; es folgten Diskussionen mit *Kanal 4* des iranischen Fernsehens am 28. Juni, der türkischen Zeitung *Cumhuriyet* am 3. Juli und dem deutschen Fernsehen (ARD) am 8. Juli. Sein einziges dokumentiertes Treffen mit syrischen Institutionen war eine kurze Kabinettsitzung am 26. Juni, zitiert wurde er mit den Worten: »Wir leben im realen Kriegszustand von allen Seiten.« Bei seinem Auftritt im russischen Fernsehen strich er vor allem die Unterstützung heraus, die Russland und China nicht dem Regime, sondern der »internationalen Stabilität« gewährt hätten; motiviert sei dies von beider Verständnis der geopolitischen Lage in der Region.

Im iranischen Fernsehen unterstrich er seine Zustimmung zu Kofi Annans Sechspunkteplan für einen Waffenstillstand – unmittelbar bevor der ehemalige UN-Generalsekretär dessen Scheitern einräumte. Obwohl Baschar wiederholt den Plan für einen Waffenstillstand und eine politische Lösung auf dem Verhandlungsweg unterstützte, tat seine Regierung nichts, um beides umzusetzen. Das restliche Gespräch konzentrierte sich auf Syriens Rolle als Führer des arabischen Widerstands, von der er erstmals bei seinem Vortrag an der Universität gesprochen hatte. Der Konflikt in Syrien bestehe zwischen Widerstand (gegen Hegemonie) und dem Projekt Neuer Naher Osten, er sei so alt wie der Kolonialismus. Und Syrien bezahle den Preis für seine Politik, insbesondere für die Verteidigung der palästinensischen Sache. Erneut versicherte er, der Reformprozess sei seit 2000 im Gang, und »selbst wenn wir jetzt Reformen umsetzten oder sie schon früher umgesetzt hätten, wäre geschehen, was geschehen ist, weil es im Ausland geplant wurde und nicht spontan im Zusammenhang mit der Reform entstand«. Ausführlich beschäftigte er sich mit dem Faktor al-Qaida als einem »von arabischen Ländern finanzierten Geschöpf der USA«.

Bei seiner Begegnung mit türkischen Journalisten ging es vornehmlich um die Beziehungen zwischen beiden Ländern, die sehr angespannt waren, nachdem Syrien Ende Juni ein türkisches Flugzeug abgeschossen hatte. Baschar spielte es als »Unfall« herunter, der bei normaler Kommunikation zwischen Ankara und Damaskus hätte vermieden werden können. Aber da »wir uns im Kriegszustand befinden«, habe Syrien davon ausgehen müssen, dass es sich um ein feindliches Flugzeug handelte. Wieder unterstützte er die Ansicht Kofi Annans, die Krise solle in Syrien selbst gelöst werden – nicht ohne die Priorität von Souveränität und Nichteinmischung in die inneren Angelegenheiten des Landes zu betonen.

Wenige Tage später empfing Baschar al-Assad den deutschen Journalisten Jürgen Todenhöfer, der immer wieder versucht hatte, der Pressekampagne gegen das Regime entgegenzuwirken. Baschar erklärte erneut seine Unterstützung für den Annan-Plan, »ein sehr guter Plan, der nicht scheitern sollte«, just in dem Moment, wo dessen Autor sich zurückzog. Genauso wie bei seinen anderen Sommerinterviews wirkte Baschar auch hier wie besessen von der formalen Definition von Begriffen. Bereits in seiner Rede an der Universität im Januar hatte er den Begriff »Regierung der nationalen Einheit« mit der Begründung zurückgewiesen, »es gibt bei uns keine nationale Spaltung«, für eine solche Regierung der Einheit gebe es keinen Grund. Auf die Frage nach der »Opposition« hatte er geantwortet: »Die Opposition ist normalerweise eine institutionalisierte Körperschaft, die durch Wahlen entsteht«, aber gegenwärtig »haben wir keine Wahlen, wie definieren wir also die Opposition?« Ähnlich argumentierte er in seinem Interview mit der deutschen *ARD*: »Für diese Art von Regierung brauchen Sie Mechanismen, für mich zum Beispiel die Wahlen. Wenn Sie Menschen vertreten, dann kandidieren Sie, gewinnen Sitze und können dann auch in die Regierung kommen. Wenn Sie aber nur Opposition sind – ohne Sitze im Parlament – wen vertreten Sie dann? Vielleicht nur sich selbst.« Auf Todenhöfers Frage, ob er bereit sei, zurückzutreten, antwortete Baschar: »Wenn ich die Unterstützung der Öffentlichkeit nicht hätte, wie könnte ich in dieser Position verbleiben?«

Sein Volk wolle Reformen, aber die Mehrheit demonstriere nicht dafür. (Gegenüber der türkischen Presse hatte er behauptet, was zähle, sei nicht das Amt, sondern die Leistung.) Der Gipfel der Zweideutigkeit in seinem Gespräch mit der *ARD* betraf die Verantwortlichkeit für zivile Opfer:

Todenhöfer: »Sie sagen also, die Rebellen, die Sie als Terroristen bezeichnen, hätten mehr Zivilisten umgebracht als die Sicherheitskräfte?«

Assad: »Eigentlich nicht. Sie haben vielleicht mehr Sicherheitskräfte und Soldaten umgebracht als Zivilisten – ich spreche über die Regierungsanhänger.«

Todenhöfer: »Aber wenn wir nur über die Zivilisten sprechen, haben die Rebellen mehr Zivilisten umgebracht als die Sicherheitskräfte? Oder haben die Sicherheitskräfte mehr Zivilisten umgebracht?«

Assad: »Ja, das meine ich ja. Wenn wir über die Regierungsanhänger reden – die Opfer unter Sicherheitsdiensten und Armeeangehörigen sind zahlreicher als die Zivilisten.«

Wie bereits erwähnt, explodierte am 18. Juli in Damaskus eine Bombe und tötete Baschars Schwager Assef Shaukat. Ursprünglich wurde die FSA für den Anschlag verantwortlich gemacht, es gab jedoch auch die Ansicht, Shaukat und sein Krisenstab hätten sich zu einem Gespräch über eine ausgehandelte Einigung mit Oppositionellen getroffen und Hardliner in der Regierung, die dagegen waren, hätten die Bombe platziert. Im September verließ Shaukats Frau Bushra Syrien in Richtung Dubai. Als Begründung nannte sie strategische Differenzen mit ihrem Bruder und Angst um ihre persönliche Sicherheit, da sich in der Führung »eine Art Putsch« vollziehe. Wer auch immer hinter dem Attentat stand, es bedeutete einen Wendepunkt. Mit Ausnahme einer knappen schriftlichen Erklärung, die am Tag der Streitkräfte (1. August) veröffentlicht wurde, und eines kurzen Auftritts in einer Moschee am 19. August war von Baschar nichts zu sehen. Am 29. August gab Baschar dem syrischen Fernsehsender *al Addounia* ein Interview, in dem er sehr defensiv wirkte. Auf die Frage nach der Eskalation der Lage in Aleppo und Damaskus betonte er: »Die Situation ist zwar besser, aber noch nicht gelöst; das braucht Zeit.« Das Militär hätte den Feind in Homs besiegen können, aber solche »Operationen brauchen Zeit«. In diesem Interview waren die Fragen interessant, denn sie berührten die heikle Lage in Syrien. »Es gibt Kräfte in der Opposition«, fragte der Journalist, »die sich fragen, warum die syrischen Streitkräfte und die syrische Armee sich in syrischen Städten aufhalten, während auf dem Golan seit fast vierzig Jahren kein einziger Schuss gefallen ist.« Baschars Antwort: »In allen Ländern der Welt besteht die Aufgabe der Armee und der Streitkräfte darin, das Vaterland zu schützen.« Was folgte – und auf der offiziellen Website des Präsidentenamts veröffentlicht wurde – klang konfus:

Assad: »... Syrien übernimmt die Ideen des Widerstands. Aber die andere Idee ist, wenn Syrien den Widerstand übernimmt, warum gibt es dann keinen Widerstand gegen den Golan – diese Idee meinen Sie vermutlich – dann ist entsteht [sic] Widerstand, wenn ein Staat die Verantwortung, Anspruch auf sein Gebiet zu erheben, aufgibt, was in Syrien anders als im Libanon nicht geschehen ist, vielleicht wegen des damaligen Bürgerkriegs, oder auch anders als in Palästina, wo es gar keinen Staat gibt, auf den man Anrechte geltend machen könnte; es musste also Widerstand geben. Wenn wir als Streitkräfte, als unser Credo und unsere Politik, unser vorrangiges Ziel, das Land zurückzuerobern, aufgeben, wird es einen syrischen Widerstand geben.«

Eine andere Frage betraf Behauptungen, wonach die Bewegung in Syrien vier oder fünf Monate friedlich geblieben sei; Gewalt habe es erst gegeben, nachdem der Staat gegen sie vorgegangen sei. Seine Antwort: »Das Hauptziel war es, die Leute dadurch zu mobilisieren, dass auf Demonstranten, Sicherheitsleute und die Polizei geschossen wurde, sodass Polizei und Sicherheitskräfte reagierten und weitere Zivilisten töteten und sich die Feindseligkeit gegen den Staat ausbreitete.« Konfrontiert mit der wachsenden Zahl von Überläufern, nahm Assad erneut Zuflucht zu Definitionen:

Assad: »... Aber untersuchen wir den Begriff. Zunächst bedeutet Überlaufen, dass sich ein Establishment von einem größeren, ihm vorgesetzten Establishment trennt, oder das Überlaufen eines Teils eines Establishments vom Haupt-Establishment; und an der Spitze dieses Establishments stehen eine oder mehrere Personen, die gegen die höhere Ebene des Haupt-Establishments rebellieren. Das ist nicht geschehen. Vielmehr haben sich Einzelne, die bestimmte Positionen bekleideten, aus dem Land abgesetzt, das ist ein Akt von Desertion oder Flucht, kein Überlaufen ... Schließlich ist jemand, der sich absetzt, entweder schwach oder schlecht, weil ein patriotischer, guter Mensch nicht wegläuft und ins Ausland flüchtet. Praktisch ist dieser Prozess positiv und ein Prozess der Selbstreinigung zunächst des Staates und des Landes im Allgemeinen; wir sollten uns also über diesen Prozess nicht aufregen, weil er positiv ist.«

Wieder verstrichen zwei Monate, bis sich Assad erneut in der Öffentlichkeit zeigte, dieses Mal im russischen Fernsehsender *Rossiya-24*. Auch hier konzentrierte er sich auf Definitionen – beispielsweise des »Bürgerkriegs«, den es in Syrien nicht gebe –, doch seine Hauptbotschaft war, der Krieg richte sich gegen »Terrorismus und Instabilität« und habe nichts mit Persönlichkeiten wie ihm selbst zu tun. Angesichts des Waffenschmuggels und der massiven ausländischen Unterstützung für die Aufständischen sagte er einen langen Krieg voraus. Psychologisch betrachtet war besonders auffällig, dass er nicht einräumen wollte, sich vielleicht geirrt zu haben.

Rossiya 24: »Was ist Ihr größter Fehler?«

Assad: »Ehrlich gesagt, kann ich mich nicht erinnern. Ich bin mir stets bewusst, sogar bevor ich die Entscheidung treffe, dass sie zumindest teilweise falsch sein könnte, aber eigene Fehler kann man nicht sofort benennen. Manchmal, besonders während einer Krise, erkennt man nicht, was richtig und was falsch ist, bis die aktuelle Krise vorüber ist. Ich wäre nicht objektiv, wenn ich jetzt über Fehler sprechen würde, weil wir uns noch mitten in der Krise befinden.«

Rossiya 24: »Sie bedauern also bisher nichts?«

Assad: »Im Moment nicht. Wenn alles klar ist, kann man über seine Fehler reden, und definitiv hat man Fehler gemacht, das ist auch normal.«

Rossiya 24: »Wenn heute der 15. März 2011 wäre, der Tag, an dem die Proteste eskalierten und sich ausweiteten, was würden Sie anders machen?«

Assad: »Ich würde genau das tun, was ich am 15. März getan habe.«

Rossiya 24: »Genau dasselbe?«

Assad: »Genau dasselbe: Ich würde die verschiedenen Parteien zum Dialog aufrufen und gegen Terroristen vorgehen, denn so hat es angefangen. Es begann nicht mit Demonstrationen, die Demonstrationen waren der Schirm oder die Tarnung, aber unter den Demonstranten gab es Militante, die gleichzeitig auf Zivilisten und Soldaten schossen. Auf der taktischen Ebene hätte man vielleicht etwas anders machen können, aber als Präsident geht man nicht taktisch vor, man trifft alle Entscheidungen auf der strategischen Ebene, das ist etwas anderes.«

Zum Schluss wiederholte Assad – ob bewusst oder unbewusst –
die Worte seines libyschen Amtskollegen, als er ankündigte: »Ich
muss in Syrien leben und in Syrien sterben.«

PHASE FÜNF:
TERRORISTEN, REBELLEN UND CHEMIEWAFFEN

Auf den Winter 2012 folgte kein neuer Frühling, sondern vielmehr ein voller Krieg, an vielen Fronten und zwischen vielen Beteiligten. Die syrische Regierung ging verstärkt militärisch gegen die
bewaffnete Opposition vor, und diese ohnehin heteronomen As-
sad-feindlichen Kräfte zersplitterten sich weiter in rivalisierende
Gruppen. Im November richtete Katar eine Konferenz aus, bei der
sich verschiedene Oppositionsgruppen, darunter auch die SNC, zur
Nationalen Koalition der syrischen Revolutions- und Oppositions-
kräfte formierten. Die islamischen Milizen al-Nusra und al-Tawhid
(aus Aleppo) blieben dieser neuen Koalition fern. Außerdem
tauchte mit der Organisation Islamischer Staat im Irak und in
(Groß-)Syrien (ISIS) schon bald eine neue Kraft auf, die ebenfalls
die Hegemonie unter den sogenannten Rebellen beanspruchte.
Gleichzeitig mit dem von Katar ausgerichteten Treffen fand in
Teheran eine Konferenz über einen nationalen syrischen Dialog
statt, an der 200 Vertreter der syrischen Regierung und der von ihr
anerkannten internen Opposition teilnahmen. Der Bruch zwischen
den beiden Gruppen ging tief: »Die Exilopposition verlangt ausländische Intervention, also Flugverbotszonen, NATO-Kampfflug-
zeuge über Syrien, außerdem Waffenlieferungen an die Rebellen,
was die interne Opposition strikt ablehnt.«[201]

---

[201] Armbruster, Jörg, *Brennpunkt Nahost: Die Zerstörung Syriens und das Versagen des Westens*, Westend Verlag GmbH, Frankfurt/Main, 2013, S. 63 f. Über die
Haltung der Allianz zur Bildung des syrischen Staates, siehe Hussein, Louay,
»Der syrische Aufstand: Realität und Perspektiven« in Gehrcke, Wolfgang und
Christiane Reymann (Hg.), *Syrien: Wie man einen säkularen Staat zerstört und
eine Gesellschaft islamisiert*, PapyRossa Verlags GmbH & Co. KG, Köln,
2013/2014, S.145 ff.

Aus Israel, das sich bislang relativ zurückgehalten hatte, wurden Warnschüsse abgefeuert, nachdem die Golanhöhen im November mit Mörsergranaten aus Syrien attackiert worden waren. Im Januar bombardierten israelische Kampfflugzeuge ein militärisches Forschungszentrum in Damaskus.

An der diplomatischen Front gewährte die Arabische Liga, die das Assad-Regime zuvor ausgeschlossen hatte, der neuen Allianz zunächst nicht die sofortige Anerkennung, der Sitz blieb vakant. Im Dezember erkannten die USA, Großbritannien, Frankreich, die Türkei und die arabischen Golfstaaten die Nationale Koalition als »legitimen Vertreter« des syrischen Volkes an.

Die politische Anerkennung durch den Westen und die Golfstaaten öffnete das Tor für die öffentliche Diskussion über eine militärische Unterstützung, die die Nationale Koalition verlangte, vor der jedoch politische Kreise, insbesondere in Amerika, zurückschreckten. Man befürchtete, dass die Waffen bei Gruppierungen landen könnten, die allgemein als Terroristen, d.h. direkt mit al-Qaida verbunden, galten. Deshalb einigten sich die USA und Großbritannien auf nichtmilitärische Hilfen für die Rebellen (die sie dann am Jahresende aussetzten, nachdem Dschihadisten Stützpunkte der FSA erobert hatten). Ebenfalls im März gab es erste Berichte, wonach CIA-Einheiten in Jordanien al-Nusra-Einheiten ausbildeten, während die Türkei, Saudi-Arabien und Katar mit Unterstützung der CIA den Rebellen auf dem Landweg über die Türkei Waffen zukommen ließen.[202] Nachdem sich die Rebellen über eine unzureichende Bewaffnung beschwerten, entschied sich die Europäische Union im Mai gegen eine Verlängerung des Waffenembargos. Ende Juni gaben US-Außenminister John Kerry und Katars Premierminister Hamad bin Jassim bin Dschaber al Thani bei einem Treffen der »Freunde Syriens« in Doha den Plan bekannt, die Rebellen mit Waffen zu versorgen. Schätzungen zufolge

---

[202] Matthias Rüb, »Für tödliche Missionen: CIA: Amerikas halb geheime Syrien-Politik«, *FAZ*, 26. März 2013.

waren zu diesem Zeitpunkt bereits rund 5000 Aufständische in Jordanien ausgebildet worden.[203]

Trotz der Unterstützung aus dem Ausland kam der Aufstand gegen Assad aus zwei Gründen nicht voran: Erstens erhielten die Truppen der syrischen Regierung Unterstützung seitens der Hisbollah, des Irans und Russlands – politisch und, Berichten zufolge, auch logistisch und militärisch. Dass die Stadt Kusseir am 5. Juni 2013 zurückerobert wurde, war vor allem der Hisbollah zu verdanken.[204] Zum Zweiten diskreditierte sich die bewaffnete Opposition, die spätestens seit März 2013 offen Verbindungen zu internationalen Terrororganisationen unterhielt, im Ausland immer mehr. Außerdem war sie von internen Auseinandersetzungen zerrissen.[205] Einerseits entzweiten politische Differenzen die SNC und FSA, es gab Veränderungen auf der politischen Führungsebene; doch vor allem stritten die terroristischen Gruppen über die militärische und territoriale Hegemonie. Im Juli meldete Abu Bakr al-Baghdadi, Chef der al-Qaida im Irak, gegen den Willen des al-Nusra-Anführers Abu Mohammad al-Jowlani mit der Gründung der ISIS auch in Syrien seinen Führungsanspruch an.[206]

Ein Wendepunkt in dieser fünften Phase des Konflikts war erreicht, als im August gemeldet wurde, in Ghouta seien Chemiewaffen eingesetzt worden. Damit sei die »rote Linie« überschritten, von der Obama ein Jahr zuvor gesprochen hatte. International

---

[203] Mrb, »Assad-Gegner verbreiten Zuversicht: ›Freunde Syriens‹ sagen Lieferung von Waffen zu«, *FAZ*, 24. Juni 2013. Armbruster berichtet: »In Syrien schlug sich der Mitte 2013 zurückgetretene Emir Katars, Hamad bin Khalifa al-Thani, von Anfang an ganz auf die Seite der Aufständischen, genauer, auf die Seite der Islamisten, nie auf die der gemäßigten Demokraten ... ganz besonders ... für Syrien, wo er die Djihadisten mit Geld und Waffen unterstützen soll.« a.a.O., S. 121.

[204] Armbruster, Ebenda, S. 131 f.

[205] Helberg, Kristin, *Brennpunkt Syrien: Einblick in ein verschlossenes Land*, Verlag Herder GmbH, Freiburg im Breisgau, 2014, S. 88.

[206] Aymenn Jawad al-Tamimi, »Where Does Jabhat al-Nusra End, and the Islamic State of Iraq & ashSham Begin?« *Syria Comment*, 14. Juli 2013. Einen Überblick über die terroristischen Organisationen gibt Christoph Reuter, »Syrien: Die schwarze Macht«, *Der Spiegel* 51/2013, S. 88 ff.

wurde erhitzt darüber debattiert, ob das Assad-Regime oder Terroristen für den Angriff verantwortlich waren.[207] (Schon früher, am 19. März 2013 hatte es in Khan al-Assal nahe Aleppo offenbar einen Angriff mit Chemiewaffen gegeben. Im Mai sprach Carla del Ponte, Mitglied der Untersuchungskommission der Vereinten Nationen, von einem »deutlichen, konkreten Verdacht«. Es gebe jedoch »noch keinen unwiderlegbaren Beweis« für den Einsatz von Sarin. Sie schloss die Möglichkeit nicht aus, dass es von der Opposition eingesetzt worden war.)[208]

PHASE FÜNF: DER MEDIEN-KRIEG

Im zweiten Jahr des Konflikts startete Assad einen konzertierten Pressefeldzug. In den ersten neun Monaten des Jahres 2013 – bis die Chemiewaffen Schlagzeilen machten – gewährte er großen internationalen Medien mindestens zwölf ausführliche Interviews, doppelt so viele wie im Jahr zuvor.[209]

---

[207] Seymour Hersh ging der Frage in einem umstrittenen Beitrag »Whose Sarin?« nach, *London Review of Books*, Vol. 35 No 24, 19. Dezember 2013, S. 9 ff, Armbruster, a.a.O., S. 113. Laut Dr. Mulack war Baschar nicht über den Plan der Armee, die Waffen einzusetzen, informiert und verlangte in einem von den Amerikanern abgehörten Telefongespräch eine Erklärung darüber. Seminar, 28 Juni 2014.

[208] »UN's Del Ponte says evidence Syria rebels ›used sarin‹«, *BBC News*, 6. Mai 2013.

[209] Zusätzlich zu einer Rede vom 5. Januar 2013 im Opernhaus von Damaskus gab Assad Interviews der *Sunday Times* (3. März), dem russischen Fernsehsender RT (31. März), dem türkischen Fernsehsender *Ulusal* (5. April), der argentinischen Zeitung *Clarin* (18. Mai), dem libanesischen Fernsehsender *Al Manar* (30. Mai), der *FAZ* (17. Juni), der syrischen Tageszeitung *Al Thawra* (6. Juli), der russischen Zeitung *Iswestija* (26. August), dem französischen *Le Figaro* (3. September), dem US-Fernsehsender *PBS* mit Charlie Rose (9. September), dem russischen Fernsehsender *Rossiya 24 TV* (13. September), dem US-Fernsehsender *Fox TV* (17. September), dem lateinamerikanischen Fernsehsender *TeleSUR-TV* (26. September) und dem italienischen Fernsehen *RAI-TV* (29. September).

Von wenigen Ausnahmen abgesehen, wurden bei den Interviews stets dieselben Themen behandelt. Während die Fragen der Journalisten demselben Skript zu folgen schienen, wiederholte Baschar fast wörtlich seine Positionen. Das Bild, das er den Medien präsentierte, war ungefähr so: Syrien befinde sich im Krieg, nicht im Bürgerkrieg, sondern in einem Krieg gegen die Feinde des Landes. Deren Ziel sei es, Syrien als Faktor des Widerstands in der Region auszuschalten, ihm seine Unabhängigkeit, Souveränität und territoriale Integrität zu rauben. Die gegnerischen Kräfte bestünden aus Terroristen, die illegal ins Land kämen, mit logistischer, militärischer und finanzieller Unterstützung der Regionalmächte Saudi-Arabien, Katar und Türkei. Diese wiederum würden von den USA und europäischen Staaten, allen voran Großbritannien und Frankreich, unterstützt. Dieser externe Faktor erkläre, warum die Krise noch immer andauere. Washington wolle alle Staaten in der Region zu seinen Lakaien machen. Die Terroristen, die zu Zehntausenden nach Syrien kämen, seien überwiegend Ausländer. Anfänglich seien sie aus 29 Ländern gekommen, mittlerweile aus über 80. Es sei nicht richtig zu behaupten, sie hätten Gebiete besetzt, vielmehr habe die syrische Armee gezeigt, dass sie jede gewünschte Region übernehmen könne, aber natürlich könne sie nicht gleichzeitig überall präsent sein. Wenn syrische Soldaten in Wohngebiete vordrängten, dann nur bei der Verfolgung von Terroristen, die sich dort versteckt hielten. Der Feind habe es nicht geschafft, die Regierung zu stürzen, also »gewinne« die Regierung. Doch wenn Syrien im weiteren Verlauf des Krieges zerstückelt werde, führe dies in der Region zu einem »Dominoeffekt«, der die Nachbarländer destabilisiere. Auf einen Angriff Israels oder der USA werde Syrien reagieren, wie, das bleibe abzuwarten.

Gefragt nach den Ursachen des Konflikts hielt Baschar al-Assad daran fest, der Feind habe diesen von Anfang an geplant. Es habe keine »friedliche Opposition« gegeben, die erst zu den Waffen gegriffen habe, nachdem der Staat mit Gewalt reagiert habe. Vielmehr sei bei den ersten Demonstrationen von bewaffneten Teilnehmern auf Polizisten geschossen worden. Es sei deshalb falsch, von einer Opposition zu sprechen, es handele sich nur um Terroristen. Allerdings verwickelte sich Baschar in Widersprüche, indem er unabsichtlich den gewaltlosen Charakter der anfänglichen Proteste einräumte. Im türkischen Fernsehsender *Ulusal* erklärte er, Erdogan habe die Terroristen bewaffnet, »als die erste Phase, die oft die ›friedliche Phase‹ genannt wurde, scheiterte«. Und im Gespräch mit der syrischen Zeitung *al-Thawra* sprach er von einem revolutionären Phänomen. Als Charlie Rose (in einem weiteren Interview) mit der Bemerkung nachhakte, der Prozess habe in Syrien, nicht im Ausland, begonnen, war seine Antwort: »Die Menschen, die hier angefangen haben, die unterstützen heute die Regierung ... Die Menschen, die die Revolution wollten, kooperieren mit uns.«

Die Auffassung, es gäbe keine echte einheimische politische Opposition, sondern nur vom Ausland unterstützte Terroristen, erklärt Baschars wiederholtes Beharren darauf, ohne die Unterstützung der Öffentlichkeit habe er dem militärischen Angriff nicht so viele Jahre lang Paroli bieten können. Als einzige Opposition erkannte er die offizielle interne Opposition an, die bei Wahlen antreten und ins Parlament und in die Regierung kommen könne. Zur Bewältigung der Krise präsentierte Baschar am 5. Januar 2013 bei einer Rede im Opernhaus einen Mehrstufenplan, dessen einzelne Punkte er bei nachfolgenden Pressegesprächen erläuterte.[210]

---

[210] Auf Stufe eins »verpflichten sich die betroffenen Länder in der Region und international, die finanzielle Unterstützung, Bewaffnung und Beherbergung bewaffneter Elemente zu beenden. Gleichzeitig beenden bewaffnete Elemente ihre terroristischen Operationen ...«; danach stellen die syrischen Streitkräfte ebenfalls ihre Operationen ein. Anschließend kontaktiert die Regierung alle Institutionen der syrischen Gesellschaft, um einen »nationalen Dialog« einzuleiten. Stufe zwei: »Die gegenwärtige Regierung beruft eine Konferenz über einen umfassenden nationalen Dialog ein, mit dem Ziel eines nationalen Pakts, der Syriens Souveränität, Einheit und territoriale Integrität bewahrt und die Einmischung in innere Angelegenheiten zurückweist sowie allen Formen von Terrorismus und Gewalt eine klare Absage erteilt.« Der Pakt solle Vorschläge für das »Verfassungs- und Justizsystem« unterbreiten, einschließlich wirtschaftlicher und politischer Aspekte sowie »neuer Gesetze für Parteien, Wahlen, lokale Verwaltung usw.« Über den Pakt werde ein Referendum abgehalten, danach werde die Regierung um soziale Komponenten erweitert. Dem werde ein weiteres Referendum über die neue Verfassung und Parlamentswahlen

Der Plan sieht Kontinuität in der Regierung, sprich die Konsolidierung von Baschars Position, vor. Auf die Frage von Journalisten nach einem möglichen Rücktritt lautete seine Antwort, darüber zu entscheiden, sei Sache des syrischen Volkes. Im libanesischen Fernsehsender *Al Manar* sagte er, ein Rücktritt bedeute einen Verstoß gegen die Verfassung:»Der Präsident kann seine Autorität nicht einfach abgeben, dazu ist er von der Verfassung nicht berechtigt.« Dabei erwähnte er nicht, dass die Verfassung im Jahr 2000 geändert und das Mindestalter für Präsidenten herabgesetzt worden war, damit er nach dem Tod seines Vaters für das Amt kandidieren konnte. Wie wir bei der weiteren Untersuchung der früheren Phase sehen werden, war er bei dieser und der zweiten Wahl der einzige Kandidat. 2013 betonte er im Gespräch mit Rainer Hermann von der *FAZ*, es gebe an dieser Front Fortschritte:»Nach der neuen Verfassung wird es mehr als einen Kandidaten geben, und das wird eine neue Erfahrung sein.«

Mehrere Interviewpartner sprachen seine persönliche Rolle in der Krise an und fragten explizit, was er hätte anders machen können. Seine Antwort war dieselbe, die er bereits im Jahr zuvor in *Rossiya 24 TV* gegeben hatte. Als ihn der Journalist der Zeitschrift *Clarin* nach »seiner wichtigsten oder jüngsten Selbstkritik« fragte, antwortete er:»Selbstkritik sollte ein ständiger Prozess sein. Wenn wir jedoch über die Einschätzung einer bestimmten Zeitspanne oder eines bestimmten Vorfalls reden, dann ist es normal, zu warten, bis diese vorüber sind. Leistung und Entscheidungen, die in dieser Krise getroffen wurden, können erst objektiv bewertet werden, wenn uns alle Informationen zur Verfügung stehen und wir die Dinge aus einer Langzeitperspektive betrachten. Erst dann können wir beurteilen, was richtig und was falsch war.«

Eine weitere häufig gestellte Frage betraf sein Image als Reformer, worüber im Folgenden noch ausführlicher zu sprechen sein wird. In seinen Interviews gab er widersprüchliche Antworten.

---

folgen. Entsprechend der neuen Verfassung werde eine neue Regierung gebildet, gefolgt von einer Konferenz über Versöhnung, und anschließend die Instandsetzung der Infrastruktur und Wiederaufbau.

Einerseits bestand er darauf, weitreichende Reformen in die Wege geleitet zu haben, beispielsweise in seinem Interview mit der *FAZ*: »Seit Beginn der Krise, ja sogar schon mehrere Jahre vorher, haben wir mit Reformen begonnen. Wir haben mehrere Gesetze erlassen, das Notstandsgesetz aufgehoben, die Verfassung geändert und darüber ein Referendum abgehalten.« Dasselbe wiederholte er unter anderem gegenüber *FOX-TV* und *Clarin*. Andererseits behauptete er, sein Image als Reformer wäre ein Produkt des Westens, nicht syrischer Quellen. *Le Figaro* wollte von ihm wissen, inwieweit er sich durch die Krise verändert habe. Die Medien könnten Images manipulieren, aber *er* habe sich nicht verändert und werde auch weiterhin syrische Interessen verteidigen. »Das wurde nie richtig verstanden. Sie gingen davon aus, einen jungen Präsidenten leicht beeinflussen zu können, mein Studium im Ausland würde mich von meiner ursprünglichen Kultur entfremden. Das ist eine unglaublich naive, oberflächliche Herangehensweise. Ich habe mich nicht verändert, sondern sie wollten mich anfänglich anders präsentieren.«

In den Interviews von 2013 stellte er die persönliche, emotionale Dimension der Krise stärker in den Vordergrund, vielleicht in dem Versuch, das in den Medien entstandene Bild des kalten, gefühllosen Menschen zurechtzurücken. Auf die Frage nach konkreten Opferzahlen beispielsweise antwortete er, dies sei keine Frage von Zahlen, sondern von Namen. Im Gespräch mit der *Sunday Times* sagte er: »Jedes Opfer in dieser Krise hat einen Namen, jeder Gefallene hat eine Familie.« Namentlich berief er sich auf verwundete und traumatisierte Kinder. Er verwies auf den Schmerz und das Leiden von Familien, die Angehörige verloren hatten, darunter auch seine eigene – gemeint war sein Schwager Shaukat. Gleichzeitig wies er Sorgen um seine persönliche Sicherheit und die seiner Familie weit von sich: »Wenn Ihr Land nicht sicher ist, können Sie nicht sicher sein.« Auf die direkte Frage, »wie erschüttert« er über Shaukats Tod sei, war seine Antwort: »Sie haben meinen Schwager erwähnt, aber es ist keine Familienangelegenheit ... Es geht nicht darum, wie man sich fühlt, sondern was man tut.« Es habe ihn »in der Entschlossenheit, den Terrorismus zu bekämpfen, bestärkt«.

Besonders aufschlussreich war Baschars Interview mit dem prominenten Journalisten Charlie Rose des US-Fernsehsenders *PBS*, von dem er bereits 2010 interviewt worden war, am 9. September. Es war einerseits typisch für die damaligen Gespräche mit der Presse, gab aber andererseits Aufschluss über seine psychische Reaktion. Zum Zeitpunkt des Gesprächs stand die Frage der Chemiewaffen im Zentrum der Diskussion, nicht nur in der Presse, sondern auch in der internationalen Diplomatie. Es bestand die reale Gefahr eines Militärschlags der USA, deshalb fragte Charlie Rose als erstes danach. Baschar konterte, Syrien werde den Besitz solcher Waffen weder zugeben noch dementieren, es betreffe die nationale Sicherheit und deshalb »sprechen wir in der Öffentlichkeit nicht darüber. Wir haben nie gesagt, wir haben sie oder wir haben sie nicht«. Wie er betonte, hätten alle, die seine Regierung für den Einsatz am 21. August verantwortlich machten, keine konkreten Beweise präsentiert, zumindest nicht öffentlich. Er erinnerte an die angeblichen Beweise für Saddam Husseins Massenvernichtungswaffen, die US-Außenminister Colin Powell 2003 präsentiert hatte, und die sich später als Lüge erwiesen. Ein Wortwechsel ist besonders erhellend:

Rose: »Betrachten Sie Chemiewaffen als gleichwertig mit Atomwaffen?«

Assad: »Ich weiß es nicht, wir haben keine von beiden ausprobiert.« (lacht)

Rose: »Aber als Staatschef sind Ihnen die Konsequenzen bewusst.«

Assad: »Technisch sind sie nicht dasselbe, moralisch aber sehr wohl. Töten ist töten (lacht), Massentötung ist Massentötung. Auch mit ganz primitiven Waffen können Sie Zehntausende oder Hunderttausende töten.«

Später fragte Rose, ob er Chemiewaffen einsetzen würde, weil er verzweifelt sei oder vielleicht anderen Angst vor sich einjagen wolle. Assads Antwort: »Man kann nicht verzweifelt sein, wenn die Armee auf dem Vormarsch ist«, wieder mit breitem Lächeln. Vom psychologischen Standpunkt interessant ist das offensichtliche Missverhältnis zwischen dem, was da besprochen wurde, und

Assads Lachen. Psychoanalytiker sprechen in solchen Fällen von Abspaltung.

Mehrfach versuchte Rose, Assad dazu zu bringen, über seine eigene Verantwortung in einem Krieg nachzudenken, der so viele Leben gefordert und das Land verwüstet habe. Assad blieb dabei: Terroristen töteten seit zweieinhalb Jahren sein Volk, er sei von der Verfassung aufgerufen, das syrische Volk zu verteidigen. Rose verglich die aktuelle Lage mit Hafiz al-Assads Vorgehen 1982 in Hama, als er »skrupellos daran ging, die Moslembruderschaft auszurotten«.

Rose: »Sind Sie hier nur einfach Sohn Ihres Vaters?«

Assad: »Ich weiß nicht, was Sie mit skrupellos meinen, ich habe nämlich noch nie von einem sanften Krieg gehört. Haben Sie je davon gehört? Es gibt keinen sanften Krieg. Krieg ist Krieg. Und wenn Sie gegen Terroristen kämpfen, so bekämpfen Sie die wie jeden anderen auch.«

Rose: »Die Lektion, die Sie zitieren, haben Sie von Ihrem Vater und dem, was er in Hama tat, gelernt, was Sie, wie es heißt, sehr beeinflusst hat.»

Assad: »Heißt? Was? Sorry ...« (versteht nicht)

Rose (wiederholt): »... Sie in dem, was Sie Ihrem eigenen Verständnis nach zu tun haben, sehr beeinflusst hat.«

Assad: »Die Frage ist, was Sie in Amerika tun würden, wenn Terroristen von außen in Ihr Land eindrängen und Zehntausende töteten.«

Rose: »Sie sagen immer Terroristen, aber tatsächlich ist es eine Volks-Revolution gegen Sie, die Teil des Arabischen Frühlings war, der so viele Länder erfasst hatte.«

Assad: »Eine Revolution sollte Sache der Syrer sein, es kann keine von außen importierte Revolution sein.«

Rose: »Sie begann nicht von außen, sie begann hier.«

Assad: »Die Leute, die hier damit angefangen haben, unterstützen heute die Regierung ... Die Leute, die die Revolution wollten, kooperieren mit uns.«

Rose: »Ich frage Sie noch einmal: Sind Sie Sohn Ihres Vaters und glauben Sie, die einzige Möglichkeit, sie zu vertreiben, wäre, sie auf dieselbe Weise auszurotten, wie es Ihr Vater getan hat?«

Assad: »Darin, dass ich unabhängig bin, ja, dass ich den Terrorismus bekämpfe, ja, dass ich das syrische Volk und das Land verteidige, ja.«

Bedeutsamerweise zeigte Baschar auch bei anderen Gelegenheiten, bei denen die Unterdrückung des Aufstands von Hama 1982 durch seinen Vater Hafiz erwähnt wurde, weder Bedauern noch Gefühl. Bei einem Interview im türkischen Fernsehen am 6 April 2013 schilderte er den Konflikt zwischen Schiiten und Sunniten unmissverständlich: Die USA hätten die iranische Revolution von 1979 als schiitischen Aufstand dargestellt, auf den andere Sekten reagierten, dies habe den Irakkrieg motiviert. »Kurze Zeit später wurden die Moslembrüder in Syrien für dasselbe Ziel eingesetzt, nämlich religiöse Konflikte zu entfachen. Beide Versuche scheiterten.« Das »Scheitern« beim »zweiten Versuch« war seine Formulierung dafür, dass Hafiz Tausende massakrierte. Bei seinem *Al-Thawra*-Interview drei Monate später beschrieb er die Moslembruderschaft als Bewegung, die das religiöse Denken fehlgeleitet habe. Auf die Frage, ob er heute bei der Genfer Konferenz mit der Bruderschaft reden würde, war seine Antwort: »Wir reden mit allen Parteien. Tatsächlich haben wir auch mit der Moslembruderschaft geredet, nachdem sie 1982 in Syrien besiegt wurde.«

Solche Bemerkungen Baschar al-Assads sind insbesondere im Licht von Berichten aus seiner engeren Umgebung von Bedeutung, wonach die Mutter dem scheuen Jungen stets gesagt habe: »Sei wie dein Vater!« Nach Ansicht dieser Quellen hat er sich diesen Rat offenbar zu Herzen genommen, wie wir weiter unten noch genauer sehen werden.

PHASE SECHS: SUPERMÄCHTE-DIPLOMATIE
UND NEUE STRATEGISCHE KRISEN

Obama machte seine Drohung, militärisch einzugreifen, wenn Chemiewaffen eingesetzt würden, nicht wahr. Sein Außenminister sorgte dafür, dass eine vielversprechende russisch-amerikanische Initiative in Gang kam. Kerrys rein hypothetische Bemerkung bei einer Pressekonferenz am 9. September 2013, Assad wäre vielleicht bereit, das Arsenal an Chemiewaffen zu zerstören, gab seinem russischen Amtskollegen das Stichwort, einen entsprechenden Vorschlag zu unterbreiten.[211] Im Oktober willigte Baschar ein und die Organisation für das Verbot chemischer Waffen (OPCW) nahm ihre Arbeit auf. Beide Supermächte begleiteten diese Bemühungen mit dem Plan für eine Friedenskonferenz. Nach langem Gefeilsche beider Seiten um Teilnehmer und Tagesordnung fanden zu Beginn des neuen Jahrs in Genf zwei erste Verhandlungsrunden statt.

Spätere Entwicklungen haben gezeigt, dass jene Bemühungen nicht ausreichten und zudem zu spät kamen. Als die zweite Verhandlungsrunde in Genf im Februar 2014 erfolglos zu Ende ging, hatte sich die Lage vor Ort drastisch verschlechtert. UN-Sondervermittler Lakhdar Brahimi hatte im Dezember gewarnt, die Zahl der Opfer könnte bis Ende 2014 auf 150.000 steigen, doch bereits im Februar wurde sie auf 140.000 geschätzt und jeden Monat kamen 10.000 weitere Opfer hinzu. Da sich die genaue Anzahl nicht ermitteln ließ, kündigte die UN im Januar an, keine weitere Aktualisierung mehr vorzunehmen. Syrien war ein Trümmerhaufen. Großstädte lagen in Schutt und Asche, Kulturstätten und anti-

---

[211] Auf die Frage, ob Assad überhaupt etwas tun könne, um einen amerikanischen Angriff zu vermeiden, erklärte Kerry: »Sicher, er könnte in den nächsten Wochen der internationalen Gemeinschaft alle seine Waffen übergeben, unverzüglich. Aber er ist nicht im Begriff, das zu tun.« Lawrow unterstützte die Idee, er kündigte an, sich mit Syriens Außenminister Moallem in Verbindung zu setzen, woraufhin Syrien das Angebot begrüßte. Die gesamte Initiative wurde hinter den Kulissen von Obama und Putin bei ihrem Treffen in St. Petersburg abgesprochen. Die Idee kam von Russland, Kerry durfte dann die Bemerkung machen, um das Gesicht zu wahren.

ke Bauwerke – einmalige Beiträge zur menschlichen Zivilisation – waren vernichtet. Fast die Hälfte der Bevölkerung hatte Haus und Wohnung verlassen, die Menschen flohen vor der Repression durch die Regierung und/oder vor der Brutalität der Terroristen. 6,5 Millionen Menschen waren im Land selbst auf der Flucht, weitere 2,5 Millionen Menschen hatten in Lagern in der Türkei, Jordanien, Libanon, Irak und wo immer möglich vorübergehende Zuflucht gefunden.[212] Als der deutsche Bundespräsident Gauck Ende April Flüchtlingslager in der Türkei besuchte, hatte das Land bereits eine Million Menschen aufgenommen. Berichte über barbarische Verbrechen der Terroristen bis hin zu Enthauptungen und Kannibalismus, aber auch über Zivilisten, die in belagerten Stadtvierteln verhungerten, zeigten, welch ungeheures Leid der Konflikt über die Menschen gebracht hatte.

Zur gleichen Zeit führte die Krise in der Ukraine und auf der Krim zu einer Veränderung in den internationalen Beziehungen, die sich auch auf den Krieg in Syrien auswirkte. Die Terroristen hatten große Gebiete verwüsteten Landes unter ihre Kontrolle gebracht, aber auch die Regierung hatte ihre Militäroperation verstärkt, die Opfer unter Aufständischen und Zivilisten forderte. Vertreter der Opposition beschuldigten das Baschar-Regime, die Terrorgruppe ISIS zu tolerieren, und damit den interterroristischen Krieg zu schüren.[213] Tatsache ist, dass sich die Terroristen untereinander massakrierten.

Die erste bewaffnete Oppositionsgruppe, die FSA, verlor im November 2013 drei Gruppen als Mitglieder – unter anderem die Islamische Front – weil sie nicht in der Lage war, angeforderte Waffen zu liefern. Die FSA kämpfte nun gleichzeitig gegen schätzungsweise 45.000 Aufständische und die Streitkräfte der Regierung.[214] Die ISIS unter der Führung von al-Bagdhadi eroberte Gebiete von Rakka in Nordsyrien bis in die Region Anbar-Mosul im

---

[212] *Frankfurter Rundschau*, 14. März 2014.
[213] Hermann, Rainer und Christoph Ehrhardt, »Zweifrontenkrieg gegen den ›islamischen Staat‹«, *FAZ*, 7. Dezember 2013.
[214] Mrb, »Gemäßigte Kräfte in Syrien zunehmend geschwächt«, *FAZ*, 13. Dezember 2013.

Irak.[215] Wie viele Terroristen insgesamt beteiligt waren, blieb Spekulation, aber laut Schätzungen, die Anfang 2014 veröffentlicht wurden, kämpften 100.000 islamistische Extremisten in Hunderten winziger Banden. Von den selbsternannten mit der al-Qaida verbündeten Dschihadisten in Syrien und Irak gehörten 7000 der ISIS und 15.000 der al-Nusra an. Die FSA zählte 10.000 Kämpfer.[216] Bis Juni hatte die ISIS große Städte im Irak eingenommen, sie bedrohte Bagdad und damit letztendlich die Integrität des Irak. Später rief sie ein Kalifat aus und änderte ihren Namen in Islamischer Staat.

Was auch immer die genauen Zahlen sind - die vielfältigen bewaffneten Einheiten, jede mit ihren ausländischen Unterstützern, führte eine Neuauflage des Dreißigjährigen Krieges, der Europa verwüstet hatte. Am dritten Jahrestag des Ausbruchs der Gewalt schrieben Syrien-Experten im März 2014, der gesamte Konflikt sei zu einem regionalen ethnisch-religiösen sektiererischen Konflikt zwischen den uralten Gegnern Sunniten und Schiiten geworden, einem »zerstörerische[n] Kampf zwischen Saudi-Arabien und dem Iran um die Vorherrschaft in der Region«.[217]

ASSADS NEUE ZUVERSICHT

In der sechsten Phase des Konflikts, die mit der russisch-amerikanischen Einigung auf die Zerstörung der syrischen Chemiewaffen vom Herbst 2013 begann, änderte Assad bei seinen Presseauftritten den Tonfall. Erstens wich er bei der Frage der Chemiewaffen nicht mehr aus. Da Syrien zugestimmt hatte, der Chemiewaffen-Konvention und der OPCW beizutreten, waren sie »kein Geheimnis mehr«, wie Assad gegenüber *FOX TV* erklärte. Seine Regierung werde dem Plan folgen, Listen veröffentlichen, Lagerstätten öffnen und die Entfernung der gelagerten Waffen überwachen, bis diese vernichtet würden. Er dementierte, dass die

---

[215] Hermann, Rainer, »Afghanistan am Mittelmeer«, *FAZ*, 11. Dezember 2013. Die ISIS zog sich im März aus Rakka zurück.

[216] »20.000 Dschihadisten in der Levante«, *FAZ*, 8. Dezember 2013.

[217] Hermann, Rainer, »Das Schlachtfeld«, *FAZ*, 12. Februar 2014.

angedrohte Gewaltanwendung der USA seine Zustimmung bewirkt habe, und betonte die positive Rolle Russlands. Diese wurde nun ein großes Thema bei seinen öffentlichen Auftritten, vor allem in russischen Medien. Am 13. September 2013 nannte er die russische Initiative in *Rossiya 24 TV* bemerkenswert und »höchst ermutigend ... ohne sie hätten wir diesen Weg nicht gehen können«. Die russische Initiative sei »der Hauptkatalysator« und Russland »das einzige Land, das diese Rolle übernehmen kann« usw. Auf eine Frage von *FOX TV*, ob er zum Schutz ein Sicherheitsabkommen mit Russland vereinbart habe, antwortete er, Russland habe Syrien durch seine »sehr effektive« Politik des Vetos im Sicherheitsrat politisch geschützt. *RAI News* wollte am 29. September wissen, ob er der gerade verabschiedeten Resolution des Sicherheitsrats zur Zerstörung der Chemiewaffen folgen werde. Assad: »Tatsächlich sind wir der internationalen Vereinbarung bereits beigetreten ... bevor die Resolution aufkam. Die russische Initiative beruht zum großen Teil auf unserer Bereitwilligkeit. Es ist also nicht die Resolution. Es geht um unseren Willen.«

Gestärkt von der wachsenden Unterstützung zu dem *de facto* Krieg gegen den Terrorismus, konnte Baschar voller Überzeugung erklären, die Aufständischen würden von internationalen und regionalen Mächten unterstützt, und diese auch beim Namen nennen. In *FOX TV* erklärte er, die Terroristen repräsentierten 80 bis 83 verschiedene Nationalitäten, und 80 bis 90 Prozent von ihnen seien mit al-Qaida verbunden. In einem Gespräch mit der Nachrichtenagentur *AFP* am 21. Januar 2014 sagte er, es gebe keinen Unterschied zwischen Opposition und Dschihadisten, da Letztere »die letzten verbleibenden Stellungen niedergemacht haben, die von Kräften gehalten wurden, die der Westen als ›Gemäßigte‹ darstellt und als gemäßigte oder säkulare Kräfte oder Freie Syrische Armee bezeichnet. Diese Kräfte existieren nicht mehr.« Außerdem zeigte er sich zuversichtlicher, militärisch den Sieg davonzutragen. Wenn der Plan des Feindes darin bestanden hätte, »den syrischen Staat innerhalb weniger Wochen oder Monate umzustürzen«, dann »ist es jetzt, drei Jahre später, gerechtfertigt zu sagen, dass er gescheitert ist und dass das syrische Volk gesiegt hat«. Auch der Plan, Syrien zu teilen, sei gescheitert, »deshalb der Sieg für das syrische Volk«. Übrig bliebe »der Kampf gegen den Terrorismus«. Zu diesem Zeitpunkt hatte Assad seine Kandidatur für eine Wiederwahl noch nicht offiziell bekannt gegeben. Er hielt es offen; diese sei vom Willen des Volkes abhängig.

Auf das *AFP*-Interview folgte monatelanges Schweigen, zumindest gab es keine öffentlichen Auftritte. Aber Ereignisse an anderen Orten sollten nicht ohne Einfluss auf Syrien und Assads Situation bleiben. Die Krise in der Ukraine begann im Februar 2014, sie führte zur Wiedervereinigung der Krim mit Russland. Moskaus entschlossenes Vorgehen gab Assads Selbstbewusstsein neuen Auftrieb. Am 7. April berichteten russische Medien seine Bemerkungen gegenüber Sergej Stepaschin, vormals russischer Ministerpräsident und jetzt Vorsitzender der Organisation *Kaiserliche Orthodoxe Palästina-Gesellschaft*. Anlässlich eines Damaskus-Besuchs traf Stepashin mit Assad zusammen, der ihm die folgende Prognose mit auf den Weg gab: »Die aktive Phase der Militäraktion in Syrien wird in diesem Jahr enden. Danach werden wir wieder tun müssen, was wir immer getan haben – Terroristen bekämpfen.« Und weiter: »Sagen Sie Wladimir [Putin], ich sei nicht Janukowitsch, ich werde nirgendwo hingehen.«[218]

Assads nächster öffentlicher Auftritt war dramatisch, und entsprechend breit gestreut wurde darüber berichtet. Es war der 20. April 2014, an dem sowohl die westliche als auch die östliche Kirche den Ostersonntag feierten. Schauplatz war Maalula, eine christliche Stadt 60 Kilometer nordöstlich von Damaskus, die gerade von syrischen Truppen zurückerobert worden war. Begleitet von einem führenden Vertreter der orthodoxen Kirche besuchte Assad die Kirchen und Klöster. Bei der Besichtigung der Ruinen versprach er feierlich, die christliche Gemeinschaft auch in Zukunft zu unterstützen und ihre Häuser und Kirchen wiederaufzubauen.

---

[218]http://rt.com/news/syria-assa-conflict-end973/,
http://huffingtonpost.com/20140307/assad-putin-crimea_n_4919006.htm,
http://www.juancole.com/2014/03/crimean-middle-winners.htm

Das syrische Fernsehen berichtete ausführlich über seinen Auftritt.[219]

Diese Versprechen bestätigten Berichte, wonach Assad tatsächlich einwilligen würde, bei den für den 3. Juni geplanten Präsidentschaftswahlen wieder anzutreten. Am 28. April erklärte er die Absicht und reichte offiziell seine Kandidatur ein, wie Parlamentssprecher Mohammad al-Laham bekannt gab. Zum ersten Mal meldeten auch andere Kandidaten ihre Bewerbung an. Ihnen wurden jedoch nur geringe Chancen eingeräumt, da jeder Bewerber die Unterstützung von 35 Mitgliedern des Parlaments benötigte. Wählbar war nur, wer seit zehn Jahren ununterbrochen im Land lebte; damit waren die Vertreter der Exilopposition ausgeschlossen. Darüber hinaus würden auch die syrischen Flüchtlinge, die das Land illegal verlassen hatten, nicht wählen können.[220] Bis zum 5. Mai hatten sich erst zwei Bewerber für eine Kandidatur qualifiziert: Ex-Staatsminister Hassan al-Nuri und der kommunistische Abgeordnete Maher al-Hadschar. Assads Besuch in Maalula war besonders für die Christen, die zehn Prozent der Bevölkerung stellen, von Bedeutung: Diese unterstützen traditionell das Assad-Regime, da ihnen Baschar wie zuvor schon sein Vater Schutz und die freie Ausübung ihrer Religion gewährt.[221] Am 3 Juni gewann Baschar al Assad mit 88,7%.

Baschar hatte Grund zur Zuversicht. Zum einen hatte sich das Blatt zu seinen Gunsten gewendet, sowohl im eigenen Land als auch international. Seine Vorhersage, der Krieg in Syrien werde neue Afghanistans schaffen und die gesamte Region destabilisieren, hatte sich bewahrheitet. Sein Land war ein einziger Friedhof, die Menschen waren versprengt und die wirtschaftlichen Schäden

---

[219] »Assad besucht zurückeroberte Stadt Maalula«, *Die Welt*, 20. April 2014, Firas Makdesi, »Syria's Assad pays Easter visit to recaptured Christian town«, *Reuters*, 20. April 2014. Filmaufnahmen des Besuchs wurden in den syrischen Fernsehnachrichten gezeigt, http:www.youtube.com/wacht?v=9CoR4OQHW28.

[220] Dominic Evans, »Assad seeks re-election as Syrian civil war rages«, *Reuters*, 28. April 2014.

[221] »Assad spielt Demokratie«, *Sächsische Zeitung*, 24. April 2014, »Syrien: ›Unter Assad leben Christen besser‹«, *Radio Vatikan*, 23. April 2104.

denen des Zweiten Weltkriegs vergleichbar. Nach Einschätzung des syrischen Wirtschaftsexperten Jihad Yazigi, der diesen Vergleich anstellte, würde Syriens Wirtschaft, selbst wenn der Krieg beendet würde und bei einem Wirtschaftswachstum von fünf Prozent jährlich »dreißig Jahre brauchen, um wenigstens wieder das Niveau von 2010 zu erreichen«.[222]

DAS RÄTSEL BASCHAR

Die Krise, die im März 2011 ihren Anfang nahm, rückt ein geradezu widersinniges Rätsel ins Blickfeld, das Baschars Führung seit seiner Amtseinführung belastet hatte und einer Lösung harrte. Die Frage nämlich: War Baschar wirklich der Modernisierer und Reformer, als der er sich präsentierte und für den ihn andere, auch in der internationalen Gemeinschaft, hielten? Wurden seine Reformbemühungen systematisch von einer »alten Garde« blockiert, die nicht auf ihre Privilegien verzichten wollte? Oder war Baschar – wie es Charlie Rose formulierte – der Sohn seines Vaters, der dieselben Pläne verfolgte und die Machtinstrumente nutzte, mit denen sein Vater dreißig Jahre lang regiert hatte? Schmückte sich Baschar nur mit den Insignien eines Reformers, um zu verbergen, dass er entschlossen war, das Erbe seines Vaters fortzusetzen? Verkörperte er nur – wie ein Dissident es ausdrückte – einen »modernisierten Autoritarismus«?

Oberflächlich betrachtet scheinen die blutigen Vorfälle der Revolution von 2011 die zweite Hypothese zu bestätigen, denn entgegen vieler Worte über Reform und Veränderung beweisen die Ereignisse vor Ort, dass Baschar ebenso rücksichtslos sein konnte wie Hafiz. Er war es, der – zumindest formell – den früheren Chef des Militärgeheimdients und stellvertretenden Stabschef Assef Shaukat, seinen Schwager, nach Daraa schickte, um dort den Aufstand niederzuschlagen. Und er rührte keinen Finger zur Verteidigung

---

[222] »Assad spielt Demokratie«, Ebenda.

von Zivilisten, die reihenweise seinen Sicherheits- und Polizeikräften zum Opfer fielen.

Aber wie schaffte es das Establishment, dass sich ein so völlig entgegengesetzter Eindruck einprägte? Wenn das Bild der Persönlichkeit eines freundlich gesonnenen, zukunftsorientierten Reformers, das der syrischen und internationalen Öffentlichkeit präsentiert wurde, Glaubwürdigkeit und Bestand haben sollte, dürfte es keinen Widerspruch zur psychischen Statur des Mannes geben. Kurz gesagt: Man könnte der Welt unmöglich Baschars neues Image verkaufen, wenn dieses nicht »passen« würde.

Das wirft die grundlegende Frage auf: Welche psychologische Persönlichkeitsstruktur kann das Profil des jungen Präsidenten angemessen beschreiben? Eindeutig zeigt er keine äußerlichen Zeichen einer Persönlichkeitsstörung, wie sie bei den anderen vier hier untersuchten Führern zu beobachten waren. Baschar ist nicht besessen davon, seine eigene Großartigkeit unter Beweis zu stellen, Aufmerksamkeit und Bestätigung zu fordern, oder sich so auffällig zu verhalten wie Gaddafi. Dem äußeren Anschein nach erfüllt er keine der Voraussetzungen, um ihn als Narzissten, Paranoiden oder Hysteriker einzuordnen. Ganz im Gegenteil: Für David W. Lesch, der nach ausführlichen persönlichen Gesprächen eine Biografie über Baschar veröffentlicht hat, war der neue syrische Präsident »ein grundsätzlich prinzipientreuer Mann. Er ist sehr bescheiden, sein Lachen wirkt wie das eines unschuldigen jungen Mannes.« Seine »Ernsthaftigkeit« beeindrucke ebenso wie der Umstand, dass »seine Persönlichkeit äußerlich nicht von Macht und Position getrübt ist ... In seinem Herzen ist er ein ernsthafter und ehrlicher Mann«. Lesch erklärte offen, »Ich halte ihn im Kern für eine moralisch vernünftige Person ...« Er beeindrucke die Menschen durch »seine Höflichkeit, Bescheidenheit und Unkompliziertheit«.[223]

---

[223] Lesch, David W., *The New Lion of Damascus: Bashar al-Asad and Modern Syria*, Yale University Press, New Haven and London, 2005, S. 230. In seinem neuen, 2012 erschienenen Buch, änderte Lesch seine Ansicht, siehe Fußnote 2.

Ein persönlicher Freund des Präsidenten erklärte dem Biografen,»Baschar könnte beinahe jeden im Land aus dem Weg räumen, aber so will er nicht vorgehen. Er sieht sich selbst als den mitfühlenden Heiler, nicht den politischen Mörder. Das brutale Verhalten, dem man in der Region so oft begegnet und das sein Vater verkörpert, entspricht nicht Baschars Charakter ...« Tatsächlich habe er sich für ein Medizinstudium und besonders für die Augenheilkunde entschieden, weil ihm an diesem Spezialgebiet gefiel, dass er »Menschen heilen« konnte. Als Student war er bei seinen Kommilitonen beliebt, am Krankenbett legte er ein »fürsorgliches und heiteres Verhalten« an den Tag, das ihm viel Bewunderung einbrachte.[224] Baschar wird auch als idealer Ehemann und Vater beschrieben, der mitten in der Nacht aufstand und sich um einen schreienden Säugling kümmerte, der Windeln wechselte und seinen Sohn im ersten Lebensjahr täglich badete.

Eine idealere Persönlichkeit für die Führung eines Landes könnte man sich kaum erträumen. Doch in seiner Amtszeit als Präsident herrschte weiter die autoritäre Diktatur, die sein Vater begründet hatte. Allerdings ließ Baschar anfänglich einen neuen politischen Kurs erkennen. Syrische Politiker und Aktivisten der Zivilgesellschaft, die ihn beim Wort nahmen, nutzten die Chance für eine offene Debatte in der syrischen Gesellschaft. Der »Damaszener Frühling« war jedoch nur von kurzer Dauer, schon im Februar 2001 herrschte wieder Winter.

NACHFOLGER SEIN ODER NICHT SEIN

Das Rätsel Baschar beginnt mit seinem Aufstieg zur Macht im Jahr 2000. Darüber und über die Hintergründe gibt es heute in den politischen Kommentaren in Syrien zwei Versionen. Die eine lautet: Baschar sei 1994 nach dem Unfalltod seines älteren Bruders Basil die Rolle des Kronprinzen übertragen worden. Nach sechseinhalbjähriger sorgfältiger Vorbereitung habe er nach Hafiz

---

[224] Lesch, 2005, S. 59.

al-Assads Tod dessen Nachfolge angetreten. Die andere Version bestreitet dies, weder der Vater noch der Sohn hätten eine solche Nachfolge im Sinn gehabt. Es habe sich alles rein zufällig so ergeben.

Ich hielt mich im Januar 1994 gerade in Jordanien auf, als gemeldet wurde, Basil al-Assad sei bei einem Autounfall ums Leben gekommen. Ich war nach Amman gereist, wo ich nach monatelanger Vorbereitung mit zahllosen Telefonaten und Fax-Botschaften endlich ein Interview mit Prinz Hassan bin Talal, damals Kronprinz von Jordanien, führen konnte. Während ich im Vorzimmer wartete, äußerte Prinz Hassans Sekretärin, eine sehr kluge, gut ausgebildete junge Frau aus einer Aristokratenfamilie, ihre Bestürzung und Trauer über den Tod des jungen Assad. »Denken Sie nur, wie furchtbar es für einen Vater, den Staatschef, sein muss, seinen erstgeborenen Sohn zu verlieren, der doch das Amt übernehmen sollte. Was wird Hafiz al-Assad jetzt tun?« Die indirekte Botschaft in ihren Worten spiegelte einen zentralen Grundsatz oligarchischen Denkens wider: Selbstverständlich muss die dynastische Nachfolge gewahrt werden. Welche anderen Möglichkeiten gäbe es denn auch?

Und tatsächlich kam es so, dass Baschar in die Fußstapfen seines Bruders treten musste. Er reiste umgehend aus London ab, wo er als Arzt am Western Eye Hospital, einer Einrichtung des St. Mary's National Health Service, tätig war. Während seiner augenärztlichen Facharztausbildung war er unter anderem zwei- bis dreimal in der Woche an Augenoperationen beteiligt.[225] Laut einem Bericht wurde »›Dr. Baschar‹ nach seiner Rückkehr nach Damaskus von seinem Vater darüber informiert, dass er an die Stelle seines Bruder treten werde«. Zunächst habe er sich geweigert, doch sein »gramgebeugter Vater akzeptierte einfach kein ›Nein‹ ...«[226]

Also schrieb sich Baschar umgehend für eine militärische Ausbildung ein und wurde bereits im November desselben Jahres

---

[225] Ebenda, S. 60 ff.
[226] Muaddi Darraj, Susan, *Bashar al-Assad*, Chelsea House Publishers, Philadelphia, 2005, S. 77.

Kommandant eines Panzerbataillons. Im Januar 1995 wurde er zum Major befördert. Ein Jahr später begann er die Ausbildung zum Kommando- und Generalstabsoffizier an der Höheren Militärakademie, die er im Juli 1997 mit Auszeichnung abschloss. Unmittelbar danach wurde er zum Oberstleutnant befördert und übernahm die Führung der Brigade der Republikanischen Garde, die Basil zuvor befehligt hatte. 1999 wurde er Stabsoberst. Gleichzeitig durchlief er ein politisches Training; dafür bezog er ein Büro im Präsidentenpalast und arbeitete dort eng mit seinem Vater zusammen. Er wurde mit den Besonderheiten der Innenpolitik, in den letzten zwei Jahren vor seiner Amtsübernahme auch denen der Außenpolitik, vertraut gemacht.[227] Sein Vater entsandte ihn auf diplomatische Missionen nach Europa und in die arabische Welt, er stieß den Sohn ins Rampenlicht, »damit er nicht völlig unbekannt wäre, wenn sein Vater einmal sterben werde«.[228] Und tatsächlich nahm er in den Rängen der politischen Macht einen kometenhaften Aufstieg. Nicht einmal ein Tag war seit dem Tod des alten Assad vergangen, als der als Interimspräsident fungierende Vizepräsident Abdul Halim Khaddam verkündete, nunmehr sei Baschar Kommandeur der Streitkräfte des Landes und General (fariq), »der höchste militärische Rang, den zuvor nur Hafiz al-Assad bekleidet hatte«. Die Baath-Partei wählte ihn Mitte Juni zum Generalsekretär und ebnete ihm damit den Weg ins Präsidentenamt. Um die rechtlichen Voraussetzungen dafür zu schaffen, musste zunächst die Verfassung geändert werden. Denn die sah für das Amt ein Mindestalter von 40 Jahren vor, und Baschar war erst 34. Die Nationalversammlung kam ihrer Pflicht nach und verabschiedete im Rekordtempo die nötigen Änderungen. Am 10. Juli bestätigte ein Referendum Baschars Kandidatur mit einer satten Mehrheit von 97,3 Prozent, schon kurze Zeit später hielt er seine An-

---

[227] *Al Jazeera*, 25. März 2011, Kurzdarstellung, Leverett, Flynt, *Inheriting Syria: Bashar's Trial by Fire*, Brookings Institution Press, Washington, D.C., 2005, S. 61, 64.

[228] Darraj, a.a.O., S. 78.

trittsrede. Hafiz al-Assad war am 10. Juni gestorben, am 17. Juli trat Baschar offiziell die Nachfolge an.[229]

Ein reibungsloserer Machtwechsel ist kaum vorstellbar – ein Hinweis darauf, dass er sorgfältig vorbereitet und geplant worden war, möglicherweise bereits Jahre zuvor. Tatsächlich war Baschar schon 1994 öffentlich an der Seite führender Vertreter des Regimes wie beispielsweise Verteidigungsminister Mustafa Tlas aufgetreten. In demselben Jahr begann sein Vater, jeden zu entmachten, der eine einflussreiche Position bekleidete und gegen seinen Sohn als Nachfolger opponierte. 1994 wurde Generalmajor Ali Haydar, Chef der Sondereinsatzkräfte, entlassen. Ein Jahr später zwang man Adnan Makhlouf, Kommandeur der Republikanischen Garden, wegen der zwischen ihm und Baschar bestehenden Differenzen zum Rücktritt. Die Makhloufs waren Verwandte von Hafiz al-Assads Frau, die sich politisch und auch wirtschaftlich eine große Nische im Establishment erkämpft hatten.[230]

Baschars Aufstieg ins Präsidentenamt wurde durch eine gut inszenierte PR-Kampagne vorbereitet, die schon bald nach dem Tod seines Bruders einsetzte. Nach Basils Ableben hatte sein Vater zunächst angeordnet, dessen Bild ein Jahr lang im ganzen Land auszustellen. Am ersten Jahrestag seines Unfalltods tauchte dann an öffentlichen Plätzen ein anderes Bild auf. Es war die »neue Dreifaltigkeit«, ein Plakat mit den Bildern von Hafiz, Basil und Baschar, unter denen jeweils zu lesen war: »Unser Führer, unser Ideal, unse-

---

[229] Leverett, a.a.O., S. 67. Mehrere Historiker haben dokumentiert, wie Baschar aufgebaut wurde und die Nachfolge antrat. Siehe beispielsweise Owen, Roger, *The Rise and Fall of Arab Presidents for Life*, Harvard University Press, Cambridge, Massachusetts, 2012, S. 84 f, 140 ff.

[230] Ebenda, S. 64. Zum von den Makhloufs aufgebauten Wirtschaftsimperium in Bankgeschäft, Handel, Telekommunikation und Immobilien, siehe Noueihed, Lin and Alex Warren, *The Battle for the Arab Spring: Revolution, Counterrevolution and the Making of a New Era*, Yale University Press, New Haven and London, 2013, S. 221 und Helberg, a.a.O., 245 f.

re Hoffnung«.[231] Auch für Uneingeweihte war die Schlussfolgerung eindeutig. Gleichzeitig umgab man Baschar mit der Aura des Staatsdieners, der Ende der 1990er Jahre eine »Anti-Korruptions«-Kampagne führte. Man präsentierte ihn als den Mann, der Syrien ins 21. Jahrhundert führen werde. Das unterstrich er selbst mit seiner Orientierung auf Fortschritte im IT-Sektor, beispielsweise übernahm er den Vorsitz der Syrischen Computer-Gesellschaft. Baschar trug aktiv dazu bei, dieses Image zu kultivieren. In einem Interview mit Lesch erklärte er die Entscheidung, 1994 in die Politik einzutreten, mit der Erfüllung eines »Familien-Kodex«, demgemäß man »stets für die Allgemeinheit eintreten und für das Volk fühlen« solle.

Kurz: Die Nachfolge wurde sorgfältig, effektiv und von langer Hand vorbereitet; alles lief nach Plan. Doch das Assad-Regime dementierte energisch. Lesch, der sich 2004 drei Wochen lang zu mehreren ausführlichen Interviews mit Baschar in Syrien aufhielt, behauptete, nichts sei geplant gewesen. Keiner der Hauptbeteiligten an der Nachfolge, weder Vater noch Sohn, hätten irgendetwas vorausberechnet. In einem Interview hatte Baschar ihm erklärt:

»Ich habe nie erwartet, Präsident zu sein. In allen Zeitungen und Zeitschriften wurde mein Name genannt, aber ich selbst habe nie daran gedacht. Er [Hafiz] hat nie darüber gesprochen oder Druck auf mich ausgeübt, Präsident zu werden. Ich wollte im öffentlichen Bereich arbeiten und war Mitglied der [Baath-]Partei, habe aber nicht erwartet, die Partei zu führen. Er hatte mich nicht für die Führung der Partei vorgesehen; andernfalls hätte er das viel früher einrichten können. Eine Parteikonferenz war bereits für die folgende Woche geplant [der erste Parteikongress nach 15 Jahren], sie wollten sie absagen, aber ich war dagegen. Bei dieser Konferenz wurde ich zum Vorsitzenden der Partei gewählt. Er [Hafiz al-Assad] hat nie versucht, mich zum Präsidentenamt zu drängen. Es

---

[231] Ebenda, S.63, Lesch, 2005, S. 67, van Dam, Nikolaos, *The Struggle for Power in Syria: Power and Politics under Asad and the Ba'th Party*, I.B. Tauris & Co. Ltd., London, 2011, S. 132.

war mein Ehrgeiz, im öffentlichen Bereich zu wirken. Aber er hat mich nie darauf vorbereitet, Präsident zu sein.«[232]

Im gleichen Gespräch malte Baschar ein Bild seines Vaters als eines Mannes, der nicht im Geringsten an der möglichen politischen Zukunft seines Sohnes interessiert war. Von Hafiz gefragt, warum er nach dem Tod seines Bruders zum Militär gegangen sei, hatte er erklärt:

»Ich bin zurückgekehrt, weil ich Militärarzt war. Mein Vater fragte: ›Gehst Du zurück nach London?‹ und ich antwortete ›Nein‹. Da wollte er wissen, was ich denn jetzt tun würde. Ich sagte, ich sei jetzt beim Militär und dort habe man das Recht, das Spezialgebiet zu wechseln, beispielsweise in Richtung Ingenieurwesen, oder die Offiziersschule zu besuchen. Wochenlang sagte er, ich könne nach London zurückgehen oder als Arzt in Syrien bleiben, aber ich blieb dabei, ich wolle zum Militär und schließlich ließ er sich überzeugen und gab seine Zustimmung ...«[233]

Bezeichnenderweise erzählte Baschar bei dem *ABC*-Interview mit Barbara Walters 2011 - auf dem Höhepunkt der Sicherheitskrise - erneut die Mär, sein Vater habe mit ihm »nie über Politik gesprochen«, er habe ihn bedrängt, nach London zurückzugehen. Aber gestützt auf das Votum der Menschen für Baschar habe ihn die Partei haben wollen und er habe sich selbst »nominiert«.

Zur Untermauerung dieser Version zitiert der Biograf Lesch ein Interview Hafiz al-Assads mit dem französischen Fernsehen Ende der 1990er Jahre. Dabei hatte er schon allein die Vorstellung einer dynastischen Nachfolge weit von sich gewiesen:

»Ich bereite meinen Sohn weder darauf vor, meinen Platz einzunehmen, noch habe ich ihn je darüber reden gehört. Mir scheint, dass die Möglichkeit überhaupt nur deshalb erwähnt wird, weil ihm seine Handlungen die Achtung und Bewunderung seiner Kollegen und den Respekt der Einwohner dieses Landes einbringen.

---

[232] Lesch, 2005, S. 63 f.
[233] Ebenda, S. 64.

Zur Frage der Nachfolge gibt es in unserer Verfassung keine Klausel, die Familienmitgliedern das Recht dazu einräumt.«[234]

Bereits 1992 hatte *TIME* Hafiz al-Assad dieselbe Frage gestellt, auf die der alte Fuchs antwortete: »Ich habe keinen Nachfolger. Über den Nachfolger entscheiden die Institutionen, staatliche und verfassungsmäßige Organisationen und Parteiinstitutionen. Die halte ich für fest verwurzelt, weil sie über die Erfahrung von 20 oder 22 Jahren verfügen, sie können sich damit beschäftigen.«[235]

Einen interessanten psychologischen Einblick in Hafiz' Berichte gibt ein Interview mit Farouk al-Sharaa, einem ehemaligen Außenminister. Wie er erklärte, sei er nicht davon überzeugt, das Hafiz Baschar aufbaue. Seine Begründung verweist auf Hafiz' eigene psychische Störungen: »Ich glaube also nicht, dass er begeistert war, seinen Sohn als seinen Nachfolger zu sehen, vielleicht, weil er sich einfach nicht vorstellen konnte, einmal sterben zu müssen.«[236]

Die Berichte Hafiz al-Assads und seines Sohnes, denen der Biograf Lesch auf den Leim ging, entsprechen ganz offensichtlich nicht der Wahrheit, wie die Tatsachen belegen.[237] Und Lüge und Täuschung setzten sich bis in die Präsidentschaft Baschar fort.

---

[234] Ebenda, S. 75.

[235] *Syria Times*, 13. November 1992, zitiert von van Dam, a.a.O., S. 132.

[236] Lesch, 2005, S. 67. Baschar selbst gab einen verräterischen Hinweis darauf, dass er sehr wohl vorab über Nachfolge-Pläne informiert war. Wie Außenminister Farouk al-Shar'a am 10. April 2000 – zwei Monate vor Hafiz' Tod – gegenüber der libanesischen Zeitung *al-Mustaqbal* sagte, habe ihm »Stabs-Oberst Baschar al-Assad mehr als einmal gesagt, dass Präsident Assad mir keinen unehrenhaften Frieden hinterlassen und ihn auch selbst nicht akzeptieren wird«. Ziadeh, Radwan, *Power and Policy in Syria: The Intelligence Services, Foreign relations and Democracy in the Modern Middle East*, I.B.Tauris, London, 2011, S. 46.

[237] Lesch änderte seine Sichtweise über Baschar in seinem zweiten Buch ganz erheblich, siehe Fußnote 2.

REFORMER OHNE REFORMEN

Als Baschar das Präsidentenamt erbte, übernahm er damit auch den autoritären Staatsapparat, den sein Vater aufgebaut hatte, mit seinen Sicherheits- und Geheimdiensteinheiten, Militär, Bürokratie, Partei und Presseinstitutionen. In dieser Hinsicht erging es ihm nicht viel anders als Mubarak, der nach Sadats Tod dessen Nachfolge angetreten hatte. Und der Apparat, den Hafiz seinem Sohn vererbt hatte, brauchte den Vergleich nicht zu scheuen. Die Partei fungierte als Motor der Macht des Regimes, ihre Beziehung zum Militär etablierte eine »Baath-isierung der Armee« oder »Symbiose von Armee und Partei«, die dem Militär eine prominente Rolle garantierte.[238] Der Sicherheitsapparat, also der Geheimdienst Mukhabarat und die Armee, bildete die wirkliche Basis der Macht. Ersterer hatte die Dinge mit seinem riesigen Netz von Informanten im Griff, vor allem außerhalb der Hauptstadt.[239] Assad hatte die Säkularisierung des öffentlichen Lebens vorangetrieben, seine Wirtschaftspolitik zielte auf die Reform der ländlichen Gebiete und die Entwicklung der Mittelschicht ab. Doch das System beruhte auf der zentralen Rolle des Präsidenten im Stil eines Nasser. Körperschaften wie die Nationalversammlung (das Parlament) und die National Progressive Front (eine Koalition der zugelassenen politischen Parteien, die *de facto* der Baath-Partei unterstand) dienten als Feigenblatt, um eine Aura von Demokratie zu erzeugen. Unter Hafiz bildete ein kleiner Kreis von engen Gewährsleuten aus Militär, Geheimdienst und Diplomatie, mit oder ohne familiäre Bindungen, das eigentliche Zentrum in der Politik.[240]

---

[238] Leverett, a.a.O., S. 24.

[239] Perthes, Volker, *Syria under Bashar al-Asad: Modernisation and the Limits of Change*, Adeplhi Paper, The International Institute of Strategic Studies, Oxford University Press, Oxford, Juli 2004, S. 12.

[240] Leverett, a.a.O., S. 25 f. »Er gründete institutionelle Strukturen, um die demokratische Fassade zu errichten, hinter der er die wirkliche Macht seiner Partei ausspielen konnte«, Ziadeh, a.a.O., S. 19. Für eine Darstellung von Baschars Netzwerk, siehe »Assad und sein Clan«, Armbruster, Jörg, a.a.O., S. 16 f.

Wie Mubarak und seine Vorgänger Nasser und Sadat, hatte auch Hafiz al-Assad einen bombastischen Personenkult aufgebaut, um das narzisstische Bedürfnis des Staatsführers nach öffentlicher Bewunderung, Ehrfurcht, Angst und vor allem Gehorsam zu befriedigen. Hafiz »gab den staatlichen Medien die Order, sein Regime regelmäßig zu loben – sie waren gehalten, ihn mit Syriens Nationalhelden zu vergleichen, indem sie ihn ›den neuen Saladin‹ nannten ... Hafiz arrangierte auch Demonstrationen zu seiner eigenen Unterstützung«.[241]

Baschar lehnte diesen Persönlichkeitskult öffentlich strikt ab, er forderte am 17. Juli 2000 von der Presse, seinen Vater nicht mehr als »unsterblichen Präsidenten« zu bezeichnen und auch sonst das Amt nicht zu glorifizieren.[242] Der neue, junge Präsident reduzierte die öffentliche Zurschaustellung seines Bildes. Er hasste die rituelle Verehrung für seinen Vater, beispielsweise durch lautes Applaudieren, sobald bei einer öffentlichen Veranstaltung dessen Name fiel, und führte sich nie wie der Sohn eines Staatspräsidenten auf.[243]

DER JUNGE ASSAD BETRITT DIE BÜHNE

Baschars Antrittsrede am 17. Juli 2000 war ein Signal für eine radikale Abkehr von der Haltung seines Vaters. Der neue Präsident Assad präsentierte sich als Reform-Präsident. Wie er in seiner sorgfältig formulierten Rede darlegte, erfodere die politische Macht Verantwortungsbewusstsein, nicht nur des Politikers, dem diese Verantwortung übertragen sei, sondern im Idealfall auch der Bürger. »Idealerweise«, sagte er, »soll sich jeder Einzelne verantwortlich fühlen und das bedeutet nicht, dass jeder auch einen Posten bekleiden sollte.«[244] Alle müssten sich in irgendeiner Form beteili-

---

[241] Zahler, Kathy, The Assads' Syria, Twenty-First Century Books, Minneapolis, 2010, S. 71.
[242] Ebenda, S. 168.
[243] Lesch, 2005, S. 16, 12.
[244] Der volle Text der Rede (in englischer Sprache) ist einsehbar unter http://www.al-bab.com/arab/countries/syria/basharooa.htm

gen: »Die Gesellschaft wird sich weder entwickeln noch wird sie besser werden oder vorankommen, wenn sie nur von einer Sekte, einer Partei oder einer Gruppe abhängig ist. Vielmehr muss sie von der Arbeit aller Bürger in der gesamten Gesellschaft abhängig sein. Deshalb halte ich es für absolut nötig, jeden einzelnen Bürger aufzufordern, sich am Prozess der Entwicklung und Modernisierung zu beteiligen, wenn uns wirklich ernsthaft daran gelegen ist, in naher Zukunft die erwünschten Ergebnisse zu erreichen.«

Konkret schlug er vor, die alten Vorstellungen zu überdenken, zu verbessern oder gegebenenfalls ganz zu ersetzen. Er bat um »konstruktive Kritik« und drängte die Bürger, sich eine »objektive Meinung« zu bilden, und dabei über das Positive und Negative einzelner Fragen oder der Politik insgesamt nachzudenken. Und weiter: »In Wirtschaft, Gesellschaft und Wissenschaft sind heute Strategien gefordert, die der Entwicklung und Standhaftigkeit dienen«, dazu seien »Zeit, Bemühen, Kooperation und ein umfangreicher Dialog« nötig. Um solche Strategien erarbeiten zu können, seien genaue Daten und »Transparenz« erforderlich, zu verstehen als »Zustand von Kultur, Werten und sozialem Verhalten«.

Im gesamten Verlauf seiner sehr kühnen Rede betonte Baschar die Kooperation zwischen Bürgern und staatlichen Institutionen als dynamischen Prozess. »Niemand sollte sich allein auf den Staat verlassen oder tolerieren, dass sich der Staat allein auf ihn verlässt: Lasst uns als ein Team zusammenarbeiten.« Zu den von ihm vorgestellten Aufgaben gehörte die Verbesserung der Wirtschaftslage durch Modernisierung der Gesetze und mehr Investitionen im staatlichen und privaten Sektor. Auch die Landwirtschaft sollte modernisiert werden. »Wir alle brauchen heute dringend eine Verwaltungsreform«, sagte er, ebenso geboten sei die »saubere und effektive« Arbeit der Justiz. Darüber hinaus »sind gewiss auch in unseren Institutionen für Bildung, Kultur und Information Reform und Verbesserung nötig, und das in einer Weise, die unseren nationalen Interessen dient und unsere allgemeine Kultur stärkt. Das wiederum wirkt der Mentalität von Isolationismus und Passivität entgegen und wirkt auf gesellschaftliche Phänomene, die Einheit und Sicherheit unserer Gesellschaft beeinträchtigen.« Ausdrücklich rief Baschar zu »demokratischem Denken« auf, um »demokratische Praktiken« einzuführen; diese »demokratische Erfahrung« sei wie zugeschnitten auf die Bedürfnisse Syriens mit seiner Geschichte und Kultur. Und schließlich: Den Frauen käme in der Gesellschaft eine Schlüsselrolle zu.

Die Antrittsrede war ein Meilenstein in der Geschichte Syriens und sie war Musik in den Ohren der Millionen Bürger, die unter dem autokratisch-repressiven Regime Hafiz al-Assads aufgewachsen waren und nun von einer besseren Zukunft träumten. Baschar rief zur Beteiligung der Bürger an einer nationalen Reform auf und diese hörten den Ruf – es war der Beginn des später legendären »Damaszener Frühlings«.

Nachdem Baschar sein Amt angetreten hatte, führte er zunächst tatsächlich einige Veränderungen ein. Schon nach wenigen Wochen ersetzte er die Chefredakteure der beiden offiziellen Zeitungen *al-Thawra* und *Tishrin* sowie den Leiter der staatlichen Presseagentur *SANA*. Gleichzeitig ließ er im Oktober die ersten 600 politischen Gefangenen frei – der Freilassung sollten gelegentliche Amnestien folgen – und kündigte an, das Mezzah-Gefängnis für politische Häftlinge werde in ein Krankenhaus umgewandelt. Aus einer neuen Schicht junger Syrer, die mehrheitlich Akademiker waren oder aus der Geschäftswelt kamen, bildete er im ersten Amtsjahr Beiräte, wie beispielsweise die »Gruppe der 18«, die ihn in Wirtschaftsfragen beraten sollte.[245] Bis zum Ende des darauffolgenden Jahres hatte der neue Präsident drei Viertel der Führung in Militär, Verwaltung und Politik ausgetauscht.[246] Beim Militär und im Geheimdienst wurden einige Amtsträger entlassen, weil Baschar sie als Hindernis für seine Pläne betrachtete. Bis Anfang 2004 hatte er 14 Technokraten integriert, die meisten hatten im Ausland studiert und dort ihren Doktortitel erworben.[247] Auch wichtige diplomatische Posten wurden mit Akademikern besetzt.

---

[245] Leverett, a.a.O., S. 168 f., 73.
[246] Perthes, a.a.O., S. 19.
[247] Leverett, a.a.O., S. 78, 82.

Mit diesem neuen Team und der scheinbaren Bereitschaft, Pressefreiheit zu gewähren, weckte Baschar in der Bevölkerung die Hoffnung auf wirkliche Veränderung. Führende Intellektuelle, Politiker und Liberale begrüßten die neue Botschaft und beteiligten sich mit inoffiziellen Salons und Beiträgen in der für kurze Zeit liberalisierten Presse am gesellschaftlichen Dialog. Organisationen wie die »Freunde der Zivilgesellschaft« entstanden, dazu Menschenrechtsorganisationen wie das »Komitee zur Verteidigung demokratischer Freiheiten und Bürgerrechte« und das »Syrische Menschenrechtskomitee«. Angespornt durch die vermeintliche Absicht des neuen Präsidenten, einen Demokratisierungsprozess einzuleiten, veröffentlichten Mitglieder der Zivilgesellschaft am 27. September 2000 das sogenannte Manifest der 99, in dem sie größere Freiheiten forderten. Man verlangte

» – die Aufhebung des seit 1963 geltenden Ausnahmezustands und des Kriegsrechts in Syrien;

– eine Amnestie für alle politischen Gefangenen und alle wegen ihrer politischen Ansichten Verfolgten, sowie die Rückkehr aller deportierten und vertriebenen Bürger;

– die Einführung des Rechtsstaats; die Gewährung politischer Freiheiten, das Anerkennen von politischem und intellektuellem Pluralismus, Versammlungsfreiheit, Pressefreiheit und das Recht der freien Meinungsäußerung;

– die Befreiung des öffentlichen Lebens von [restriktiven] Gesetzen, Beschränkungen und Zensur, um den Bürgern zu gestatten, ihre unterschiedlichen Interessen im Rahmen gesellschaftlicher Harmonie, friedlichen Wettbewerbs und einer institutionellen Struktur zum Ausdruck zu bringen, sodass alle an Entwicklung und Wohlstand des Landes teilhaben können ...«[248]

Die im Januar 2001 veröffentlichte Erklärung der Tausend, auch das Grundsatzdokument genannt, ging noch über diese Vorstellungen hinaus, sie warb implizit für die Einführung eines Mehrparteiensystems. Bei der Präsentation ihrer philosophischen Zukunftsperspektive erklärten die Autoren:

---

[248] Der volle Text des Dokuments ist abgedruckt in Leverett, ebenda, S. 204.

»Gesellschaftliche Gruppen und politische Parteien werden durch die gesamte Gesellschaft des Landes definiert.«

Zu den geforderten Maßnahmen des Dokuments gehört auch die »4. Inkraftsetzung eines demokratischen Wahlgesetzes zur Regelung von Wahlen auf allen Ebenen und in einer Weise, die alle Teile der Bevölkerung angemessen repräsentiert. Der Wahlprozess soll unter der Aufsicht unabhängiger Gerichte ablaufen. Das so gewählte Parlament wird zu einer echten gesetzgeberischen Institution, die tatsächlich den Willen des Volkes repräsentiert, als höchstes verbindliches Gremium für alle agiert und die Beteiligung des Volks an den Belangen des eigenen Landes genauso symbolisiert wie die aktive Teilhabe an der Entscheidung über die Regierungsform.«

Unter Punkt 7 des Dokuments wird vorgeschlagen, das Einparteiensystem unter der Progressive National Front auslaufen zu lassen: »Die Beziehung der PNF zur Regierung sollte überprüft und das Konzept der ›führenden Partei in Gesellschaft und Staat‹ überdacht werden. Ebenso gehört jedes andere Konzept auf den Prüfstand, welches das Volk vom politischen Leben ausschließt.«

Weiterhin verlangten die Tausend umfassende wirtschaftliche Rechte und die Gleichberechtigung der Frau.[249]

Beide Dokumente präsentierten einen gut formulierten, intelligenten und verantwortungsbewussten Plan, Baschars Rhetorik in die Realität umzusetzen. Dabei lassen Inhalt und Ton der Petitionen den Wunsch erkennen, bei diesen Schritten in Richtung Demokratie *mit der* und *durch die* Regierung zu arbeiten. Schon bald nach der Vorstellung der zweiten Petition gab Baschar ein Interview, bei dem er nach allgemeiner Auffassung den Aktivitäten der Zivilgesellschaft, die die Stabilität des Landes gefährden könnten,

---

[249] Ebenda, S. 207 ff. Siehe auch Perthes, a.a.O., S. 29 ff, zur dringenden Notwendigkeit wirtschaftlicher Reformen: im Jahr 2004 waren 40 Prozent der Bevölkerung jünger als 15, 52 Prozent unter 20, die Arbeitslosigkeit lag insgesamt bei 20 Prozent. Die obersten fünf Prozent »verfügen Schätzungen zufolge über 50 Prozent des Nationaleinkommens«, während »zehn Prozent der Kinder zwischen zehn und 16 Jahren einer bezahlten Arbeit nachgehen.«

klare Grenzen setzte. Am 8. Februar 2001 erklärte er in der Zeitung *Asharq Al-Awsat*:

»Wenn die Folgen einer Handlung die Stabilität unseres Landes beeinträchtigen, so ist der Verursacher entweder ein Agent im Dienst einer ausländischen Macht, oder er ist einfach ein Mensch, der unabsichtlich handelt. Aber in beiden Fällen wird den Feinden des Landes ein Dienst erwiesen, dementsprechend werden beide ähnlich behandelt, ungeachtet ihrer Intentionen oder Motive.«[250]

Schon bald wurde deutlich, dass Baschar hier tatsächlich das Todesurteil über den Damaszener Frühling aussprach und den Beginn eines neuen Regimes grausamer Unterdrückung ankündigte. Noch im selben Monat war Schluss mit den verschiedenen inoffiziellen Salons und Diskussionsrunden. Im Frühjahr wurde der neue Chefredakteur von *al-Thawra* gefeuert; der Herausgeber des gerade erst zugelassenen satirischen Wochenblatts *al-Dommari* kam unter Druck, die Zeitschrift ging schließlich ein. Es folgte die Verhaftung von Aktivisten und Parlamentariern, die sich für ein Mehrparteiensystem eingesetzt hatten. Am 21. Februar 2001 erklärte ein Funktionär der Baath-Partei, die Unterzeichner solcher Dokumente hätten Baschars Antrittsrede »missverstanden« und »Grenzen« überschritten. Im April erklärte Verteidigungsminister Mustafa Tlas im Fernsehen von Abu Dhabi, ihm lägen »Beweise« dafür vor, dass die Unterzeichner der Erklärung der Tausend Agenten des US-Geheimdiensts seien. Als angeblichen Beweis für diese Behauptung führte er an, der arabisch-israelische Konflikt werde in dem Dokument nicht erwähnt.[251] Im September wurde ein neues Dekret für Druckschriften erlassen, die nur noch erscheinen durften, wenn sie von der Regierung zugelassen waren. Die Voraussetzung war, dass sie keine Äußerungen über »nationale Sicherheit, nationale Einheit und Einzelheiten über geheime Gerichtsverhandlungen« enthielten. Es war die »Rede davon«, die Notstandsgesetze einer Überprüfung zu unterziehen und anderen Parteien den Beitritt zur PNF zu gestatten, doch am 3. Mai sagte Baschar bei einem

---

[250] Lesch, 2005, S. 92.
[251] Leverett, a.a.O., S. 94, 172 f.

Interview, er halte es »bis 2007 für verfrüht«, in seiner zweiten Amtszeit sei es jedoch »bestimmt möglich«.[252]

Baschar persönlich behagte der Begriff »Damaszener Frühling« nicht. Bei ihm klang das so:

»Der Bezug zum Prager Frühling ist in zweifacher Hinsicht nicht korrekt: 1. Der Prager Frühling war weitgehend von außen importiert – das war hier nicht der Fall, und 2. war der Prager Frühling eine politische Bewegung gegen die Regierung, während ich den Prozess in Syrien *in Gang gesetzt* habe. Ich habe keine Rede über politische Öffnung gehalten, um gewählt zu werden – ich habe sie gehalten, nachdem ich gewählt worden war. Stabilität ist wichtig. ... Wir sind vorsichtig. ... Wir machen kleine Schritte, wenn sie sich als Fehler erweisen, machen wir einen weiteren Schritt. In manchen Fragen gehen wir also zurück – wir hatten nicht den richtigen Weg gewählt. Aber das Wort ›Frühling‹ verwende ich nicht.«[253]

Natürlich wurde die Entwicklung auch von anderen Ereignissen in der Region beeinflusst, beispielsweise von der Intifada vom September 2000 und dem Scheitern des Osloer Friedensprozesses. Dennoch vollzog sich in Syrien selbst ein politischer Wandel, wobei es durchaus möglich ist, dass sich darin auch ein Machtkampf zwischen der alten Garde und Baschars neuem Establishment widerspiegelte – wie es üblicherweise heißt.

Baschar muss nur sehr kleine Schritte und zudem auch nur sehr wenige gemacht haben, denn zehn Jahre nach seinem Amtsantritt hatte sich noch nichts verbessert. In einer Retrospektive erinnerte die britische Zeitung *The Guardian* daran, dass die Antrittsrede des jungen Assad seinerzeit als »Ende eines Alptraums« und »Hauch frischer Luft« begrüßt worden war. Doch der Rückschlag kam schon nach einem Jahr. Der *Guardian*, der pflichtgemäß die rituelle Erklärung liefert, die »alte Garde« habe Baschar zurückgehalten, fragt, warum er nicht eingegriffen habe, nachdem er doch seine

---

[252] Lesch, 2005, S. 95, 227.
[253] Ebenda, S. 90. Baschar zeigte sich bei bestimmten Worten sehr empfindlich, zum Beispiel bei dem Begriff »Reform«, die er lieber als »Entwicklung« bezeichnete. Ziadeh, a.a.O., S. 51.

Macht mit seinen eigenen Leuten gefestigt hatte? Unter Bezug auf Baschars wiederholte Äußerung, Wirtschaftsreformen hätten Vorrang vor der Demokratisierung, weist der *Guardian* darauf hin, dass die Welle der Repression bereits im August 2001 eingesetzt hatte. Der Artikel endet mit dem Zitat eines Dissidenten, der die Veränderungen unter Baschar mit folgenden Worten beschrieb: »In den 1980er Jahren wanderten wir ohne Gerichtsverfahren ins Gefängnis. Jetzt gewährt man uns einen Prozess, aber ins Gefängnis wandern wir immer noch.«[254]

In seinem neuen Buch, einer Art Retrospektive, bietet Lesch diese Erklärung: »Offizielle Vertreter und Kommentatoren der westlichen Welt haben nicht verstanden, dass er nur achtzehn Monate in London verbracht hat, und das nicht einmal in den prägenden Jahren seines Lebens. Er ist der Sohn Hafiz al-Assads. Er ist das Kind des arabisch-israelischen Konflikts. Er wuchs während des Kalten Krieges der Supermächte auf. Er erlebte die Unruhen im Libanon. Diese Beziehungen und Ereignisse prägten seine Weltanschauung, nicht sein Aufenthalt in England. ... Und er ist der Beschützer der Alewiten ... er ist überzeugt, dass es immer seine Pflicht war, Syriens traditionelle Interessen zu wahren.«[255]

Helberg, die von 2001 bis 2008 als Korrespondentin in Damaskus gearbeitet hatte, verweist auch auf Ereignisse in Baschars Jugendzeit: »Er war zwei , als sein Vater als Verteidigungsminister Krieg gegen Israel führte, er war fünf, als dieser sich an die Macht putschte, und acht Jahre alt, als Hafiz al Assad 1973 im Oktoberkrieg versuchte, den Golan von Israel zurückzuerobern«, und er war sechzehn, als Hama zerstört wurde.[256]

---

[254] Houry, Nadim, »Syria's Decade of Repression«, *The Guardian*, 16. Juli 2010
[255] Lesch, 2012, S. 19.
[256] Helberg, a.a.O., S. 235.

ANTISOZIAL ODER UNREIF?

Insgesamt scheint es ein sorgfältig geplantes Täuschungsmanöver gewesen zu sein, angefangen von den Märchen über die Nicht-Nachfolge bis zum Scheitern der Reform wegen des Widerstands der »alten Garde«. (Allem Anschein nach hat das Täuschungsmanöver nicht mit Baschar, sondern bereits mit seinem Vater begonnen. Als Hafiz 1983 verlautbaren ließ, er habe einen Herzinfarkt erlitten, bezeichneten manche Syrer dies als eine List. Der gerissene alte Mann wolle seine Rivalen auf die Probe stellen und sehen, wer seine Macht infrage stellte, wenn Meldungen über seinen angeschlagenen Gesundheitszustand veröffentlicht wurden. Genau das tat sein Bruder Rifa'at: Er unternahm einen Putschversuch, der kläglich scheiterte.)

Jeder, der nach elf Jahren leerer Versprechungen unter Polizeistaatsbedingungen Baschars Reformversprechen immer noch Glauben schenkte, musste spätestens im März 2011 alle Illusionen fahren lassen, als die Proteste ausbrachen und von den Sicherheitsbehörden mit unerwarteter Grausamkeit niedergeknüppelt wurden. Denn zur gleichen Zeit, als Baschar ein Dekret zur Aufhebung der verhassten Notstandsgesetze erließ, feuerten seine Sicherheitsleute auf Demonstranten. Angeblich war ein neues, noch nicht geschriebenes Versammlungsgesetz in Kraft, wonach nur solche Demonstrationen erlaubt waren, die das Innenministerium genehmigt hatte. Die Begründung lautete: Da die alten Notstandsgesetze aufgehoben waren, hätten Syrer keinen Grund mehr, auf die Straße zu gehen.

Wie bereits angedeutet, musste der Protagonist – wenn solch ein langfristiges Täuschungsmanöver Erfolg haben sollte – psychisch in der Lage sein, seine Rolle nach Drehbuch zu spielen. Es stellt sich die Frage: Wie muss jemand für ein solches Täuschungsmanöver aufgestellt sein?

Da kein direkter Zugang zu den beteiligten Persönlichkeiten möglich ist, können hier nur Hypothesen aufgestellt werden. Vielleicht haben wir es mit einer tatsächlichen Persönlichkeitsstörung zu tun, vielleicht aber auch nur mit persönlicher Unreife. Um das zu entscheiden, können wir die Ansicht von Psychologen und Psychiatern erfragen und jeder Hypothese einzeln nachgehen.

Laut klinischen Studien von Psychoanalytikern, die auf diesem Gebiet tätig sind, weist der entsprechende Typus eine *antisoziale Persönlichkeitsstörung* auf. Ein solcher Mensch zeichnet sich dadurch aus, dass er *keine* erkennbaren Zeichen einer Neurose, geschweige denn psychotischen Verhaltens, zeigt. Er ist intelligent, manchmal sogar mit sehr hohem IQ, fühlt sich in Gesellschaft wohl, ist liebenswürdig und in jeder Hinsicht »normal«. Er kann Probleme logisch und rational besprechen, erträgt sogar Kritik und ist durchaus fähig zur Selbstkritik.

Aber – und hier liegt der Schlüssel zum Problem – er ist unaufrichtig, lügt systematisch und höchst überzeugend. »Typischerweise wirkt er locker und bescheiden, wenn er ernsthaft etwas verspricht oder (gerechtfertigte) Vorwürfe von sich weist, seien sie schwerwiegend oder trivial«, sagt uns der Psychiater. Eine solche Persönlichkeit »streitet emphatisch jede Verantwortung ab und beschuldigt andere, verantwortlich zu sein«, der Betreffende »zeigt praktisch kein Schamgefühl«. Das war möglicherweise bei Baschars verschiedenen Fernsehinterviews der Fall, angefangen mit seinem Auftritt beim US-Fernsehsender *ABC* im Jahr 2011, als er abstritt, dass das Kommando bei ihm läge, und weder Scham noch Schuldgefühl an den Tag legte. Und »anstatt sich den Fakten zu stellen, die ihm normalerweise zur Einsicht verhelfen würden, projiziert er und schiebt seine Probleme unter fadenscheinigsten Vorwürfen, aber mit ausgeklügelter subtiler Rationalisierung, anderen in die Schuhe«.[257]

Oberflächlich betrachtet scheint dieses Profil wie maßgeschneidert auf Baschar zu passen. Wie aus seiner offiziellen Biografie im Detail deutlich wird, vermittelt er das Bild eines bescheidenen, natürlichen, rationalen, intelligenten und gut ausgebildeten Mannes, der sogar zur Selbstkritik fähig ist. Dennoch ist er unauf-

---

[257] Cleckley, Hervey, M.D., *The Mask of Sanity: An Attempt to Clarify Some Issues About the So-called Psychopathic Personality*, Literary Licensing, LLC, Whitefish, MT, 2011, S 387, 389, 400.

richtig bis zum Extrem. Die Darstellung seines Aufstiegs zur Macht nach Basils Tod, d.h. der Mythos über die Nachfolge, hält keiner genauen Überprüfung der Fakten stand. Seine Fähigkeit, Situationen in falschem Licht darzustellen, zeigt sich besonders bei seinen Interviews mit führenden Vertretern der internationalen Presse.[258] Vergleicht man seine Behauptungen mit dem, was wirklich passiert, so ist offenkundig, dass er nicht die Wahrheit sagt – während er seinem Interviewpartner mit einem fast schüchternen Lächeln direkt in die Augen schaut. Bei allen öffentlichen Ansprachen während der Krise und bei seinen persönlichen Treffen mit Journalisten verschiedener Länder legte Baschar dieses Verhalten an den Tag, er lehnte Verschwörungstheorien ab und versprach Reformen, während seine Polizei und Armee auf unbewaffnete Zivilisten schossen.

Konfrontiert mit dem Scheitern seiner Politik und Handlungen, durch die anderen Leid zugefügt wurde, erscheint dieser Persönlichkeitstyp »kaum oder überhaupt nicht fähig, die Bedeutung seiner Lage zu erfassen, ein Gefühl echten Bedauerns oder Scham zu empfinden, den Willen zu zeigen, sich zu bessern oder überhaupt nur zu merken, dass ihm dies alles fehlt. Seine cleveren Erklärungen sind kaum mehr als verbale Reflexe, selbst sein Gesichtsausdruck entspricht nicht dem Inhalt dessen, was er sagt«.[259] Die Beschreibung trifft offenbar genau auf Baschars Verhalten während seiner Reden und Interviews zu. Ob er hysterisch über seine eigenen Mätzchen lacht, wie im Parlament geschehen, vor Studenten in Damaskus mit ausdruckslosem Gesicht sein ehrgeiziges Demokratisierungs-Programm vorträgt oder ob er Barbara Walters gegenüber versichert, er habe keine Befehle erteilt – stets entsprach seine Haltung kaum seinen Worten.

Damit verbunden ist ein auffallender Mangel an Empathie. Nachdem seine Sicherheitskräfte begonnen hatten, mit scharfer Munition auf friedliche Demonstranten zu schießen, zeigte

---

[258] Beispielsweise seine Interviews mit dem *Wall Street Journal, The Telegraoh, Sunday Times, ABC* und seine frühere Diskussion mit Charlie Rose http://tv.yahoo.com/charlie-rose/show/29522/videos.

[259] Cleckley, a.a.O., S. 401.

Baschar kein Anzeichen von Bedauern oder Reue, auch in seiner zweiten und dritten Rede gab er nur ein Lippenbekenntnis ab, als er den »Märtyrern« (auf allen Seiten) Respekt zollte. Als er bei seinen Interviews im Jahr 2013 von seinem Bedauern und Schmerz über das entstandene Leid sprach, war nicht klar, ob dies echt war oder nicht.

Dass Baschar offensichtlich unfähig ist, in tragischen Situationen normale menschliche Gefühle zu zeigen, ist gut dokumentiert. Als sein Bruder Basil starb, »versuchte er, davon nicht berührt zu sein, das ist seine übliche Haltung«, und nach dem Tod seines Vaters »hatte er wirklich keine Zeit, berührt zu sein«.[260] Fotos von Baschar bei der Beisetzung seines Vaters und bei einer Gedenkfeier ein Jahr später bestätigen diesen Eindruck.[261] Und er selbst betonte bei seinem ersten Interview mit der *Times*, es sei nicht seine Art, emotional zu reagieren. Im Gespräch mit der *Sunday Times* im März 2013 sagte er, es gehe nicht darum, wie man sich fühle, sondern was man tue.

Ein Phänomen wie die Unfähigkeit des syrischen Präsidenten zur Einführung der im Jahr 2000 versprochenen Reformen erklärt die wissenschaftliche Literatur damit, dieser Persönlichkeitstyp lege »trotz seiner exzellenten Verstandeskräfte eine miserable Einschätzung darüber an den Tag, wie er seine Ziele erreichen kann«.[262] Selbst wenn man also von der Hypothese ausgeht, auf einer bestimmten Ebene wolle Baschar »ernsthaft« Reformen, erweist er sich ohne jeden Zweifel als unfähig, diese umzusetzen.

Das veranlasst uns, der zweiten Hypothese nachzugehen, nämlich der, dass wir es nicht mit einer klinischen Persönlichkeitsstörung zu tun haben, sondern mit persönlichen psychischen und emotionalen Schwächen. Baschars Verhalten lässt sich genauso überzeugend in diesen Begriffen erklären. Tatsächlich halten Psychoanalytiker bei Nachfragen die zweite Hypothese für realistischer.

---

[260] Lesch, 2005, S. 3, 77.
[261] Leverett, a.a.O., S. 66 und Titelfoto.
[262] Cleckley, a.a.O., S. 393.

Das ungeheuerlichste Verhalten betrifft das Leugnen oder die Falschdarstellung anderweitig dokumentierter Fakten. Ein Psychoanalytiker würde fragen: Weiß der Betreffende, ob er lügt oder nicht? Wer an einer antisozialen Persönlichkeitsstörung leidet, weiß, dass er lügt, gefällt sich aber darin, Unwahrheiten zu verbreiten. Andererseits sagen narzisstische Lügner vielleicht Dinge, die nicht wahr sind, weil sie die Realität insgesamt leugnen, und deshalb ist ihnen nicht wirklich bewusst, dass sie lügen. Das könnte helfen, einige von Assads überraschenden Behauptungen zu verstehen: Es habe keine friedliche Protestbewegung gegeben, sondern nur einen vom Ausland geschürten Aufstand; die Regierung habe nicht mit Gewalt reagiert; er habe in der Tat Reformen eingeführt, die frühere Opponenten auf die Seite der Regierung gebracht hätten; es habe freie und faire Wahlen gegeben und werde sie auch in Zukunft geben, und ähnliches.

Die größte Falschdarstellung betrifft seinen Aufstieg ins Präsidentenamt. Es steht außer Zweifel, dass er nach dem tragisch frühen Tod seines Bruders wusste, dass sein Vater ihn zu seinem Nachfolger auserkoren hatte. Bei seiner überdurchschnittlichen Intelligenz hätte ihn das nicht überraschen können. So gesehen nimmt seine Darstellung der Ereignisse märchenhafte Züge an, sie lässt seine Neigung erkennen, die Realität in kindlich idealisierter Form darzustellen. Dasselbe gilt für seine Beschreibung der Präsidentschaftswahl sogar mitten im Krieg. Sein Beharren darauf, er werde nur für die Wiederwahl kandidieren, wenn sein Volk es verlange, ist im Wesentlichen eine Wiederholung des Märchens, er sei nach dem Tod seines Vaters vom Willen des Volkes zum Präsidenten gewählt worden. Auch das ist eine kindliche Sicht der Realität.

Wenn Baschar al-Assad zögerte, die ihm übertragene Verantwortung zu übernehmen, so spricht das gegen einen krankhaften Charakter. Er musste in die Politik gehen, um die von der Familie auferlegte Pflicht zu erfüllen. Aus der privaten Welt eines Augenarztes mit Frau und Kindern im modernen England in eine politische Führungsposition katapultiert, wollte und konnte er *innerlich* keine Verantwortung übernehmen. Das kann vielleicht sein Unbehagen erklären, wenn er über Gewalt spricht, da er Gewalt eigentlich ablehnt.

Andererseits wirft es ein Licht auf seine unangemessene Reaktion auf wirklich tragische Ereignisse oder sein Lachen, wenn er über Massentötungen gefragt wird. Der Psychoanalytiker erklärt: Wenn ein derart gestörter Mensch bei schrecklichen Dingen lächele oder im unangemessenen Moment lache, sei dies ein Zeichen für Angst gegenüber seiner Machtposition, in der er an Dingen beteiligt ist, die ihm nicht geheuer sind.

Damit im Zusammenhang steht die Frage der emotionalen Reaktion auf persönlichen tragischen Verlust, sei es der Tod seines Vaters, des Schwagers oder Bruders. Bei seinen Interviews betonte er, es sei eine politische, keine emotionale Frage. Aus psychoanalytischer Sicht kann diese mangelnde emotionale Reaktion ein Zeichen für Unreife sein, für die Unfähigkeit, einen Verlust oder ein Trauma zu verarbeiten. Es ist eine ungelöste narzisstische Situation, die ihn daran gehindert hat, erwachsen zu werden. Gewissermaßen ist er nie erwachsen geworden und wirkt noch immer wie ein Junge.

Gleichzeitig ist er vom Intellekt bestimmt und hat seine Gefühle unter Kontrolle. Bei seinen öffentlichen Auftritten fiel auf, dass er selbst unter extremem Druck seiner Interviewpartner nie die Fassung verlor – eine Seltenheit in der nahöstlichen Kultur. Seine Persönlichkeit ist gespalten zwischen Emotionen und Intellekt. Er spricht in idealisierten Begriffen; was faktisch vor Ort geschieht, ist für ihn wenig relevant, für ihn zählt nur, was beispielsweise die Verfassung besagt. In den Worten eines Psychoanalytikers: Dieser Mensch existiert auf dem Papier. Ein anderer Fachmann sprach vom Phänomen der Abspaltung und einer narzisstischen Abschirmung.

Das gilt auch für die Art, wie er die Massaker bespricht, die in der Regierungszeit seines Vaters in Hama begangen wurden. Sogar auf direkte Fragen gab er nie zu, was sein Vater dort 1982 getan hatte. Politisch versteht er die Gefahr, die die Moslembruderschaft damals und heute für das Regime darstellt und ist entschlossen, Syrien nicht den Dschihadisten in die Hände fallen zu lassen. Aber er nimmt Zuflucht zu Euphemismen, um die repressive Reaktion des Regimes zu beschreiben. Er ist emotional nicht in der Lage, mit der brutalen Realität fertig zu werden.

Fazit: Anders als Putin beispielsweise scheint er für den Umgang mit der Macht nicht gerüstet. Er hat zwar die Methoden seines Vaters übernommen, wirkt aber nicht wie ein Diktator und hat auch nicht die Autorität seines Vaters. In den Worten eines Kenners der Region wirkt er wie ein Aufzieh-Spielzeug.

In diesem Zusammenhang sollte auch das soziale und persönliche Umfeld, in dem Assad gelebt hat, berücksichtigt und die realen oder vermeintlichen politischen und institutionellen Hindernisse für eine Reform betrachtet werden. Der ständige Refrain der Assad-Verteidiger, aber auch der Möchtegern-Analysten lautet, Baschar hätte die syrische Gesellschaft ja gern reformiert, dies sei ihm jedoch nicht gelungen, da die Macht in den Händen einer kleinen Elite aus Politik, Wirtschaft, Militär und Geheimdiensten gelegen habe. Dazu zählten auch die alavitische Minderheit und Netzwerke der Familie Assad-Makhlouf. Für diese Lesart spricht tatsächlich einiges. Nach zahlreichen Berichten, die über den Hintergrund zur Krise des Jahres 2011 veröffentlicht wurden, war Syrien zuvor regiert worden wie das kommunistische Ostdeutschland: Auch hier unterhielt der Staat mehrere mächtige Sicherheitsbehörden, die Informanten aus allen gesellschaftlichen Schichten rekrutiert hatten, sodass es in jedem Wohnhaus, in jedem Büro oder in jeder Schule mindestens einen »inoffiziellen Mitarbeiter« gab. Laut einer Quelle waren 65.000 Menschen ständig und Hunderttausende gelegentlich für syrische Geheimdienstorganisationen tätig. Das bedeutet, dass auf je 257 Einwohner beziehungsweise auf 153 Erwachsene in Syrien ein Geheimdienstagent kam.[263] Darüber hinaus hatten sich die syrischen Geheimdienste untereinander sehr genau im Visier, um einen möglichen Schachzug der jeweils anderen Seite zu verhindern. Der gesamte Sicherheitsapparat mit seinen verschiedenen Abteilungen der Mukhabarat regierte das Land, er war mächtiger als die Partei.

---

[263] Ziadeh, a.a.O., S. 23 f.

Dass der Präsident formell die oberste Instanz ist, bedeutet nicht, dass er tatsächlich alle Entscheidungen fällt. So gesehen liegt paradoxerweise ein Körnchen Wahrheit in Baschars Argument in *ABC*, er sei »nur« Präsident und nicht »Eigentümer« des Landes. Wie mehrere Kommentatoren während des Aufstands betonten, geriet Baschar in eine ausweglose Zwangslage: Machte er gegenüber den Demonstranten Zugeständnisse, würden sie nicht nur sofort mehr fordern – seinen Rücktritt eingeschlossen –, sondern die Vertreter einer harten Linie in seinem Regime würden sich gegen Reformen sträuben, möglicherweise sogar einen Putsch gegen ihn führen.[264]

Wegen seiner Persönlichkeitsstruktur ist Baschar als »schwach« beschrieben worden. Einflussreichen Kräften in der Nomenklatura, vor allem seiner Schwester Bushra, deren Ehemann Shaukat, seinem Bruder Oberstleutnant Maher al-Assad, Chef der Präsidentengarde, und anderen Chefs von Sicherheitskräften wird nachgesagt, sich seine Schwäche »zunutze gemacht« zu haben. Nach Basils Tod im Jahr 1994 und dem Tod eines weiteren Bruders, Majed, der 2009 einer Krankheit erlag, blieb Baschar mit Bushra und Maher übrig. »Maher selbst soll die harte rechte Hand Baschars sein, ihm wird Kaltblütigkeit und Führungsstärke nachgesagt«, schreibt Helberg. Bushra wird beschrieben als »intelligent und durchsetzungsstark, ideologisch soll sie die Hardlinerin der Familie sein«. Gegen den Willen ihres Vaters heiratete sie Shaukat, aber um einen Skandal zu vermeiden, integrierte er den Mann, der zu Baschars engstem Freund wurde. Berichten zufolge befahl Hafiz Shaukat, »niemals von Baschars Seite zu weichen«.[265]

Frauen scheinen bei der Herausbildung seiner Reaktionen eine besondere Rolle gespielt zu haben. Bruder Basil war mehr Sohn seines Vaters, »eine geborene Führungsfigur«,[266] während Baschar aus der Sicht des Psychoanalytikers mehr Sohn seiner Mutter

---

[264] Hermann, Rainer, »Teile, herrsche, morde«, *Frankfurter Allgemeine Zeitung*, 27. April 2011.
[265] Helberg, a.a.O., S. 234-241.
[266] Ebenda, S. 236.

war.[267] Nach den Todesfällen in der Familie musste er sich wie ein Mann gebärden, blieb aber weiter abhängig von seiner Mutter.[268] Wie bereits erwähnt, hielt sie ihm ständig vor, er müsse hart und seinem Vater ähnlicher werden. Es heißt, seine wichtigste Beraterin im Umgang mit den Medien und in außenpolitischen Fragen, Bouthiana Shaaban, helfe ihm besonders bei Pressekonferenzen. Für ihre Kompromisslosigkeit bekannt, bereitet sie seine Erklärungen vor. (Aber selbst sie wurde, wie bereits früher erwähnt, von der Familie überstimmt, als Baschar erstmals in seiner Rede vor dem Parlament öffentlich über die Gewalt sprach.)

Baschars Frau Asma hat sich in der Krise als hundertprozentig loyal erwiesen. Anfänglich hielt sie sich in der Öffentlichkeit zurück. Berichten zufolge schrieb sie am 7. Februar 2012 in einer E-Mail an die *Times*, sie stehe zu dem Präsidenten.[269] Die Ehefrauen des deutschen und des britischen Botschafters bei den Vereinten Nationen starteten im April 2012 eine Petition im Namen der »Frauen der Welt«, in der sie an Asma appellierten, einzugreifen, um das Blutvergießen zu beenden.[270] In langen Filmbeiträgen, die zeigen, wie sie Ehefrauen und Mütter von Soldaten und Zivilisten empfängt, die in dem Konflikt zu Märtyrern wurden, hat sie zum Image der wohlwollenden, fürsorglichen Führung beigetragen.[271] Als Tochter wohlhabender syrischer sunnitischer Eltern in London geboren, hatte sie eine Eliteschule besucht und später für die Deutsche Bank und J.P. Morgan als Investmentbankerin gearbeitet, bevor sie Baschar im Jahr 2000 heiratete. Sie reiste inkognito durch

---

[267] »Baschar ist nicht als Machtmensch geboren, er musste in die Rolle des Staatspräsidenten erst hineinwachsen«. Ebenda, S. 230. Baschar galt als scheu, humorlos und schwach; manche betrachteten sein Lispeln und sein fliehendes Kinn was als Zeichen der Schwäche. Dr. Mulack, Seminar, 2014.

[268] »Angesichts der weitgehenden Abwesenheit des Vaters war Mutter Anisa ... für Baschar und seine Geschwister die Hauptbezugsperson, bis heute hält er eigenen Angaben zufolge engen Kontakt zu ihr.« Helberg, a.a.O., S. 245.

[269] »Syria's first Lady Asma al Assad Breaks her Silence«, *The Telegraph*, 7. Februar 2012.

[270] http://www.change.org/petitions/asma-al-assad-stop-the-bloodshed-in-syria

[271] Siehe Filmbilder von Asma Assad vom 30. März 2013, http://www.youtube.com/watch?v=RzJXoyMTfJM

Syrien, um das Land kennenzulernen und startete mehrere Initiativen, darunter eine NGO für ländliche Entwicklung und Bildungskonferenzen. Mit diesem Image wurde sie zum Vorbild für syrische Frauen, zur »Lady Di des Orients«. Doch das Image täuscht, wie die Überschrift eines Kapitels in Helbergs Buch andeutet: »Von Lady Di zu Marie Antoinette«.[272]

Die Geschichte ist voll von Cäsaren und Kaisern, die in Positionen geworfen wurden, für die sie nicht gerüstet waren, und die sich deshalb wie Marionetten von anderen führen ließen. Es endete zumeist in einer Katastrophe.

In dieser komplizierten Lage ist es deshalb unrichtig, von einem Präsidenten zu sprechen, der aufgrund einer Persönlichkeitsstörung so oder so handelt. Vor dem Hintergrund der Geschichte und Vorgeschichte des Phänomens Baschar scheint es eher angemessen, metaphorisch von einem *Regime* zu sprechen, das eine antisoziale Persönlichkeitsstörung an den Tag legt. Baschar liefert gewissermaßen die Tarnung, das freundliche Gesicht des Reformers, während die Stellen, die tatsächlich die Macht in Händen halten, die diesem psychologischen Phänomen entsprechende Brutalität offenbaren. Das psychologische Syndrom verkörpert sich nicht in einer Person, es ist vielmehr ein System, das mit Baschars Aufstieg an die Macht errichtet wurde – ein System, das die Mittel gesellschaftlicher Kontrolle, die Hafiz entwickelt hatte, aufrecht erhält und perfektioniert, allerdings mit einem geradezu dramatisch veränderten äußeren Erscheinungsbild in der Person von Baschar al-Assad.[273]

---

[272] Helberg, a.a.O., S. 241 ff.
[273] Helberg spricht von »Arbeitsteilung innerhalb der familiären Führungsriege – der Präsident als freundliches Gesicht nach außen, Bruder Maher und Schwager Asef Shaukat als Verantwortliche für Stabilität im Inneren und Cousin Rami Makhlouf als Garant für die finanzielle Absicherung des Clans ...« Ebenda, S. 247. Oder, in Leschs Worten: »Auf den ersten Blick ist er keine stattliche Erscheinung, er spricht leise, er ist gesellig und lacht wie ein Kind – nicht das typische Profil eines Diktators. Doch genau aus diesem Grund zieht er die Aufmerksamkeit auf sich. Unter ihm liegt die pyramidenartige politische und militärische Struktur Syriens. Er ist in seine Position gekommen und dort ge-

Baschar hätte die Lage und sein eigenes Schicksal retten können, wenn er seine Machtbasis eingesetzt und die immense öffentliche Unterstützung – solange er sie noch besaß – mobilisiert hätte, um Mittel und Wege zu finden, die politischen Interessen einer winzigen Elite zu umgehen oder auszuschalten. Mitte Dezember 2011 schrieb Jürgen Todenhöfer aus Syrien, Baschar könne die Krise noch immer politisch lösen. Dazu müsse er, so Todenhöfer, Präsidentschaftswahlen ansetzen, selbst auf die Gefahr hin, sie zu verlieren, und sich von dem existierenden Regime lossagen. Er müsse die Panzer aus Stadtzentren zurückziehen und in einen Dialog mit der Opposition, auch den bewaffneten Rebellen, eintreten.[274] Nach Ansicht der meisten Beobachter war die Chance für einen solch dramatischen Schritt längst vertan.[275] In dem Moment, als die Krise in einen Bürgerkrieg umgeschlagen war und Ende 2012 die Zahl der Opfer auf über 40.000 stieg, war diese Möglichkeit dahin.

Der russische Präsident Putin, der häufig als unkritischer Unterstützer Assads dargestellt wird, wurde mit den Worten zitiert, der syrische Staatslenker sei »kein Engel«. Als er Mitte Juni 2013 bei einem Pressetermin gebeten wurde, diese Aussage zu erläutern, antwortete er: »Was ich gesagt habe ... ist, dass das Land offensichtlich reif war für Veränderung, eine drastische Veränderung. Die Führung des Landes hätte das merken und die notwendigen Reformen einleiten sollen. Es ist offensichtlich, dass dies nicht geschah, sonst wäre es nicht zu dem gekommen, was wir jetzt in Syrien erleben.«[276]

Wenn Abdullah Salih aus Jemen an König Lear erinnert, so könnte Baschar al-Assad an eine tragische Figur in Friedrich Schillers Drama *Don Carlos* denken lassen. Dort sehen wir einen jungen Freiheitskämpfer, den Marquis von Posa, der an den König appel-

---

blieben, trotz – oder vielleicht wegen seines bescheidenen Auftretens.« Lesch, 2012, S. 31 f.

[274] Todenhöfer, Jürgen, »Der syrische Knoten«, *FAZ, 12. Dezember 2011.*

[275] Für Helberg, der Baschar nachteilig mit Gorbatschow vergleicht, hatte Baschar von 2000 bis 2011 fünfmal die Chance, den Kurs zu ändern, sie aber jedes Mal verpasst, a.a.O.,S. 248 ff.

[276] *GlobalResearch, 16. Juni 2013.*

liert, aus seinem stereotypen Verhalten auszubrechen und den Wunsch seines Volkes nach Freiheit zu respektieren: »Seien Sie von Millionen Königen ein König. Geben Sie Gedankenfreiheit.« Doch dazu ist König Philip weder psychisch noch institutionell in der Lage. Statt in offene politische Aktion verwickeln sich die Charaktere am Hof in Intrigen und Absprachen. Hätte Baschar al-Assad auf die ersten Forderungen nach Reform anders reagiert, er hätte für die arabische Welt – und nicht nur die – zu einer Inspiration werden können, anstatt über eine Tragödie von noch nicht absehbaren Dimensionen zu herrschen.

POSTSCRIPTUM

7

NARZISSMUS AUF AMERIKANISCHE ART

Nicht allein die Araber haben unter dem Joch einer Führung gelitten, die von psychischen Störungen wie Narzissmus oder Paranoia gezeichnet war oder ist. Fälle von psychisch schwer gestörten Persönlichkeiten in Machtpositionen gab und gibt es in Europa – in jüngster Zeit besonders in den ehemaligen Teilrepubliken der Sowjetunion oder im Einflussbereich des früheren Sowjetblocks, Slobodan Milošević zum Beispiel. Doch selbst in der sogenannten »freien Welt« sind solche Persönlichkeiten in Machtpositionen gelangt, haben diese Macht missbraucht und Leiden über ihr eigenes Land und andere gebracht. Die Araber wurden auch zu Opfern solcher Führungsfiguren außerhalb der arabischen Welt, denn sie bekamen die Folgen der schweren psychischen Probleme eines Mannes zu spüren, der nicht nur einmal zum Präsidenten der USA gewählt, sondern in dieser Spitzenposition sogar für eine zweite Amtszeit von den Wählern bestätigt wurde: George W. Bush.

Vor seinem Einzug ins Weiße Haus im Jahr 2001 hatte Bush als Gouverneur von Texas bereits Symptome des Narzissmus gezeigt. Mit extremer Brutalität hatte er Verurteilte auf den elektrischen Stuhl geschickt, ohne auf Gnadengesuche zu reagieren oder einen Aufschub der Vollstreckung zu gewähren. Er soll sogar persönlich Hinrichtungen beigewohnt und den Tötungsakt mit einer sadistischen Freude genossen haben, wie an seinem grinsenden Gesichtsausdruck offenkundig wurde. Auch in seiner präsidentialen Amtszeit, als er Soldaten in den Krieg im Irak und in Afghanistan schickte, zeigte er den für Narzissten und Soziopathen typischen

Mangel an Empathie. Kein Bericht über grausame Opfer unter der Zivilbevölkerung, kein Bild vom Leiden der Kinder im Irak konnte ihn emotional erschüttern. In der felsenfesten Überzeugung, in Gottes Auftrag zu handeln, setzte er seinen heiligen Krieg des Guten gegen das Böse fort. Nur einmal zeigte Bush öffentlich sein Bedauern – darüber, dass sich Geheimdienstberichte zu Saddam Husseins Massenvernichtungswaffen als falsch herausstellten. Dennoch hielt er an seiner Linie fest: Den Irak und die Welt von Saddam Hussein zu befreien, sei all die Opfer und Zerstörung wert gewesen.

Auch Bush hatte, genauso wie die hier untersuchten Fälle von Narzissmus während der arabischen Revolution, als Kind ein Trauma erlitten. In seinem hervorragenden psychologischen Profil schreibt der Psychoanalytiker Dr. Justin Frank: »George W. war sechs Jahre alt, als die tragische Episode begann, auf die, wie er sagt, seine ersten intensiven Erinnerungen zurückgehen – die Krankheit und der Tod der Schwester.« Seine Eltern brachten das an Leukämie erkrankte Kind zur Behandlung in Spezialkliniken, doch vergeblich. »Entscheidend war jedoch«, so schreibt Dr. Frank, »dass dem jungen George W. nie der Grund für die plötzlichen Abwesenheiten mitgeteilt wurde; nicht wissend, dass seine Schwester krank war, wurde ihm bei ihren gelegentlichen Besuchen zu Hause einfach gesagt, er solle nicht mit dem Mädchen spielen, mit dem er inzwischen sehr eng verbunden war.« Als sie 1953 in New York starb, waren die Eltern gerade Golf spielen, erst später besuchten sie einen kleinen Gedenkgottesdienst. Unglaublich: Bush »erfuhr von der Krankheit seiner Schwester erst nach deren Tod, nachdem die Eltern nach Texas zurückgekehrt waren, wo die Familie blieb, während der Körper des Kindes in einem Familiengrab in

Connecticut begraben wurde. Es fand keine Trauerfeier statt.«
Diese fehlende Trauer wirkte sich verheerend aus.[277]

Als Kind hatte Bush erhebliche Lese- und Lernschwächen mit
Symptomen eines Aufmerksamkeits-Defizit-Syndroms, das bis ins
Erwachsenenalter hinein fortbestand – daher seine berühmten
Schwierigkeiten bei der Formulierung ganzer Sätze. Er litt an ei-
nem ausgeprägten Minderwertigkeitskomplex, insbesondere im
Verhältnis zum Vater und dem Bruder, mit denen er sich stets im
Wettstreit empfand. Schon früh zeigte er Anzeichen von Sadismus,
er weidete sich regelrecht daran, kleine Tiere – Frösche zum Bei-
spiel – zu quälen.

Der Tod der Schwester, den Bush als das einschneidende Erleb-
nis seines Lebens bezeichnete, führte bei dem Kind zu einem tief
verwurzelten Angstgefühl. Laut Dr. Franks Analyse entwickelte er
sich zu einem Narzissten mit extremer Paranoia als Mittel, seine
Angst zu bekämpfen. Als weiterer Abwehrmechanismus trat der
Alkoholkonsum hinzu und später, nachdem er als fundamentalisti-
scher Christ »wiedergeboren« worden war, auch die Religion. Billi-
ger Humor – er selbst sprach von »Clownerie« – war ein zusätzli-
cher Trick, mit dem er sich vor vermeintlicher Bedrohung schützen
konnte, beispielsweise bei Interviews. Um zu verhindern, dass er
öffentlich in Verlegenheit gebracht wurde, waren seine Sicherheits-

---

[277] Frank, Dr. Justin, *Bush on the Couch*, HarperCollins, 2004, deutsche Ausgabe:
Bush auf der Couch, Psychosozial-Verlag, Gießen, 2004, S. 21. Dr. Frank erklärte
die Auswirkung des Tods der Schwester und besonders die Art und Weise, wie
die Familie damit umging, auf die Psyche des jungen Bush: »Es hat damit zu
tun, dass er nie trauern konnte, und ohne Trauer kann das innere Leben nicht
integriert werden … Kummer ist das Vitamin des Wachstums, erst, wenn jemandem bewusst ist, wer er ist und was er verloren hat, kann er sein Denken
organisieren. Wenn Sie also der Erstgeborene sind und das zweite Kind stirbt,
so bleibt viel unverarbeitete Feindschaft, Wut und Schuldgefühl darüber.« dass
es die eigenen Wünsche gewesen sein könnten, die es umgebracht haben, *EIR*,
20. August 2004.

leute angewiesen, bei allen Veranstaltungen die Teilnehmer genau unter die Lupe zu nehmen. Wie Dr. Frank erklärt, konnte ihn jeder, der seine Autorität infrage stellte, in eine Krise stürzen.

So geschehen in seiner ersten Fernsehdebatte 2004, als John Kerry Bushs Kompetenz anzweifelte, weil er Fehler gemacht habe, die seinem Vater niemals unterlaufen wären. Angesichts des von Konkurrenz geprägten Verhältnisses zu Bush sen. geriet George W. »völlig aus der Fassung«, wie Dr. Frank in einem Interview sagte. Er konnte nur antworten: »Natürlich kenne ich den Unterschied zwischen Saddam Hussein und bin Laden« – was hier zwar überhaupt nicht passte, aber seine Angst vor Erniedrigung offenbarte. Dr. Frank zitiert noch ein weiteres Beispiel für Bushs Unfähigkeit zu denken, besonders wenn er unter Druck gesetzt wurde. Seine Reaktion auf die spontane Frage eines Journalisten: »Warum haben wir bin Laden nicht gefasst?« lautete: »Weil er sich versteckt.«

Wie andere Politiker, die an derselben Störung leiden, teilte Bush die Welt und ihre Bewohner in krude Schwarz-Weiß-Kategorien von Gut und Böse ein. Besonders nach den Terroranschlägen vom 11. September 2001 hielt er es für seine persönliche Aufgabe – er selbst sprach stets von »Mission« – das Böse, d.h. den Terrorismus, zu bekämpfen. Jeder Bürger müsse Partei ergreifen, »für mich oder wider mich«. Dr. Frank analysiert Bushs Besessenheit mit dem Kampf um die »Freiheit« als Projektion: »Was er will, ist Befreiung von der Angst«.[278] Die religiöse Wandlung, die er durchmachte, nachdem er dem Alkohol abgeschworen hatte, veranlasste Bush zu glauben, er erhielte direkte Weisung von Gott. Er berichtete, Gott habe ihm aufgetragen, al-Qaida zu bekämpfen, also tue er es. Dasselbe im Fall Saddam Hussein: Auch hier erfüllte er Gottes Auftrag. Quasi gedeckt durch die Autorität von höchster Stelle fühlte Bush sich über das Gesetz erhaben und glaubte bei-

---

[278] *EIR*, 4. Februar 2005.

spielsweise, internationale Konventionen über Folter und Kriegs-
verbrechen straflos verletzen zu dürfen. Genauso setzte er sich
über die amerikanische Verfassung hinweg und erließ stattdessen
präsidentielle Verfügungen, so genannte Executive Orders.

Obgleich in der Form nicht vergleichbar mit den autoritären
Regimes in Libyen, Ägypten oder Syrien, erlebten die Vereinigten
Staaten in den zwei Amtszeiten unter Bush eine nie dagewesene
Beschneidung bürgerlicher Freiheiten. Dazu zählte die an einen
Polizeistaat erinnernde Überwachung amerikanischer Bürger.
Wieder wurden diese Maßnahmen mit dem Kampf gegen den
Terrorismus gerechtfertigt.

SARAH PALIN, MS. AMERIKA

Die Wählerbasis, die Bush den Sieg sicherte, bestand überwiegend aus christlichen Fundamentalisten, die Schätzungen zufolge
fast die Mehrheit der Wählerbasis der Republikanischen Partei
stellten. Dass er bei diesem Teil der Bevölkerung so viel Zuspruch
fand, beruhte auf seiner zur Schau gestellten tiefen Religiosität und
seiner Verpflichtung zum heiligen Kreuzzug gegen die »Achse des
Bösen« und deren Terroristen. Seit der Wahl 2008 bildet diese
gesellschaftliche Basis eine neue Bewegung, bekannt als Tea Party.
Ihre Heimat findet sie hauptsächlich in der Republikanischen Partei, vertreten von einer neuen Stimme: Sarah Palin.

Frau Palin, bei der Wahl 2008 Vizepräsidentschaftskandidatin
von John McCain, ist durch ihr attraktives äußeres Erscheinungsbild und ihr publicityträchtiges Auftreten landesweit bekannt geworden. Sie zeigt alle Anzeichen der narzisstischen Persönlichkeitsstörungen, die hier bereits behandelt wurden. Zusätzlich gibt
es aber eine ganz besondere amerikanische kulturelle Färbung.
Palins grandioses Selbst offenbart sich nicht in Monumentalsta-

tuen oder Plakaten an öffentlichen Plätzen, sondern in ihrem ständigen Kampf gegen die wilde Natur. In ihrer »Reality-Show« – eine Fernsehsendung zur besten Sendezeit am Samstagabend mit dem bezeichnenden Titel »Palin's Alaska« – zeigte sich Sarah regelmäßig gemeinsam mit ihrer Familie im Kampf mit den Kräften der Natur. In einer Episode war sie zu sehen, wie sie gemeinsam mit ihrem Ehemann einen Gletscher auf dem Mount McKinley erklomm. Ausgerüstet mit Seilen und angetrieben von einem voransteigenden Führer, versucht sie vergeblich, einen Fuß nach dem anderen auf den Felsen zu setzen. Verzweifelt ruft sie: »O Gott. Hilf mir, Herr«, gefolgt von einem »Ich habe Angst... Holy Jeez!« Während die Fernsehzuschauer gemütlich ihr Bier schlürfen und Kartoffelchips dazu knabbern, klettert Sarah weiter und schafft es nach einiger Zeit auch schließlich bis zum Gipfel. Ihr Sieg ist ein purer Sieg der Willenskraft, ein Beleg für ihre Überzeugung, dass der Mensch jedes Hindernis überwinden kann, solange er wirklich darum kämpft. So lautet das Credo der Eigenverantwortlichkeit des freien Individuums.

In einer anderen Episode nimmt Sarah ihre Tochter Bristol mit zu einem Angelausflug in Homer, dem Zentrum des Heilbutt-Fangs in Alaska. Durch ein uneheliches Kind und eine gescheiterte Ehe war die Tochter zur Zielscheibe der »liberalen Presse« geworden, eines Lieblings-Feindbilds von Sarah Palin. Sie wollte also ihrer Tochter zeigen, wie man eigenverantwortlich handelt. Zunächst geht es auf einen Schießstand. Bristol hat noch nie im Leben geschossen, doch ihre Mutter überzeugt sie, dass sie es könne, wenn sie sich nur beharrlich bemühe. Bei jedem Schuss verfehlt Bristol das Ziel, doch ihre Mutter bleibt dabei: »Don't retreat, reload« – »Nicht aufgeben, neu laden«. Bristol befolgt den Befehl und trifft nach unzähligen Versuchen unter allgemeinem Jubel auch endlich eine Tontaube im Flug.

Wie später bekannt wurde, hatte Sarahs Vater den Satz »Don't retreat, reload« geprägt, als sie noch ein Kind war und mit der Waffe umzugehen lernte. In einem Interview mit der Zeitung *The Sun* berichtete er: »Als sie acht war, fing sie mit dem Schießen an, mit zehn erlegte sie ihr erstes Tier – ein kleines, vielleicht ein Kaninchen.« Doch schon bald nahm sie größeres Wild aufs Korn. »Sie ist eine gute Schützin. Ich habe ihr beigebracht, einen Elch zu schießen und auszunehmen, zu fischen und Wild zu jagen.« Wieder sind Eigenverantwortlichkeit und Selbstversorgung – »Self reliance« im amerikanischen Jargon der Tea-Party-Bewegung – die zugrundeliegende Ideologie, der heute ganze Gemeinschaften in den Vereinigten Staaten anhängen, die auf dem Land leben und ihre Lebensmittel selbst anbauen.

Zurück zur Episode mit Bristol: Nachdem sie es geschafft hat, eine Tontaube zu schießen, begleitet sie ihre Mutter auf einem Boot, um Heilbutt-Netze auszuwerfen. Als Bristol nach vielen erfolglosen Versuchen schließlich einen Fisch fängt, muss sie ihn an Deck ziehen und in einen Behälter mit Eis wuchten, muss dort ein Gerät schwingen, das aussieht wie ein riesiger Baseballschläger, um den Fisch »zu betäuben«, damit er anschließend geschlachtet werden kann, muss zu diesem Zweck das Messer in die Hand nehmen und, dem Beispiel ihrer Mutter folgend, den blutigen Fisch massakrieren.

Laut der Fachliteratur wird eine narzisstische Selbsterhöhung oder Bestätigung durch eine solche Leistung nur erzielt, wenn sie durch reine Willenskraft bewältigt wurde. »Erfolge bei der Durchsetzung des eigenen Willens [werden] ... von einem Wesen mit Selbstbewusstsein nicht nur wegen ihrer Konsequenzen, sondern auch als Selbstzweck genossen«, schreibt Vittorio Hösle. »So erfährt der Mensch das Ausmaß seiner Leistung, und damit seines eigentlichen Selbst, an der Größe der Widerstände, die er überwunden hat – im Fall der Jagd etwa an der Gefährlichkeit des erlegten Tieres.«[279] Sarah war, wie ihr Vater betont, schon als Kind gut darin, Elche zu schießen. Und Elche können *sehr* gefährlich sein.

Ihre Eltern hatten das Kind, so schreibt sie in ihrem Buch *America by Heart*, so erzogen, dass es durch Erfahrung »die Ethik von Pioniertaten« lernte, genauso wie die Tugend der Eigenverantwortlichkeit, die typisch ist für den Teil Amerikas, in dem sie aufwuchs: Alaska. Also lernte Sarah Jagen, Fischen, Holzhacken und den Gemüseanbau. Sie war auch zur Stelle und leistete Hebammendienste, als ihre Tochter ein Kind zur Welt brachte. Palin hat ihr grandioses Selbst zum Vorbild für die »neue Generation weiblicher Führungspersonen in Amerika« – die sie selbst »Mama Grizzlies« nennt – gemacht. Eine Grizzly-Mama ist eine Grizzly-Bärin, die ihre Nachkommen verteidigt. Solche Bärinnen sind »schöne, bösartige Geschöpfe, gefährlich wie ein Herzinfarkt. Wenn Du einer begegnest, dann geh nicht weiter. Tritt vorsichtig auf. Denn wenn ihre geliebten Kinder bedroht sind, steht sie auf.« Dieser Frauentyp, so erklärt sie, sei eigentlich nicht neu, sondern schon immer Teil der amerikanischen Kultur gewesen. »Das sind dieselben Frauen, die zu den Siedlern an vorderster Front zählten, die Wagen lenkten, die Felder pflügten, das Vieh versorgten, ihre Kinder unterrichteten, ihre Familien versorgten – und für die Rechte der Frau kämpften.«[280]

---

[279] Hösle, V., *Morals and Politics*, Notre Dame: University of Notre Dame Press, 2004, zitiert in Wirth, Hans-Jürgen, *Narzissmus und Macht: Zur Psychoanalyse seelischer Störungen in der Politik*, Psychosozial-Verlag, Gießen, 2002, S. 84

[280] Palin, Sarah, *America by Heart: Reflections on Family, Faith, and Flag*, HarperCollins Publishers, New York, 2010, S. 96, 127 f., 144, 128 f. Ihr erstes Buch war *Going Rogue: An American Life*, HarperCollins Publishers, New York, 2009. Palins Kult der Eigenverantwortung, ihre geradezu religiöse Betonung der Einzigartigkeit Amerikas, das Herausfordern der Kräfte der Natur, all das erinnert an die Ideologie des italienischen Faschisten – und Narzissten – Benito Mussolini in den 1920er und 1930er Jahren. Für Mussolini waren es Autarkie, »Italianita« und Machismo, Konzepte aus einem anderen kulturellen Umfeld, und dennoch auffallend ähnlich.

Palins Bedürfnis nach Aufmerksamkeit und Anerkennung bewogen sie zum Einstieg in die Politik. Obwohl sie bei ihrer Kandidatur 2008 Neuling war, ohne Kenntnis der Außenpolitik – von Allgemeinwissen ganz zu schweigen – warf sie sich zuversichtlich in die öffentliche Arena. Typisch für die amerikanische politische Kultur, verband sie ihre Unwissenheit unbekümmert mit Arroganz und bewarb sich als jemand, der in der Lage sei, Amerika und die freie Welt zu führen. In einem Interview mit Charles Gibson vom Fernsehsender *ABC* warnte sie während des Wahlkampfs: »Wir müssen Russland im Auge behalten. Unter der dortigen Führung.« Und betonte, sie als Einwohnerin der Stadt Juneau in Alaska habe dabei einen besonderen Vorteil: »Von hier aus können Sie Russland sogar sehen.« Also »müssen wir Russland im Auge behalten«.

Die USA müssten, so Palin, »an ihrer Mission festhalten«, der Mission also, den Krieg gegen den Terror genauso zu gewinnen wie jeden anderen Krieg, der notwendig werden sollte. Ein möglicher Konflikt sei der mit Russland. Wenn Georgien der NATO beiträte, wie Palin und McCain vorschlugen, und Russland Georgien angreife, so solle die NATO militärisch einschreiten. Auch vor einem Krieg gegen den Iran schreckt sie nicht zurück.

Wie Bush, so ist auch Palin christliche Fundamentalistin. Seit ihrem zehnten Lebensjahr gehört sie der Wasilla Assembly of God an, dort wurde sie zwei Jahre später noch einmal getauft. Seit ihrem Amtsantritt als Gouverneurin von Alaska besucht sie den Gottesdienst der Juneau Christian Church, die mit einer Bewegung namens Third Wave Movement zusammenhängt. Diese glaubt, dass am Ende der Zeit Christen unter dem Einfluss übernatürlicher Kräfte die Kirche und die Welt übernehmen werden. Für Palin hat auch Alaska eine göttliche Mission: »Gott hat eine Bestimmung für Alaska«, kündigte sie in einem Video mit dem Titel »Transformations« an, nämlich zur Zufluchtsstätte für alle Amerikaner zu werden, wenn das Ende der Zeit naht.[281]

Ihr Narzissmus besitzt eine spezifisch amerikanische Färbung. In einer Form psychischer Projektion ihres grandiosen Selbst auf die Welt als Ganzes verficht sie leidenschaftlich den Begriff der »Einzigartigkeit Amerikas«. Nach dieser Vorstellung ist Amerika etwas ganz Einmaliges in der Welt und deshalb besser als alle anderen Länder – wobei Palin ausdrücklich betont, es sei nicht »besser«, sondern vielmehr ein »Modell« für alle anderen Länder. Weder das Konzept noch der Begriff stammen von Sarah Palin, aber sie hat daraus eine politische Bewegung organisiert und pflegt um sich selbst als Führerin dieser Bewegung einen regelrechten Persönlichkeitskult. Über den Irakkrieg, in dem ihr Sohn als Soldat kämpfte, schreibt sie:

»Und wenn wir ein ganz normales Land wären – einfach nur ein Land wie viele andere – dann wäre das schon genug. Alle Länder haben das Recht, sich selbst zu verteidigen, und sie machen davon im Notfall auch Gebrauch. Aber Amerika ist nicht einfach nur ein Land. Wir sind das einzige Land in der Geschichte der Welt, das nicht auf der Grundlage eines bestimmten Gebiets, einer Kultur oder eines Volks, sondern auf der Grundlage einer Idee gegründet wurde. Und zwar der Idee, dass Gott allen Menschen das Recht zur Freiheit gegeben hat.«[282]

Palin bezieht sich auf den Puritaner John Winthrop, der im Jahr 1620 vor seinen Anhängern von Amerika als dem »Licht der Welt« und einer »Stadt auf dem Berge« sprach – Sätze, die Christus im Matthäus-Evangelium zugeschrieben werden. Für Palin ist Amerika eine »Kraft für das Gute, nicht nur für das eigene Volk, sondern

---

[281] Mirak-Weißbach, Muriel, »The Republican's Subliminal Ticket: Will American Voters be Hoodwinked?« *Global Research*, 17. September 2008.
[282] Palin, a.a.O., S. 37.

für die Welt.« Die Einzigartigkeit Amerikas kennzeichne auch »unser Glaube an freie Märkte, die gute alte amerikanische harte Arbeit und der Erfindergeist«.[283]

Wenn bereits Amerika in der Welt etwas Besonderes ist, so ist Alaska erst recht etwas Besonderes in Amerika und Palin etwas ganz Besonderes in Alaska. In ihrem Buch beschreibt sie ihre Gedanken aus der Zeit, als sie im Alter von elf Jahren Landschaft und Berge bewunderte. Im Kern ist ihr Buch ein Bericht über ihre religiöse Erfahrung als wiedergeborene Christin: »Ich ging hinaus, betrachtet die Chugach Berge auf der einen und den Mt. McKinley auf der anderen Seite und plötzlich wurde mir klar: Wenn Gott wusste, was er tat, als er Alaska erschuf, dann hatte Er bestimmt auch etwas im Sinn, als Er ein Sandkorn wie mich erschuf. Damals habe ich verstanden, dass Gott ganz gewiss uns allen einen Zweck bestimmt hat ... Von dem Tag an habe ich mein Leben in Gottes Hand gelegt. Getragen von dem Gefühl, wiedergeboren zu sein, machte ich mich auf den Weg ...«[284]

Diese göttliche Berufung macht die Einzigartigkeit Amerikas für Palin so bedeutsam. »Dass wir in allem geneigt sind, Führung und Segen des Schöpfers zu suchen, macht uns zu etwas Besonderem unter den westlichen Ländern«. Amerika sei anders als die atheistische Sowjetunion und anders als Europa mit seinem Glauben an das »göttliche Recht der Könige«. Und so geht es fort, bis es schließlich heißt: »Die Freiheit, die uns Gott verliehen hat, ist das einzigartige Prinzip im Zentrum dieser einzigartigen Nation. Uns kommt in der Welt eine besondere Rolle zu.«[285]

Wie die narzisstischen Persönlichkeiten, die uns in der arabischen Welt begegnet sind, Leila Ben Ali Trabelsi etwa, ist auch

---

[283] Ebenda, S. 64, 67, 80.
[284] Ebenda, S. 181 f.
[285] Ebenda, S. 212, 190, 265.

Palin eine ehrgeizige, machthungrige Frau, die nach finanziellem Reichtum, aber auch nach öffentlicher Bewunderung und Ruhm strebt. Das Amt als Gouverneurin hat sie aufgegeben – obwohl ein solcher Schritt den Bürgern des Bundesstaats nicht unbedingt erforderlich erschien –, um in der US-Bundespolitik die prominente Rolle als Bannerträger der Tea Party zu übernehmen. Durch ihre regelmäßigen Auftritte als politische Kommentatorin in *Fox TV*, dem Fernsehsender der radikalen Rechten in Amerika, und durch ihre eigene Reality-Show hat sie sich eine breite Anhängerschaft aufgebaut. Auch dies ist ein Garant dafür, dass ihre Bücher zu einem wirtschaftlichen Erfolg wurden. Mit ihren beiden Büchern war Palin im ganzen Land auf Vortragsreisen unterwegs. Sie warb dabei nicht nur für die Bücher, sondern baute gleichzeitig ihre Unterstützerbasis besonders unter den weiblichen Zuhörern auf, die sich für ein Autogramm stundenlang anstellten. Ganz nebenbei hat sie dabei auch eine Menge Geld verdient – das sie auch brauchte, um ihre berühmte teure Garderobe bezahlen zu können.

Mit Unterstützung erfahrener und fähiger PR-Berater hat Sarah Palin bewusst ein Bild von sich geschaffen, das an berühmte Vorgängerinnen in den USA erinnert. Im Wahlkampf 2008 beeindruckte sie die Öffentlichkeit als das gute, altmodische, durch und durch amerikanische Girl, »as American as Apple Pie«. Sie war das Mädchen, das keine Kraftausdrücke verwendet, die lieber »gosh« oder »darn« sagt als die extremeren Formulierungen zu verwenden, die mustergültige hübsche Tochter einer amerikanischen Familie. Die älteren Amerikaner erinnerte sie an Debbie Reynolds, einen berühmten Filmstar der 1950er Jahre, die das Idealbild des amerikanischen Mädchens verkörperte.[286] Wie Reynolds, so hatte sich auch Palin bei Schönheitswettbewerben hervorgetan. Reynolds war ihr Vorbild in Haltung und Frisur. Wichtig war aber

---

[286] Mirak-Weißbach, a.a.O.

nicht nur der »Look«, vielmehr ist zu bedenken, dass die 1950er Jahre auch die Zeit des Kalten Krieges waren. Damals propagierte die Popkultur – von Kinofilmen bis zu Fernsehserien – das Bild des guten, sauberen Amerikaners, der die Prinzipien der Freiheit gegen die bösen Kommunisten verteidigt. Denn die herrschten nicht nur in der Sowjetunion und China, sondern versuchten, die Vereinigten Staaten zu unterwandern – wie die McCarthy-Prozesse zeigten. Damals wie heute wurde die Welt aufgeteilt in Gut und Böse. Wurde der Konflikt seinerzeit als zwischen Freiheit und Kommunismus empfunden, so bedeutet er für Palin heute Freiheit kontra »Sozialismus« (ihr Ausdruck für liberales Denken in Amerika), die Rechte der Bundesstaaten kontra Big Government, stolze patriotische Amerikaner kontra Ostküstenliberale oder *Fox News* kontra die linkslastige Presse, etc.

Sarah Palin hat sich für ein einflussreiches politisches Amt beworben und ist dabei unterlegen, aber ihre ehrgeizigen Träume für ein Führungsamt, Reichtum und Macht hat sie damit nicht aufgegeben. Dass die Amerikaner eine so labile, offensichtlich gestörte Persönlichkeit wie George W. Bush gewählt und sogar wiedergewählt haben, spricht Bände über die nicht gerade gesunde Seite der amerikanischen Politik. Dabei geht es nicht nur um Narzissmus bei einzelnen Personen, sondern in der allgemeinen Kultur. Im Präsidentschafts-Wahlkampf 2012 haben bislang fast alle Kandidaten um die Nominierung bei den Republikanern geradezu lehrbuchmäßige Anzeichen von Narzissmus an den Tag gelegt. Ein amerikanischer Analyst sagte treffend über die Tea Party: »Diese neuen Jakobiner weisen zwei klassisch amerikanische Wesenszüge auf: generelles Misstrauen gegenüber Institutionen und ein erstaunliches – und ungerechtfertigtes – Selbstvertrauen«, Vertrauen in das Größenselbst, könnte man auch sagen.[287]

---

[287] Lilla, Mark, »The Tea Party Jacobins« in *The New York Review of Books*, 27. Mai – 9. Juni 2010, S. 54.

DER GUTE HERRSCHER

Die moderne psychoanalytische Methodik erleichtert das Verständnis der Dynamik von Psychosen bei Menschen in Führungspositionen ganz enorm. Leider gibt es aber nur sehr wenige Psychoanalytiker und Psychologen, die eine positive Alternative aufzeigen: Was macht eine gesunde politische Führung aus? Wie kann sich eine Gesellschaft so organisieren, dass aus ihr moralische, kompetente Herrscher hervorgehen, denen die Förderung des Gemeinwohls am Herzen liegt?

Glücklicherweise gibt ein einige Ausnahmen. Dazu zählt Otto F. Kernberg, der fünf bedeutsame und wünschenswerte Persönlichkeits-Charakteristika für eine rationale Führung definiert hat. Das sind u.a. 1. Intelligenz; 2. persönliche Redlichkeit und Unbestechlichkeit; 3. die Herstellung und Aufrechterhaltung intensiver Objektbeziehungen; 4. ein gesunder Narzissmus; und 5. eine gesunde, legitime antizipatorische paranoide Haltung, die das Gegenteil von Naivität bedeutet.[288] Nach Ansicht des Soziologen Max

---

[288] Kernberg, Otto F., *Ideologie, Konflikt und Führung: Psychoanalyse von Gruppenprozessen und Persönlichkeitsstruktur*, aus dem Amerikanischen von Elisabeth Vorspohl, Klett-Cotta, Stuttgart, 2000., *Ideology, Conflict and Leadership in Groups and Organisations*, Yale University Press, New Haven/London, 1998, S. 63. Wirth a.a.O., S. 352, präsentiert Kernbergs Kriterien (Sanctioned Social Violence, in *International Journal of Psychoanalysis 84*, 2003, S. 683 ff.) folgendermaßen: 1. Eine hohe Intelligenz, die es ihm ermöglicht, die Erfordernisse seiner Aufgabe ebenso wie deren Hindernisse zu erkennen, zu formulieren, mitzuteilen und in Handlungen umzusetzen – hierbei geleitet von einem langfristig orientierten, strategischen Denken. 2. Eine ausreichende emotionale Reife und menschliche Tiefe, um die Persönlichkeit anderer einschätzen und sich auf diese Weise einen Kreis von untergeordneten Führungskräften auswäh-

Weber muss ein guter Politiker jemand sein, der einer Sache leidenschaftlich verpflichtet ist. Seine Herausforderung an politische Führer liest sich wie folgt:

»Denn das Problem ist eben: wie heiße Leidenschaft und kühles Augenmaß miteinander in derselben Seele zusammengezwungen werden können? Politik wird mit dem Kopfe gemacht, nicht mit anderen Teilen des Körpers oder der Seele. Und doch kann die Hingabe an sie, wenn sie nicht ein frivoles intellektuelles Spiel, sondern menschlich echtes Handeln sein soll, nur aus Leidenschaft geboren und gespeist werden. Jene starke Bändigung der Seele aber, die den leidenschaftlichen Politiker auszeichnet und ihn von den bloßen, steril aufgeregten, politischen Dilettanten unterscheidet, ist nur durch die Gewöhnung an Distanz – in jedem Sinn des Wortes – möglich. Die ›Stärke‹ einer politischen ›Persönlichkeit‹ bedeutet in allererster Linie den Besitz dieser Qualitäten.«[289]

Die Suche nach moralischer Führung in der Politik hat eine lange, faszinierende Geschichte. Von China und Indien der Antike über das klassische Altertum in Griechenland und die arabische Renaissance bis nach Europa haben Philosophen und Staatsmänner leidenschaftlich über diese Frage debattiert und gangbare Lö-

---

len und Teile seiner Autorität an diese delegieren zu können. 3. Eine stabile und tiefe moralische Integrität, die ihn vor der unvermeidlichen Versuchungen, korrumpiert zu werden, schützt; mit ihnen wird er in der Ausübung seiner Macht und durch den korrumpierenden Druck aus seiner Umgebung unweigerlich konfrontiert werden. 4. Ausreichend starke narzisstische Eigenschaften, um sein Selbstbewusstsein auch dann aufrecht erhalten zu können, wenn es zu unvermeidbarer Kritik und zu Angriffen aus dem Lager seiner Anhänger kommt, und um zu vermeiden dass er sich seinen Anhängern gegenüber zu sehr in Abhängigkeit begibt. 5. Ausreichend paranoide Anteile – als Gegensatz zur Naivität – um frühzeitig unvermeidbare ambivalente und feindselige Strömungen in seiner Organisation wahrnehmen zu können, die Ausdruck einer gegen ihn gerichteten, von Ärger und Neid geprägten Rebellion sind.
[289] Weber, Max, *Politik als Beruf*, Vortrag (1919)
http://www.ne.jp/asahi/moriyuki/abukuma/weber/lecture/politics_vocation.html

sungswege vorgeschlagen. Ohne im Einzelnen auf diese philoso-phisch-politische Debatte einzugehen, denke man nur an eine wegweisende Arbeit zur diesem Thema in der arabischen Literatur. Es ist Al Fārābīs brillante Untersuchung in seinem Buch *al-madīna al-fāḍila*, Der Musterstaat. Im folgenden kurzen Auszug beschreibt er den gerechten Herrscher – er legt dar, über welche geistigen und körperlichen Qualitäten ein Mann verfügen muss, der Führung für sein Volk im Streben nach Gerechtigkeit und Allgemeinwohl über-nehmen will. Seine Abhandlung kennzeichnet das Beste des arabi-schen Erbes in der Theorie der politischen Wissenschaft. Es ist in dem andauernden Revolutionsprozess zu wünschen, dass die neue politische Führung aus diesen Entwicklungen eine arabische Re-naissance in Gang setzt – eine Wiederbelebung der Philosophie und politischen Wissenschaft der großen Denker wie Al Fārābī.

AL FĀRĀBĪ: DER MUSTERSTAAT[290]

DIE EIGENSCHAFTEN DES HÄUPTLINGS IM MUSTERSTAAT

Dieser Häuptling ist nun ein solcher, dass ihn durchaus kein andrer Mensch beherrscht. Er ist der Imām (Vorsteher), er ist der erste Häuptling der Vorzugsstadt und der Führer des vorzüglichs-ten Volks, das Haupt der ganzen bewohnten Erde. Auch ist es un-möglich, dass dieser Zustand einem andern diene als dem. In wel-chem von Natur zwölf Eigenschaften vereinigt sind, die ihm von Natur schon angeboren sind,

a. Er muss seine vollständigen Glieder haben, deren Kräfte den Gliedmassen so entsprechen, dass sie das verrichten können, was

---

[290] Al Fārābi, *Der Musterstaat*, aus dem Arabischen übertragen von Dr. Friedrich Dieterici, Buchhandlung und Druckerei vormals E.J. Brill, Leiden, 1900.

durch sie verrichtet werden muss, sodass, wenn er mit einem seiner Glieder eine Function ausüben will, ihm dies leicht gelingt.

b. Er muss von Natur schon ein gutes Verständniss und eine gute Vorstellung für alles haben, was man ihm vorträgt, sodass er mit seinem Verstande das, was der Sprecher bezweckt, erfasst und zwar so, wie die Sache an sich ist.

c. Dann muss er das, was er verstanden, geschaut und gehört hat, kurz alles, was er erfasste, wohl behalten. Er darf kaum je etwas vergessen.

d. Er muss sehr einsichtig und scharfsinnig sein; erkannte er Etwas beim geringsten Hinweis, so muss er dies gleich so erfassen, wie dies der Beweis dartat.

e. Er muss sich wohl auszudrücken verstehen, seine Zunge muss alles, was er in sich trägt, vollständig kund tun.

f. Er muss Belehrung und Kenntnisse gern erwerben und leicht annehmen. Bei der Belehrung darf er nie ermüden auch darf Ermattung ihm dabei nie Schaden bringen.

g. Er darf nie begierig sein auf Speise, Trank und Weiber, er muss schon von Natur sich vom Spiel abwenden, und muss ihm die, daraus entstehende, Lust verhasst sein.

h. Er muss die Wahrheit und ihre Leute lieben, dagegen die Lüge und deren Anhänger hassen.

i. Er muss hochherzig sein, dem Edelmut ergeben sein, schon von Natur muss seine Seele über alles, was schändet, erhaben sein, ja bis zur höchsten Stufe muss er sich darüber erheben.

k. Dirhem und Dina (das Geld) und alles Weltliche darf ihm nichts gelten.

l. Schon von Natur muss er Gerechtigkeit und die Gerechten heben, Ungerechtigkeit aber und Unbill, sowie auch deren Anhänger muss er hassen. Er übe Gerechtigkeit sowohl an den Seinen als an den Andern, er muss dazu antreiben und Ersatz gewähren jedem der Unrecht erlitt, allem aber, was er als gut und schön befindet, muss er Beifall spenden.

m. Er muss gerecht sein, sich wohl leiten lassen, weder widerspenstig noch hartnäckig sein, wenn er zur Gerechtigkeit aufgefordert wird, dagegen muss er, wenn man ihn zum Ungerechten und Schimpflichen auffordert, widerstreben.

n. Fest entschlossen sei er zu dem, was er als notwendig erachtete, kühn geh er dabei voran, ohne Furcht und ohne Schwermütigkeit.

Die Vereinigung aller dieser Eigenschaften in einem Menschen ist schwer und finden sich Männer von einer solchen Naturanlage nur bisweilen einmal, auch sie sind nur sehr selten unter den Menschen. Findet man nun einen solchen in der Vorzugsstadt und finden sich bei ihm, nachdem er groß geworden, von diesen vorerwähnten Bedingungen sechs oder fünf noch außer den, von Seiten der Vorstellungskraft herrührenden, Ähnlichen, so wird dieser der Häuptling, findet sich aber ein solcher in irgend einer Zeit nicht vor, so nimmt man die Vorschriften und Bräuche, welche ein solcher Häuptling und seines gleichen als notwendig setzte, auf das sie sich in der Stadt auf einander folgen sollen und stellt sie fest.

Der zweite Häuptling, welcher dann an die Stelle des Ersten tritt, ist nun der, welcher mit dem Ersten Geburt, Jugend und diese Bedingungen gemeinsam hat und bei dem sich, nach dem er groß geworden, folgende sechs derselben erfüllen, erstlich muss er weise, zweitens wissend sein und die Vorschriften und Bräuche, sowie den Wandel der alten, welche die Stadt leiteten wohl im Gedächtnis haben und vollständig diesen allen in ihren Taten, sowie jene sie vollführten folgen. Drittens muss er durch eine gute Folgerung das festsetzen, wofür von den Verfahren her keine Vorschrift besteht. Viertens muss er eine gute Überlegung haben sowie auch die Kraft das zu ergründen, was er zu jeder Zeit zu erkennen hat, sowohl das Gegenwärtige als auch das, was etwa neu hervorgehen könnte, worin also die Alten noch nicht erfahren waren. Er muss sich dann wohl üben um zu erkennen, wie er durch das, was er herausgebracht hat, das Wohl des Staats begründen könne.

Fünftens muss er stets das Rechte treffen, wenn er in der Rede die Vorschriften der Alten darstellt, sowie auch dabei, wenn er ausführt, was nach ihnen an Nacheifrungswürdigem geschaffen wurde.

Sechstens muss er von fester Gesundheit sein, um die Angelegenheiten des Kriegs wohl zu betreiben. Das heißt er muss das, was der Kriegskunst frommt, sowohl im Dienst als in der Führung besitzen.

Findet sich nun nicht ein Mann, in dem alle diese Bedingungen erfüllt sind, gibt es aber deren zwei, von denen der Eine weise ist, während im zweiten die übrigen Bedingungen erfüllt sind, so sind sie Beide in dieser Stadt Führer. Sind aber diese Bedingungen nur zerstreut in einer Menge zu finden, eine bei dem ersten, eine andre beim zweiten und sofort bis zum sechsten, und sind sie alle einander entsprechend, so bilden sie zusammen die vorzüglichen Führer. Trifft es sich nun zu einer Zeit, dass die Weisheit nicht einen Teil dieser Führerschaft bildet, sind aber die übrigen Bedingungen dabei erfüllt, so bleibt der Musterstaat ohne König, ist aber der den Befehl dieses Staats führende Häuptling kein König, droht diesem Staat der Untergang, und trifft es sich dann, dass kein Weiser sich findet, dem man sich anschließen kann, so währt es nicht lange, dass die Stadt nach einer kurzen Zeit untergeht.

LITERATURNACHWEIS

Amin, Galal, *Egypt in the Era of Hosni Mubarak 1981-2011*, The American University in Cairo Press, Cairo, New York, 2011.

Al Aswany, Alaa, *On the State of Egypt: What Made the Revolution Inevitable*, Vintage Books, Random House, New York, April 2011.

Albrecht, Holger und Thomas Demmelhuber (Hrsg.), *Revolution und Regimewandel in Ägypten*, Nomos Verlagsgesellschaft, Baden-Baden, 2013.

Al-Fārābī, *Der Musterstaat von Al Fārābī* aus dem Arabischen übertragen von Dr. Friedrich Dieterici, Professor an der Universität Berlin, E. J. Brill, Leiden, 1900.

Armbruster, Jörg, Brennpunkt Nahost: *Die Zerstörung Syriens und das Versagen des Westens*, Westend Verlag GmbH, Frankfurt/Main, 2013.

Ayoub, Mahmoud Mustafa, *Islam and the Third Universal Theory: The religious thought of Ma'ammar al-Qadhdhafi*, KPI, London, 1987.

Beau, Nicolas et Catherine Graciet, *La Régente de Carthage: Main Basse sur la Tunisie*, Éditions La Découverte, Paris, 2009.

Ben Ali, Leïla, *Ma vérité*, Les Éditions du Moment, Paris, 2012.

Ben Chrouda, Lotfi, avec la collaboration de Isabelle Soares Boumalala, *Dans l'ombre de la reine*, Éditions Michel Lafon, Neuilly-sur-Seine Cedex, 2011.

Ben Jelloun, Tahar, *Arabischer Frühling: Vom Wiedererlangen der arabischen Würde*, Übersetzung aus dem Französischen von Christiane Kayser, Berlin Verlag GmbH, Berlin, 2011.

Ben Hamida, Amor, *Chronik einer Revolution: Wie ein Gemüsehändler einen Präsidenten stürzt*, Books on Demand GmbH, Norderstedt, 2011.

Benslama, Fethi, Soudain la révolution! De la Tunisie au monde arabe : la significa-tion d'un soulèvement, Éditions Denoël, Paris, 2011.

Blundy, David and Andrew Lycett, *Qaddafi and the Libyan Revolution*, Little, Brown and Company, Boston, Toronto, 1987.

Bradley, John R., *Inside Egypt: The Land of the Pharaohs on the Brink of Revolution*, Palgrave Macmillan, New York, 2009.

Chorin, Ethan, *Exit the Hidden History of the Libyan Revolution*, Public Affairs (a member of the Perseus Books Group), New York, 2012.

Cleckley, Harvey, M.D., *The Mask of Sanity: An Attempt to Clarify Some Issues About the So-called Psychopathic Personality*,. Literary Licensing, LLC, Whitefish, MT, 2011.

Darrai, Susan Muaddi, *Bashar al-Assad*, Chelsea House, Philadelphia, 2005.

Darrai, Susan Muaddi, *Hosni Mubarak*, Chelsea House, New York, 2007.

Dresch, Paul, *A History of Modern Yemen*, Cambridge University Press, Cambridge, 2000, 2002.

Dutton, Kevin, *Psychopathen: Was man von Heiligen, Anwälten und Serienmördern lernen kann*, Aus dem Englischen von Ursula Pesch, Deutscher Taschenbuch Verlag, München, 2012.

Elaasar, Aladdin, *The Last Pharaoh: Mubarak and the Uncertain Future of Egypt in the Volatile Mid East*, Beacon Press, Montana, 2009.

El Difraoui, Asiem, *Ein neues Ägypten? Reise durch ein Land im Aufruhr*, Edition Körber-Stiftung, Hamburg, 2013.

Erdle, Steffen, *Ben Ali's ›New Tunisia‹ (1987-2009): A Case Study of Authoritarian Modernization in the Arab World*, Klaus Schwarz Verlag, Berlin, 2010.Ezrow, Natasha and Erica Frantz, *Dictators and Dictatorships: Understanding Authoritarian Regimes and their Leaders*, The Continuum International Publishing Group, New York, 2011.

Frank, Justin A., *Bush on the Couch: Inside the Mind oft he President*, ReganBooks, an imprint of HarperCollins Publishers, New Yrk, 2004, 2005, deutsche Ausgabe: *Bush auf der Couch: Wie denkt und fühlt George W. Bush?*, aus dem Amerikanischen von Antje Becker, Psychosozial-Verlag, Gießen, 2004.

Freud, Sigmund, *Gesammelte Werke*, Chronologisch geordnet, 10. und 13. Band, Imago Publishing Co., Ltd., London, 1947, 1949.

Freud, Sigmund, *Totem und Tabu: Einige Übereinstimmungen im Seelenleben der Wilden und der Neurotiker*, Fischer (Tb.), Frankfurt/Main, 1991.

Freud, Sigmund und Josef Breuer, *Studien über Hysterie*, Fischer (Tb.), Frankfurt/Main, 2011.

Gaddafi, Muammar with Edmond Jouve, *My Vision, Conversations and Frank Exchanges of Views with Edmond Jouve*, translation into English by Angela Parfitt, John Blake, London, 2005.

Ghaemi, Nassir, *A First-Rate Madness: Uncovering the Links between Leadership and Mental Illness*, The Penguin Press, New York, 2011.

Gehrcke, Wolfgang und Christiane Reymann (Hg.), *Syrien Wie man einen säkularen Staat zerstört und eine Gesellschaft islamisiert*, PapyRosa Verlags Gmbh & Co., Köln, 2014.

Hare, Robert D., Psychopathy: Theory and Research, John Wiley & Sons, Inc., New York, London, Sydney, Toronto, 1970. Siehe auch: Gewissenlos. *Die Psychopathen unter uns*, Springer, Wien, 2005.

Hare, Robert D., *Gewissenlos. Die Psychopathen unter uns*, Übersetzt von Karsten Petersen, Springer-Verlag/Wien, 2005.

Heikal, Mohamed, *The Road to Ramadan*, William Collins Sons & Co. Ltd., London, 1975.

Heikal, Mohamed, *Autumn of Fury: The Assassination of Sadat*, André Deutsch Limited, London, 1983.

Helberg, Kirstin, *Brennpunkt Syrien: Einblick in ein verschlossenes Land*, Verlag Herder GmbH, Freiburg im Breisgau, 2014.

Husic, Sead, *Psychopathologie der Macht: Die Zerstörung Jugoslawiens im Spiegel der Biografien von Milošević, Tudjman und Izetbegović*, Verlag Hans Schiler, Berlin, 2007.

Javaher-Haghighi, Peyman, Hassan Azad und Hamid Reza Noshadi, *Arabellion: Die arabische Revolution für Freiheit und Brot von Kairo bis Damaskus*, UNRAST-Verlag, Münster, 2013.

Kernberg, Otto F., *Aggression in Personality Disorders and Perversions*, Yale University Press, New Haven and London, 1992. Deutsche Ausgabe: *Wut und Hass. Über die Bedeutung von Aggression bei Persönlichkeitsstörungen und sexuellen Perversionen*, Klett-Cotta, Stuttgart, 1998.

Kernberg, Otto F., *Love Relations: Normality and Pathology*, Yale University Press, New Haven and London, 1995. Deutsche Ausgabe: *Liebesbeziehungen: Normalität und Pathologie*, aus dem Amerikanischen von Christoph Trunk, Klett-Cotta, Stuttgart, 1998.

Kernberg, Otto F, Herausg., *Narzißtische Persönlichkeitsstörungen*, Deutsche Übersetzung und Bearbeitung Bernhard Strauß, Schattauer Verlag, Stuttgart, New York, 1996.

Kernberg, Otto F., *Ideologie, Konflikt und Führung: Psychoanalyse von Gruppenprozessen und Persönlichkeitsstruktur*, J.G. Cotta'sche Buchhandlung Nachfolger GmbH, Stuttgart, 2000.

Kernberg, Otto F., *Aggressivity, Narcissism, and Self-Destructiveness in the Psychotherapeutic Relationship: New Developments in the Psychopathology and Psychotherapy of Severe Personality Disorders*, Yale University Press, New Haven, 2004. Deutsche Ausgabe: *Narzißmus, Aggression und Selbstzerstörung: Fortschritte in der Diagnose und Behandlung schwerer Persönlichkeitsstörungen*, Klett-Cotta, Stuttgart, 2009.

Kohut, Heinz, *The Analysis of Self: A Systematic Approach to the Psychoanalytic Treatment of Narcissistic Personality Disorders*, International Universities Press, Inc., New York, 1971. Deutsche Ausgabe: *Narzißmus, Eine Theorie der psychoanalytischen Behandlung narzißtischer Persönlichkeitsstörungen*, Suhrkamp Taschenbuch, Berlin, 1976.

Kohut, Heinz, *Narzißmus: Eine Theorie der psychoanalytischen Behandlung narzißtischer Persönlichkeitsstörungen*, Suhrkamp Taschenbuch, Berlin, 1973.

Längle, Alfried, »Personality Disorders and Genesis of Trauma: Existential Analysis of Traumatized Personality Disorders«, in *Existenzanalyse 22*, 2005.

Lawson, Fred H., *Demystifying Syria*, London Middle East Institute at SOAS, London, 2009.

Lesch, David W., *The New Lion of Damascus: Bashar al-Asad and Modern Syria*, Yale University Press, New Haven and London, 2005.

Lesch, David W., Syria: *The Fall of the House of Assad*, Yale University Press, New Haven and London, 2013.

Leverett, Flynt, *Inheriting Syria: Bashar's Trial by Fire*, Brookings Institution Press, Washington, D.C., 2005.

Lohmann, Heiner, *Strukturen mythischen Denkens im Grünen Buch Mu'ammar al-Qaddafis: Eine kommunikationstheoretische Untersuchung zur Rationalität eines soziozentrischen Weltbildes im Islam mit einer Neuübersetzung des Grünen Buches im Anhang*, LIT Verlag Dr. W. Hopf, Berlin, 2009.

Lüders, Michael, *Tage des Zorns: Die arabische Revolution verändert die Welt*, Verlag C.H. Beck, München, 2011.

Marley, Ben, *Webster's Guide to World Governments: Syria, featuring President Bashar al-Assad and Prime Minister Muhammad Naji al-Otari*, Six Degrees Books, Laverne, TN, 2011.

Mattes, Hanspeter, *Qaddafi und die islamische Opposition in Libyen*, Deutsches Orient-Institut, Hamburg, 1995.

Muasher, Marwan, *The Second Arab Awakening And the Battle for Pluralism*, Yale University Press, New Haven and London, 2014.

Murphy, Emma C., *Economic and Political Change in Tunisia: From Bourghiba to Ben Ali*, Macmillan Press Ltd, London, 1999.

Nordhausen, Frank, Thomas Schmidt (Hg.), *Die arabische Revolution: Demokratischer Aufbruch von Tunesien bis zum Golf*, Ch. Links Verlag, Berlin, Oktober, 2011.

Noueihed, Lin and Alex Warren, *The Battle for the Arab Spring: Revolution, Counter-Revolution and the Making of a New Era*, Yale University Press, New Haven and London, 2013.

Owen, Roger, *The Rise and Fall of Arab Presidents for Life*, Harvard University Press, Cambridge, Massachusetts, May 2012.

Palin, Sarah, *Going Rogue: An American Life*, HarperCollins Publishers, New York, 2009.

Palin, Sarah, *America by Heart: Reflections on Family, Faith, and Flag*, HarperCollins, New York, 2010.

Perthes, Volker, *Syria under Bashar al-Asad: Modernisation and the Limits of Change*, Adelphi Paper, The International Institute for Strategic Studies, Oxford University Press, Oxford, July 2004.

Qaddafi, Muammar, *Escape to Hell and other stories*, Stanké, New York, 1998.

Riemann, Fritz, *Grundformen der Angst: Eine tiefenpsychologische Studie*, Ernst Reinhardt Verlag, München, Basel, 2006, 2009.

Sachse, Rainer, *Histrionische und Narzisstische Persönlichkeitsstörungen*, Hogrefe Verlag für Psychologie, Göttingen, Bern, Toronto, Seattle, 2002.

Sadek, Hassan, *Gaddafi*, Heinrich Hugendubel Verlag, Kreuzlingen/München, 2005.

Sicker, Martin, *The Making of A Pariah State: The Adventurist Politics of Muammar Qaddafi*, Praeger, New York, Westport, Connecticut, London, 1987.

Spaas, Lieve (ed.), *Echoes of Narcissus*, Berghahn Books, New York, Oxford, 2000.

Sharp, Gene, *From Dictatorship to Democracy: A Conceptual Framework for Liberation*, The Albert Einstein Institution, Fourth US Edition, 2010

Tripp, Charles and Roger Owen (eds.), *Egypt under Mubarak*, Routledge, London and New York, 1989.

Van Dam, Nikolaos, *The Struggle for Power in Syria: Politics and Society under Assad and the Ba'th Party*, I. B. Tauris, London, 2011.

Weber, Max, *Politik als Beruf*, Vortrag 1919, http://ebookbrowse.com/weber-politik-als-beruf-pdf-d120778266

Weiss, Walter M., Hg. *Die Arabischen Staaten: Geschichte – Politik – Religion – Gesellschaft – Wirtschaft*, Palmyra, Heidelberg, 2007.

Wirth, Hans-Jürgen, *Narzissmus und Macht, Zur Psychoanalyse seelischer Störungen in der Politik*, Psychosozial-Verlag, Gießen, 2002.

Wöhler-Khalfallah, *Der islamische Fundamentalismus, der Islam und die Demokratie: Algerien und Tunesien: Das Scheitern postkolonialer »Entwicklungsmodelle« und das Streben nach einem ethischen Leitfaden für Politik und Gesellschaft*, VS Verlag für Sozialwissenschaften, Wiesbaden, 2004.

Zahler, Kathy A., *The Assads' Syria*, Twenty-First Century Books, Minneapolis, 2010.

Ziadeh, Radwan, *Power and Policy in Syria: The Intelligence Services, Foreign Relations and Democracy in the Modern Middle East*, I. B. Tauris, London, 2011.

Mein herzliches Dankeschön gilt allen,
die mir bei der Arbeit an diesem Buch
mit Rat und Tat zur Seite gestanden haben.

Besonders hervorheben möchte ich
Professor Mohammad Seyyed Selim
und
Professor Elaine Hagopian,
die mir mit Hintergrundinformationen
viele wertvolle Einsichten vermittelt
und mich auf weitere Quellen verwiesen haben.

Dr. Jack Danielian, Ph.D.,
Psychologe und Psychiater,
hat mir in Fragen der Terminologie wichtige Hilfe
geleistet und mich auf aufschlussreiche Quellen
aus dem großen Forschungsbereich der
Persönlichkeitsstörungen aufmerksam gemacht.

Mein Bruder Bob hat sich beim sorgfältigen Lesen
der ersten Entwürfe zu diesem Buch erneut als
höchst kreativer Helfer erwiesen.

Ganz besonders danke ich meinem Ehemann Mi-
chael für seine Unterstützung und die
Atmosphäre der Ruhe und Gelassenheit,
die er für mich geschaffen hat.

So wertvoll die Anregungen auch waren, für die
Einschätzungen und Schlussfolgerungen in diesem
Buch trage ich als Autorin die alleinige
Verantwortung.

Muriel Mirak-Weißbach

BIOGRAPHISCHES

MURIEL MIRAK-WEISSBACH

Muriel Mirak-Weißbach
geboren in den USA als Tochter arme-
nischer Einwanderer, wuchs in Neu-
England auf. Sie studierte englische
Literatur und ging mit einem Fulbright-
Stipendium nach Italien. 1971 begann
sie ihre Lehrtätigkeit in Anglistik an der
Universität Bocconi in Mailand. Als
Journalistin konzentrierte sie sich auf
politische, wirtschaftliche und kulturelle Entwicklungen in der arabischen und
islamischen Welt. Sie nahm an internationalen Konferenzen und Seminaren
mit eigenen Beiträgen zur wirtschaftlichen Entwicklung, zur Politik und zum
interkulturellen Dialog teil; sie besuchte
Jordanien, Ägypten, den Irak, Sudan,
die Türkei, Turkmenistan, Kasachstan,
Pakistan, Malaysia, den Jemen und die
Islamische Republik Iran. Nach dem
Irak-Krieg von 1991 arbeitete sie zusammen mit hochrangigen Politikern
im »Komitee für die Rettung der Kinder
im Irak«.
Die Autorin lebt heute mit Ihrem Ehemann in Wiesbaden, zusammen gründeten sie 2012 die »Mirak-Weißbach-
Stiftung«, die sich die Unterstützung
und Förderung von Kindern, Jugendlichen und jungen Erwachsenen zum Ziel
gesetzt hat.

ORTRUN CRAMER

Ortrun Cramer
ist staatlich geprüfte Übersetzerin und Dolmetscherin für die englische Sprache. Sie übersetzt vor allem Bücher zu Themen der kulturellen Verständigung als Grundlage für einen dauerhaften Frieden.
Zu den mehr als 20 von ihr übersetzten Titeln gehören *»Jenseits der Feuerwand. Armenien – Irak – Palästina. Vom Zorn zur Versöhnung«* von Muriel Mirak-Weißbach und *»Präsident Calvin Coolidge und der Armenische Waisenteppich«* von Hagop Martin Deranian, beide erschienen im Schiler-Verlag, Berlin.

Ihr besonderes Interesse gilt der klassischen Literatur und Musik verschiedener Kulturkreise.

Aus dem Verlagsprogramm

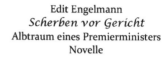

Edit Engelmann
Scherben vor Gericht
Albtraum eines Premierministers
Novelle

Was zuerst wie eine Karneval-Veranstaltung aussieht, entpuppt sich als ein längst fälliger Prozess, den auch Berühmtheiten wie Zenon, Perikles, Brecht, Macchiavelli, Keynes und sogar Kaiser Augustus sich nicht entgehen lassen. Der Premierminister und seine Regierungsmitglieder sitzen in der Anklagebank. Ihnen wird der Spiegel ihre Taten vorgehalten: Das gesamte Land liegt in Scherben! Wie konnte das passieren? Welche Argumente werden die angeklagten Minister gegen ihre vorgeworfene Wirkungsweise setzen? Zu welchem Urteil werden die Verfechter von Freiheit und Demokratie aus zwei Jahrtausenden kommen?

Edit Engelmann, die seit Jahren in Athen lebt und von der europäischen Politik inspiriert worden ist, erzählt in diese Volkssatire die Möglichkeit eines jeden Bürgers Traum: Politiker, die durch Gier und Unverstand regieren, zu bestrafen. Ihre Novelle ist ein kritischer Erinnerungsakt an die menschlichen Errungenschaften von Demokratie, Solidarität, Souveränität, Nationalbewusstsein, soziale Integrität und Menschenrechten – Wörter, die in jede Schule gelernt werden, Werte, die weltweit propagiert werden, Praxis, die immer wieder in ihre Ausübung hapert.

ISBN: 978-3-942223-70-6
eISBN: 978-3-942223-71-3

Thomas Pregel
Hartznovelle

Emser Eck, Berlin-Neukölln, Dienstag-
abend. Heiko, Katharina und Sebastian
treffen sich, wie schon seit langem, auf
ein Glas Bier. Alle sind Mitte 30, Hartz
IV-Empfänger, doch bei jedem hängt zu
Hause ein Magister- oder Promotions-
abschluss an der Wand und sie sind
zutiefst deprimiert. Denn wer in diese
Hartz-IV-Kneipe kommt, interessiert
sich weder für das Wetter noch für den
Wechsel der Jahreszeiten, sondern
scheinbar nur noch für das Versaufen
der Zeit. Am Anfang sollte das noch ein
Scherz sein, eine Art Milieustudie mit
Alkoholgenuss: mal sehen, ob es bei
diesen Leuten da unten wirklich so
zugeht, wie man hört. Und heute gehören sie fast schon dazu. Was machen
Arbeitslose, wenn der Markt keine
passende Arbeit für sie bietet? Wie
werden sie von den Behörden behandelt? Welche Gedanken beschäftigen
sie und vor allem: Welche Wünsche
können Wirklichkeit werden?
Thomas Pregel dokumentiert die Ar-
beitsmarkterfahrungen seiner Protagonisten und lässt tief in den Hart-IV-
Alltag der drei Akademiker blicken. Durch Tagebucheinträge sowie
scharfe Beobachtungen des Amtsappa-
rats und der ans Absurde grenzenden
Bürokratie-Falle wird der Wert des
Menschen hinterfragt. Diese Hartznovelle ist eine sarkastische Darstellung
unserer schnelllebigen und sensations-
hungrigen Gesellschaft.

ISBN: 978-3-942223-90-4
eISBN: 978-3-942223-91-1

Dietlind Köhncke
Die Wörtersammlerin
Erzählung

Lilibeth und ihre Familie müssen wegen der Bombardements der Alliierten das vertraute Berlin verlassen. Sie wird in Ostpreußen eingeschult und ist begeistert von den Wörtern, die sie lernt. Sie beobachtet, wie die Erwachsene reden, lauscht ihren Sätzen und lernt schnell: ›Krieg‹ hat fünf Buchstaben, Frau Ohlmann ist ›arisch‹, nicht nur, weil sie wie eine Königin läuft, und der ›Güterzug nach Berlin‹ muss schneller eintreffen als die ›Russen‹. In ihre Sammlung fügt sie jeden Tag neue Wörter und manchmal sogar ganze Sätze ein, wie ›Raus aus dem Haus, rum um die Ecke, rein in den Bunker‹. Und dann soll sie zu ihrem eigenen Vater, der nach langer Zeit nach Hause kommt, ›Onkel Hans‹ sagen, damit die Leute ihn nicht andauernd anzeigen – man nannte ihn ›Nazi‹, als er abgeholt wurde. Lilibeths Kinderwelt besteht aber auch aus Wörtern, die sie nicht in ihre Sammlung aufnimmt, wie ›Sowjetische Besatzungszone‹, weil das für sie klingt, als würde jemand einen von ganz nahe ansehen, die Stirn runzeln und zischen.

Durch die Kinderbilder wird der familiäre Alltag kartographiert, in dem Frauen die Hauptrolle spielen, ein Stück deutsch-deutsche Geschichte, die schwierige Zeiten durchlebt – unter den Nazis wie unter den Kommunisten.

ISBN: 978-3-942223-86-7
eISBN: 978-3-942223-87-4

Petra Mitchell
Neun Briefe, drei Fotos, ein Name
Biographie einer deutschen Frau

Petra Mitchell entstand aus der Verbindung einer deutschen Mutter und eines amerikanischen Soldaten im besetzten Nachkriegsdeutschland, 1947 in einem kleinen Dorf in Franken geboren. Schon als Kind wurde sie mit Diskriminierung, Ablehnung und Demütigung konfrontiert werden, denn sie ist ein »Bastard«, ein »Besatzungskind«, ein »Vermächtnis des Feindes«, ein Kind ohne legitimen Vater. Petra wächst auf mit der Hoffnung ihren Vater zu finden, Briefe und Fotos im Schlafzimmer ihrer Mutter bestätigen seine Existenz, sie lernt englisch, sie sucht Wege nach Amerika zu gelangen, sie verliebt sich in einen stationierten amerikanischen Soldaten. Die Mutter muss verhindern, dass ihr das gleiche Schicksal wiederfährt. Ein Handeln mit Folgen.

Petra Mitchell ist eines von den ca. 60 - 100.000 Kindern, die nach dem Zweiten Weltkrieg geboren würden, deren Väter zum größten Teil unbekannt blieben. In ihrer bewegenden autobiographischen Geschichte beschreibt sie die Suche nach ihrem Vater, die Schwierigkeiten, eine Identität zu finden und das eigene Leben in den Wirren der Gefühle ehrenvoll zu gestalten. Ihre Erzählung ist ein Stück deutsche Geschichte, in der Frauen die Protagonisten sind, sowohl im Leid, wie auch in der Freude.

ISBN: 978-3-942223-72-0
eISBN: 978-3-942223-73-7

Leonidas Th. Crysanthopoulos
›Aufbruch in Armenien‹
Chronik eines Diplomaten
aus dem Englischen von Edit Engelmann

Als die Sowjetunion auseinanderfiel, konkurrierten Russland, die EU und die USA um die führende Rolle im Kaukasus. Ein blutiger Krieg zwischen Aserbaidschan und der Enklave Bergkarabach, die von Armeniern bevölkert war, wurde zum Mittelpunkt dieses Machtkampfes. Botschafter Chrysanthopoulos, der auch die Präsidentschaft der Europäischen Union repräsentierte, erzählt die Insider-Story. Er spricht zum ersten Mal darüber, wie externe Mächte während des fehlgeschlagenen Coup d'État im Oktober 1993 in Moskau die Unabhängigkeit Armeniens bedrohten. Er beschreibt die Entwicklung der EU Politik in dieser Region und gibt Einblicke in die Arbeitsweise einzelner Regierungsführer. Der Autor erzählt von den abenteuerlichen Aspekten des Lebens eines Botschaftersund vor allem von den Lebensumständen, unter denen die Armenier versuchten ihr Land aufzubauen.

ISBN: 978-3-942223-13-3
eISBN: 978-3-942223-54-6

GRÖSSEN WAHN VERLAG

Lenaustraße 97
60318 Frankfurt
Tel.: +49 (0)69 48 00 29 92
Mobil: +49 (0)171 28 67 549
www.groessenwahn-verlag.de